新编应用文写作教程

主　编　何晓芳　施丽琼　杨明洲
副主编　余琼芳　王　娟　郭文娟
　　　　李旭峰　冯泽仙　赵　斌
编　委　（以姓氏笔画为序）
　　　　王　娟　冯泽仙　杨明洲
　　　　李旭峰　李佩虹　李剑萍
　　　　肖媛媛　何晓芳　余琼芳
　　　　周　玲　周　颖　赵　斌
　　　　施丽琼　郭文娟

中国医药科技出版社

内容提要

本书从医学生学习和今后参加工作的实际需要出发，以提高学生实用性文章的写作能力为重点，坚持“为实用而编、为实用而教、为实用而练”的理念，以典范例文为借鉴，以写作训练为主线，重点突出案例和训练，以写为主，讲练结合，全面提升学生的应用文写作能力，具有很强的实用性和针对性。

本书主要供医学专业师生教学使用，也可作为相关人员的参考书。

图书在版编目（CIP）数据

新编应用文写作教程/何晓芳，施丽琼，杨明洲主编．—北京：中国医药科技出版社，2017.3

ISBN 978－7－5067－9101－4

Ⅰ.①新… Ⅱ.①何… ②施… ③杨… Ⅲ.①汉语－应用文－写作－教材 Ⅳ.①H152.3

中国版本图书馆 CIP 数据核字（2017）第 034715 号

美术编辑 陈君杞
版式设计 张 璐

出版 中国医药科技出版社
地址 北京市海淀区文慧园北路甲 22 号
邮编 100082
电话 发行：010－62227427 邮购：010－62236938
网址 www.cmstp.com
规格 787×1092mm 1/16
印张 12 1/2
字数 253 千字
版次 2017 年 3 月第 1 版
印次 2017 年 3 月第 1 次印刷
印刷 北京市密东印刷有限公司
经销 全国各地新华书店
书号 ISBN 978－7－5067－9101－4
定价 29.80 元

前 言

写作是对文字、文章撰写活动的统称。按照社会功能将写作划分为两大类型：一类是供欣赏阅读的文艺性文体的写作，一类是解决生活、工作、学习中实际问题的实用性文体的写作。早在1981年，当时任中国写作协会常务理事会名誉会长的叶圣陶先生就说过："大学毕业生不一定要能写小说诗歌，但是一定要能写工作和生活中实用的文章，而且非写得既通顺又扎实不可。"现代社会是高科技迅猛发展的时代，在这个知识和信息大爆炸的时代，我们比以往任何时候更需要具有基本的阅读和写作能力，特别是对大学毕业生来说，对文字和信息的处理能力，熟练掌握工作和学习所需要的规范标准的实用文种俨然成为用人单位招聘时的硬指标。

卫生职业教育的培养目标是以服务为宗旨，以就业为导向，以岗位需求为标准，培养与我国社会主义建设要求相适应，与就业岗位要求相符合，为卫生事业发展服务的技能型高素质人才。教材编写应以此为宗旨，满足社会对人才的需求，从大学阶段的学习要求和毕业后参加工作的实际需要出发，以提高学生实用性文章的写作能力为重点，以典范例文为借鉴，以写作训练为主线，以写为主，讲练结合，全面提升学生的写作能力。本书的编写具有以下特点。

一是创新性。教材的内容和文种的选择从医学生学习和今后参加工作的实际需要出发，与同类教材相比，增加了"医学类文书"章节。从目前同类教材来看，很少有专门针对医学类职业教育的实用写作教材编写，这一点是本书最大的亮点，具有创新性。同时着眼于校本教材开发的设想，在"求职文书"中增加了"职业生涯规划书"的写作教学，也是一个大胆创新。

二是实用性。本教材坚持"为实用而编、为实用而教、为实用而练"的理念，在体例设计上遵循科学的写作教学规律，由讲到练，由读到写，由改错到写作；在内容上强调"必需，够用"，重点突出案例和训练；在案例选择上依从"从学生中来，到学生中去"的原则，大量挑选学生原创素材，特别是改错的材料大部分来源于学生平时写作中容易出错的案例，具有很强的实用性和针对性。

三是可操作性。本书在理论知识够用的前提下，突出各文种的写作格式和写法及注意事项，通过"写作规律阐述——典型案例引路——实际操作训练"等环节，使学生逐步掌握各类实用文体的写作要领。

本书编写具体分工如下：第一章和第四章由何晓芳老师撰写；第二章由余琼芳老

师撰写；第三章由施丽琼老师撰写；第五章由郭文娟老师撰写；第六章由王娟老师撰写；第七章由李旭峰老师撰写。

本教材编写者全部是一线教师，长期从事高职高专语文和医学教学，积累了丰富的教学经验和教学资源，大家秉承着为卫生职业教育编一本实用、好用、够用的写作教材而努力。由于编者水平有限，书中难免存在一些疏漏和不足之处，恳请各位专家、老师和读者多提宝贵意见和建议。

编　者

2017 年 1 月

目　录

第一章　应用文概述

一、应用文的概念

应用文是人们传递信息、处理事务、交流感情时经常使用的具有一定格式的一种文体。

随着市场经济的发展，信息时代的到来，作为处理公私事务时人们沟通信息的载体，应用文越来越被人们所重视。大到国家政策法令的宣传，小到问候亲人的信件，都属于应用文的范畴。

二、应用文的特点

（一）真实性

真实是应用文的生命。文学作品可以虚构，而应用文则不行，其内容必须与客观情况相符合。比如调查报告，只有系统调查，掌握第一手材料，反映调查对象的真实状况，才能对事情做出正确的预测和决策。

（二）实用性

所有的文章都有其功用性，但是应用文的实用性则更直接、更突出。应用文的写作目的就是为了解决现实中的实际问题，它追求的是直接效用。比如会议通知，何时何地何人参加，主题是什么，就要一目了然。

（三）规范性

应用文写作的文本形式（格式）和语体都有相对固定的要求；相同的文种有大致相同的格式和结构。

一般文章在形式上比较灵活、自由，作者可根据自己的意志决定其结构。但应用文写作则必须遵循一定的规范模式，不允许自行其是。应用文规范的文体形式有两个来源：一是约定俗成，如书信、借据、收据等；二是法定章程，如中共中央办公厅和国务院颁布的关于党政机关行文的《办法》和《条例》。任何个人和组织在行文时，原则上不能超出这些规定而自创新文种，也不能突破规定格式自成一体。

（四）时效性

经典的文学作品历久弥新，但应用文具有时效性。它的时效性体现在两个方面：一是及时性；二是作用时间的有效性。应用文是为了办理公私事务、解决问题而写的，无论公私事务，都必须及时办理，不及时办理，就会耽误工作。

（五）简明性

各类文章都有自己的独特的语体特点，应用文的语言要求简明朴实，文字要准确，主题要单一，内容尽量避免繁杂。

三、应用文的类别

应用文应用广泛，种类繁多，根据不同的分类标准就有不同的类别，目前学术界尚无统一的分类体系和标准。不过，大多数专家赞同的是按处理事情的性质划分，即首先把应用文体划分为公务文书和私务文书；公务文书是指为处理国家和集体的事务而写作和使用的应用文，即通常所说的公文。私务文书是指为处理个人的事务而写作和使用的应用文，即通常所说的个人日常应用文书。公务文书再划分为通用文书和专用文书。通用文书则又分为法定公文和事务文书。专用文书又分别划分为经济文书、法律文书、社交礼仪文书等。

四、应用文写作基础知识

（一）应用文主题

1. 主题的含义 应用文的主题是客观的社会生活与作者主观思想相结合的产物，是作者通过写入文章的全部材料所表达的基本精神或基本思想。

主题是应用文的核心、灵魂、统帅，一篇应用文的材料选择、取舍、结构的安排、语言的运用及文体的选择、表达的方式等，都要受主题的制约。只有在主题的统领之下，应用文的各要素才能整合为一个互相协调的统一体。

2. 主题的要求

（1）正确　所谓正确，就是要“三符合”：一是符合党和国家的路线、方针、政策；二是符合客观实际，反映事物的本质和规律；三是符合国家的现行法律、法规。

（2）鲜明　鲜明则是指主题的表达要清楚明白，观点明确，态度明朗。应用文不像文学艺术作品那样，讲究委婉、含蓄、曲折，给读者留下想像的空间或者思索的余地，使读者可以“仁者见仁，智者见智”。应用文主张什么，反对什么，希望什么，有何意见和建议，都要直接、明确，切忌含混不清、模棱两可，以免引起歧义。

（3）集中　集中则是指一篇应用文只能有一个主题，即是“一文一事，一事一题”，不枝不蔓，单纯明确，切忌多主题、多中心。

3. 主题的表达

（1）标题突出主题　即用文章的标题直接概括出主题，使读者一目了然。

（2）开头点明主题　文章一开头就点明主题或者概括本文中心思想。

（3）文中显现主题　即在文章的主体部分直接或间接地显现主题，或在文章适当处写明主题；或是将主题融于文章主体部分的字里行间，读者看完后概括出来。如果内容较多、篇幅较长，通常在每一段采用提炼句来突出该段旨意。

（4）篇末归纳主题　即在文章的结尾点明主题。

（二）应用文的结构

我们这里所说的“结构”又叫“谋篇布局”，是指文章内部的组织和构架，是作者为服从表达主题的需要，把所掌握的材料按主次分明，条理清晰的原则进行有序地搭配和排列，使之形成有一定格局，又互相联系的有机整体。

文章的结构体现在两个方面：一是内在联系，即材料和观点，部分与整体间的条理、脉络；二是外部形式，即标题、开头、主体、段落、过渡与照应、结尾等外在要素的安排。在写作中，主题统帅内容，内容决定形式，形式又服务于内容，二者是相辅相成的。

1. 应用文结构特点 应用文结构除具备一般文体的特点以外，还有其自身的特点，其主要表现在：

（1）规范性 这是应用文外在结构的特点，也可以称之为“模式化”的特点。在公文写作中，是以“法定格式”来规范的；在事务文书或其他文书（如科技文书）的写作中，则是以“约定俗成”的格式来规范的。“约定俗成”的格式虽不像“法定格式”那样严格，但它也相对固定，有规律可循。因此，也是大家遵循的“规范”。

（2）条理性 这是应用文内在结构的特点。如材料与观点的契合，段落层次之间的过渡与照应，开头与结尾的合理安排等。

2. 应用文的结构要素 应用文结构的构成要素一般包括标题、开头、主体、过渡与照应、结尾、落款等。

（1）标题 应用文标题大致可分为公文式标题、论文式标题、新闻式标题和文种式标题 4 大类。

①公文式标题。这类标题通常由三个部分组成，即文章的制发者、主要内容概括（事由或事项）、文种名称。在文章制发者和主要内容概括之间用“关于”这一介词连接。如《省教育厅关于召开 2009 年度全省普通高等学校校办产业统计工作会议的通知》，“通知”是文种，“省教育厅”是文章的制发者，“召开 2009 年度全省普通高等学校校办产业统计工作会议”是主要内容，“关于”连接文章的制发者和主要内容。

②论文式标题。这类标题一般以论题或论点作为标题。一般情况下，学术论文和调查报告多用此类标题。如《高等职业教育教学质量评估的研究》就是以论题作标题。

③新闻式标题。新闻作品都是应用文体。新闻中的消息、通讯的标题必须关涉其所报道的新闻事实。

④文种式标题。应用文中，许多是以文种为标题的。如《启事》、《合同》、《协议书》、《贺信》、《起诉状》等。

（2）开头 开头，是一篇文章正文的起笔，对引导全篇起着重要作用。在应用文写作中，开头又常被称为引言、导语、前言、缘由等。文章的种类不同、内容不同，常常有不同的开头。常见的应用文开头有如下几种。

①原因式。开篇起笔便交代事项的起因、写作缘由等，多用“因为……”、“由于……”、“鉴于……”等句式。

②目的式。说明事项的目的、要求或意义等。多用“为了……”、“……为此”等句式。

③依据式。说明事项或要求的根据。多用“依据……”、“根据……”、“遵照……”、“经……决定”、“经……通过”等句式。

以上三种开头方式既可单独使用，又可结合使用。例如，某企业一则《通知》的开头："根据上级相关规定……"，这是单独使用根据式。而某校一则《通知》，其开头部分却是这样的："由于入冬以来，我市电力供应紧张，市供电部门拟分区停电。为保证我校教学秩序，经校委会研究，决定在全校范围内调整作息时间，现通知如下"。这个开头就把原因、目的、依据结合起来了。

④引据式，也叫引述式。这种开头一般用于复函、批复等文件。引据式开头就是首先引述来文、来函的关键内容（一般引述标题、来文时间、文号），进而表现写作意图和看法。

⑤情况概述式。大多数通报和部分调查报告常用这种开头。这种开头先简要叙述对象基本情况，使读者有总的印象，有利于自然地展开具体情况或进行分析、评价，表达文章主题。

⑥评论结论式。针对文章涉及的问题或事实，做出评论提出总体看法。

此外，还有社交礼仪文书常用的问候祝贺式，工作报告的背景交代式等等。

（3）主体　主体是应用文正文的主要部分，主要材料和观点都在这个部分展开。应用文的主体的结构形式可分为文面形态和逻辑形态两个方面。

所谓应用文主体的文面形态，就是文章的外部结构形态。文面形态有明显的外部标志。这些外部标志一般包括以下几种。

①小标题式。篇幅较长、内容较多的应用文，多采用此种形式。一般把主体分为若干大段落，在每段之前冠以小标题，以突出或概括该段内容。调查报告、计划、总结等文体常用这种形式。

②标序式。用数字标明文内各层次的序号，如"一、二、三、四"。这种方法与小标题近似，一般是在文章内容较多，条理分明但又难以提炼小标题的情况下运用这种形式。

③条目式。一般见于公文的事项部分，合同与协议的条款部分。如合同中常见的"第×条"、"第×条"等。条目式的特点是条理清楚、庄重醒目，便于识别、理解和执行。有些应用文还在每条目内容的开头提出关键句，提示本条目的基本内容，如某购销合同中的"第一条：甲方义务……"、"第四条：违约责任"等。

至于内容比较简单的文章，则采用独段与分段式——也就是无需小标题、标序和条目，一气贯通或分段表述。

应用文主体的逻辑形态，也就是应用文的内在结构形态。因文种不同、内容不同，其安排的方式也不同。常见的方式有：缘由—观点，事实—结论，结论—理由，观点—观点（并列式结构）等。

（4）过渡。过渡指的是文章上下文之间的衔接转换。一般在层次与层次之间、叙述与议论等表达方式之间的转换时，采用"过渡段"、"过渡句"或"过渡词"来过渡，从而使文章连接贯通、上下文衔接转换自然、条理清楚、结构严密。

（5）照应。照应是指文章前后内容上的关照和呼应。常见的照应方式有文题照应、前后照应、首尾照应等。

（6）结尾。应用文的结尾应力求简洁明快，对主体起强调或补充作用。常见的形式有以下几种。

①模式化结尾。用模式化的惯用语作结。这些模式化的惯用语语义明确，用法固定，读者易于把握其意图。如“特此批复”等。

②请求式结尾。这种结尾方式往往在结尾时，诚恳提出请求或希望。“请示”、“申请”、“建议”、“通知”等应用文常用这种结尾方式结尾。

③总括式结尾。这种结尾方式往往在结尾时，用概括性的语言对全文加以总括，常常用“总之”、“综上所说”、“总而言之”等词语引出结语。“工作报告”、“演讲”、“述职述廉报告”、“总结”、“调查报告”等应用文常用这种方式结尾。

④感召式结尾。这种方式往往在结尾时，通常用热情洋溢、令人振奋的语言作结，或以提出号召，或预示前景来结尾。“工作报告”、“演讲”、“计划”、“可行性研究报告”、“市场预测报告”“总结”等应用文常用这种结尾方式结尾。

除此之外，还有“启发式”、“重申式”、“幽默式”、“决心式”、“赞扬式”、“祝愿式”、“戛然而止（自然）式”等。

（7）落款。落款是应用文必不可少的组成部分。公文的落款包括发文机关名称、成文日期、发文单位印章。一般应用文可只署作者名称及成文日期。落款的作用是表明作者（或制发单位），强调其法定地位，表示发文者对文章内容负责，并明确时限。

（三）应用文的材料

材料包含题材、素材、资料等，但彼此又有区别。“题材”一般用于文学作品，即文学作品中经过作家加工提炼过的材料；“素材”指作家平时收集来的，尚未加工并准备写入文学作品里的材料；“资料”一般指经过整理加工过的书面材料，在科研、撰写论文中常用“资料”这一概念；而“材料”这一概念，却经常用于应用文，所以人们在写某些应用文时，常称之为写“材料”。

1. 材料的含义 概括地说，应用文的材料是为写作需要搜集、准备的，具有一定价值和意义的资料。这是一个广义的定义。狭义的材料是指写入文章，用以表达主题的全部事实、数据和理论依据。

如果再全面、具体、细致一点，我们对材料可以做出如下表述：应用文的材料是指作者为一定的写作意图和目的，从现实生活和文献资料中选择、使用的一系列事实和理论根据，包括事件、现象、数据、科学公理、公认的理论、原则等等。

材料是为体现主题（作者意图和目的）而准备的，主题必须依靠材料来说明和支撑。两者是灵魂与血肉的关系，两者必须统一。

2. 材料的搜集 要写好应用文，必须要充分地占有材料。材料主要源于两个方面：一是平常的积累。如较高的政治理论水平、广博的文化科学知识和精深的专业知识都是靠自己平时学习、积累而得来的，在写作应用文时就可以自然而然地将这些积累作为材料。二是为具体的写作任务而有目的地进行搜集。

搜集的材料从不同的角度可分为：直接材料和间接材料、历史材料和现实材料、正面材料和反面材料、事实材料和理论材料等。

一般说来，直接材料通过观察体验、调查研究等方式获取，间接材料通过查资料等方式获取。

（1）观察体验 观察体验是搜集材料的重要手段。通过作者自身的观察体验，所得到的材料是直接的、具体的、生动的。这种观察体验需要深入、细致地去体会、感受和分析。

（2）调查研究　调查研究是指带有特定意图的走向观察，是针对某一个问题、某一个现象或某项活动而进行透彻的了解和分析研究。调查研究一定要以辩证的方法去认识问题，要透过现象看到本质，切忌主观片面和以偏概全。

（3）查阅资料　由于受到时间和空间的限制，我们不可能通过亲身的观察体验和调查研究去获取所有需要的材料。因此，查阅资料就成为搜集材料的又一种重要手段。

3. 材料的选择　从社会生活中获取的材料，不可能都可以支撑主题。即使都能支撑主题也不可能都写进文章。材料必须要经过筛选，筛选的一般要求如下。

（1）切题。材料为主题服务，主题是材料的统帅，因此，选材必须根据主题的需要。只有紧扣主题来选材，才能突出主题，达到写作的目的。

（2）典型。选取的材料必须具有鲜明的特征，广泛的代表性，强有力的说服力，揭示事物的本质和规律。

（3）新颖。材料的新颖，会使文章具有新鲜感、吸引力和感染力。新颖主要表现在以下两个方面。

①材料新。从时间上看，是新近发生、发现的；从内容上看，是新鲜的，以前未用过或很少用过的。

②角度新。有些材料虽然不够新颖，但作者能以一个新的角度去认识、分析它们，从老材料中发掘出新的内涵也能使文章新颖，令人耳目一新。

（四）应用文的语言表达方式

应用文与我们的工作、生活、学习密切相关，尤其是法定文书、法律文书和财经文书等，更是直接关系到党和国家的事业，关系到人民群众的利益，更不允许有语言表达上的错误或不准确、不规范。因此，学习应用文写作，必须认真学习和掌握应用文语言的内容及其表达方式，力争做到表达上的准确、规范。

1. 应用文语言的特点

（1）以社会化的书面语体为主　应用文是处理公私事务、解决实际问题的工具。因此，它的语言以工具性、实用性为准则，而无需像文学作品那样去追求生动感人、形象传神和语言的个性。为了准确快捷又明白清楚地达到文章的写作目的，必须使用全社会共同认知的通行语体，并且以书面语为主。应用文写作中应尽力避免使用口语、方言、俚语、俗语和个性化色彩强烈的语言，不用生僻难解的词语，慎用外来语。

为了表达的庄重、简洁、规范，应用文中尚保留了相当数量的文言词汇，如：兹、奉、悉、拟、尚、谨、呈、着令、鉴于、责成、承蒙、布达、特此函告等等。这些词汇社会认知度较高，是大家都比较熟悉的，很容易理解和接受。

（2）常用规范化、模式化语言　规范化、模式化语言是应用文语言又一重要特点。这些规范化、模式化语言，有的是在应用文的长期发展中形成并逐渐固化的，有的是法定的模式。这些规范化、模式化的语言内容大致如下。

表开头：用于说明发文缘由，包括根据、目的、意义、介绍背景等。如遵照、鉴于、关于、在……下；兹、兹有、兹介绍、兹派、兹聘等。在礼仪文书中，还有“欣闻……”、“惊悉……” 等。

表承接：在开头与主体之间，在上一段落与下一段落之间，常用承启衔接语来过渡。如“为此……”、“特此……”、“有鉴于此……”、“综上所述……”、“总之……”“现将……如下” 等。

表称谓：在应用文，特别是公文中，发文者、收文者和文中关涉的人或单位，都有模式化的称谓。如本院（部、公司……）、我司（局、办……）、贵处（局、办……）、该公司（处……）、该同志等。

表引述：用于批复或复函时引述来文作为依据的用语。如接、近接、前接、悉、收悉、欣悉、电悉等。

表经办：说明工作或有关事项的处理过程、情况。如经、业经、未经；拟、拟办、拟定；审议、审定、审发、审批；试行、暂行、可行、实行、贯彻执行、研究执行、参照执行；会议听取了、会议讨论了、会议通过了、会议指出、会议号召等。

表批转：用于批转、转发、印发通知时的用语。如批示、阅批、审批、批转、转发、印发等。

表呈递：用于上行文呈报情况时的用语。如呈上、转呈、递上、递交等。

表征询：多用于报告、请示。如当否、可否、是否可行、意见如何。

表结尾：应用文常用的结尾用语有：为要、为盼、为荷、为宜；请批示（复）、请予函告（复）、特此函复；现予公告、特此公告（通报、通知）等。

（3）合理运用书面辅助语言　由于应用文具有实用性、工具性、行业性等特点，在写作中常使用书面辅助语言以补充文字语言难予表达的内容。如图形、表格、符号、公式等。这些辅助语言能使应用文的表达更为直接、简明，更有说服力。

（4）句式或有惯用模式，或有特定要求　应用文句式要求简洁、明快，一般使用陈述句和祈使句，较少使用疑问句和感叹句。

大多数情况下，由于应用文的行文者和受文者都是确定的，为了行文的简洁，往往经常使用无主句。如“经研究……”、“接上级通知……” 等。

2. 应用文的表达方式　表达方式，又称表现方式、表达手段。应用文写作的目的通常是为了说明情况、陈述事实、表明观点、反映思想、总结规律、得出结论。不同的主题，不同的写作目的，决定了不同的应用文的体裁，也就决定了不同的表达方式。语言的表达方式一般有五种：叙述、说明、议论、抒情和描写。而应用文强调其实用性、工具性，因此，应用文写作最常用的表达方式是叙述、说明和议论，除新闻作品中的通讯、特写之外，一般不使用抒情和描写。

综合练习

填空：

1. 应用文是人们________、________、________时经常使用的具有________的一种文体。

2. 应用文的特点有：________性、________性、________性、时效性和________性。其中________性是应用文的生命；________性是应用文最基本的特点。

3. 应用文的时效性表现在________和________两个方面。

4. 应用文按处理事情的性质划分，可以划分为________和________；公务文书再划分为________文书和________文书。通用文书则又分为________和________两种。

5. ________是应用文的核心、灵魂、统帅。

6. 应用文的主题要求________、________、________。

7. 应用文主题的表达应在________突出主题；在________点明主题；在________显现主题；在________归纳主题。

8. 应用文的结构特点是：________和________。

9. 应用文的材料选择要注意________、________、________。

10. 应用文写作最常用的表达方式是________、________和________，除新闻作品中的通讯、特写之外，一般不使用________和________。

第二章　日常事务性文书

第一节　计　划

一、概念与特点

计划是为了达到一定的目的，对今后的工作或任务等做出部署和安排的事务性文书。

由于计划是对将来要做的工作或任务做的安排，所以，它具有指导性、预见性、可行性、约束性等特点。

（一）指导性

计划是以人们认识客观规律为基础，通过人们的认识和思维加工而制定的，是实践的反映，反过来又指导实践。它是指导工作的文书，具有很强的行政导向作用。

（二）预见性

计划是对工作的超前安排，它是在回顾过去的基础上，根据发展变化，对下一段工作目标做出科学分析和预见，从而明确方向，激励工作。

（三）可行性

计划以现实工作为基础，经过主观努力可以实现，既不能毫无突破、无所作为，又不能脱离实际、好高骛远。

（四）约束性

计划体现决策机关的要求和意图，一经下达，就要严格执行。

二、类别

计划按名称分为规划、纲要、设想、安排、方案、工作要点等；按内容分为工作计划、生产计划、学习计划等；按范围分为国家计划、地区计划、单位计划、个人计划等；按时间分为长期计划（5年以上）、中期计划（2～4年）、短期计划（年度、季度、月份等）；按作用分为指令性计划、指导性计划；按结构分为条文式、表格式、条文与表格结合式；按性质分为综合（全面）计划、单项（专题）计划。

三、写作的一般格式

计划一般由标题、正文、落款三部分组成。

（一）标题

计划标题一般由四个部分组成：计划的制定单位名称、计划的时限、内容性质及计划名称，如《××大学××学院2015－2016学年第一学期教学工作计划》。但也有的省略制定单位，或省略计划的时限，比较简单的计划甚至只有文种。视计划文本的成熟程度，有可能出现第五个部分，即在标题尾部加圆括弧注明：草案、初稿、征求意见稿、送审稿等，如《××市20××年再就业工程实施方案（讨论稿）》。

（二）正文

正文一般由开头、主体、结尾组成。

1. 开头 即前言，主要说明制定计划的理由。可以说明该计划制定的指导思想、政策依据、形势（或背景）依据、目的或意义。回答“为什么要做”的问题，也可以同时回答“能不能做”及“主要做什么，做到什么程度”等。总的要求就是简明扼要，具有概括性。

2. 主体 即计划事项，说明计划的基本内容，它是核心，主要包括以下四个部分。

（1）任务——“做什么”，是计划要完成的具体事项。

（2）目标——“做到什么程度”，是完成任务要达到的基本要求。

（3）措施——“怎么做”，是实施计划的具体办法和手段，要写的具体明确，有针对性，从实际出发，具有可行性和可操作性。

（4）步骤——“什么时候做”，是工作程序和时间的安排。此外，还可写其他事项，如执行计划时应注意的问题，检查、修订计划的办法等。

3. 结尾 结尾可以提出希望、发出号召、展望前景、明确执行要求等，也可以在正文之后就结束全文，不写专门的结尾部分。

（三）落款

包括计划的署名和日期，标题中已经写明单位的，后面可不再署名，日期可写在标题之下，也可写在正文右下方。

四、写作注意事项

（1）实事求是，防止目标过高或过低。计划的目标是在一定的期限内要达到的工作指标，过高或过低，都将直接影响工作者的热情。过高会让工作者失去完成任务的信心；过低又会让工作者觉得无需做出很大的努力。因此，应在充分调查分析的基础上制定出符合工作实际的目标。

（2）措施明确具体，利于执行检查。措施的正确与否，直接影响达标的速度。措施必须符合客观工作条件，既要有力度，又要人性化。

（3）步骤的科学性。步骤的先后顺序安排得当，会事半功倍；不当，则事倍功半。因此，步骤的安排要符合工作者的认识和思维规律，符合事物存在和发展的客观规律，要考虑每一步骤所关系到的各种主客观条件。

（4）层次分明，语言准确简洁。

例文评析

医务科2013年工作计划

针对2012年实际工作情况，结合《××省妇幼保健机构分级管理评审标准》创三级甲等妇幼保健院有关要求，特制订2013年工作计划如下：

一、工作目的和要求

针对2012年工作实际以及上级卫生行政部门检查存在问题，2013年工作重点为创三甲工作，具体落实主要为核心制度落实、合理使用抗菌药物、提高病历书写质量以及医疗安全管理等。

二、实施步骤和措施

（一）创三甲工作进一步加强

根据创三甲统一要求，层层深入，逐项进一步落实，进一步充实纸质资料，下一步将重点放到重要科室、重点部门的实际监管上，加大检查力度，针对核心制度的领会贯通、心肺复苏等技能操作上，下大力气进一步夯实，保证人人熟练掌握。

（二）继续加强抗菌药物控制应用管理

继续深入开展抗菌药物临床应用专项整治活动，加强抗菌药物监管。特别针对特殊使用类抗菌药物加强管理。利用抗菌药物合理应用监管软件进行监管，每月做好抗菌药物专项点评及统计，特别是针对住院病人，根据各科抗菌药物控制情况给予通报。

（三）加强医务人员“三基三严”培训

继续开展医务人员“三基三严”培训考核，全院培训考核突出基本制度和基本技能的培训考核：如核心制度、法律法规、医患沟通、医疗文书书写、合理用药、合理用血等。各科室重点内容为专业知识与技能。

（四）严格落实医疗核心制度

组织开展医疗核心制度的教育、培训活动，使每一个岗位的医务人员都能掌握执行核心制度的各项程序和内涵要求，保证医疗核心制度执行到位。采取定期不定期组织对医疗核心制度的贯彻落实情况的监督检查，重点关注急诊、会诊、交接班、病房值班、重症和危重病人监护、分级护理等医疗管理制度的贯彻落实情况，查找薄弱环节，及时加以整改。

（五）加强病案管理质控部门职能，医疗文书书写管理，提高病历、处方质量

为进一步提高病历内涵质量，要求各科室做好一级病历质控，科室质控医师要认真完成对出院病历的审核检查，杜绝不合格病历出科。在此基础上，质控办将加强日常病历质量的检查，尤其对疑难危重病历（全院会诊讨论病历）、死亡病例、输血病历、应用特殊使用级抗菌药物病历以及进行重大手术审批的病历的检查力度，每份必检，发现问题及时反馈，每月将返修率超标的科室上报医务科。

方法与措施：

1. 对全院临床医师进行医疗文书规范书写的培训学习，使全体临床医师熟知病历书写规范及要求，自觉按照要求认真书写每一份病历，从根本上提高病历书写质量。

2. 根据终末病历检查情况定期与各科室主任与质控员当面沟通，反馈病历检查的问题及整改措施，确保病历内涵质量的持续改进。

3. 加大运行病历检查力度，医务科组织病案管理委员会成员不定时到临床科室现场抽查在架病历。

4. 严格处罚力度，对于检查发现的乙级病历、丙级病历，严格按照医院《病历处方质量管理规定》进行处罚。质控办反馈科室修改的病历，超过7天未返回者，每超1天每份处罚责任科室30元，返回病历仍未修改完善者，每份处罚责任科室50元。

5. 外科系统病历返修率超过40%，内科系统返修率超过30%，给予相应的经济处罚。

6. 病案首页是病案中信息最集中、最重要、最核心的部分，要求填写准确无误。加强与住院处的沟通协调，对住院处在病案首页信息录入时存在的问题，要求住院医师及时修改错误信息以确保信息的准确性，同时，及时反馈住院处予以整改，对于由于工作不负责任而导致的信息填报错误，将通知有关部门予以处罚。

7. 加强病案回收管理及病案统筹工作

（六）加强单病种临床路径管理

以临床路径实施为重要抓手，提高医疗质量，保障医疗安全，规范诊疗行为，节约医疗费用。根据卫生行政部门下发的病种临床路径，深入落实病种临床路径管理工作，各科试点病种每月做一次汇总，根据汇总情况及时解决临床路径管理中出现的新问题。

（七）加强医疗技术管理，保证医疗安全，进一步落实手术分级管理制度

根据上级卫生行政部门要求，及时进行相关技术项目的申报工作，对二类以上医疗技术项目实行动态管理，以确保技术的合法性与安全性。着重培训并增强各级医师医疗新技术管理，进一步落实手术分级管理制度，强化手术安全。

（八）进一步规范开展医患沟通工作，落实医患沟通制度

根据上级卫生行政部门对医患沟通的指导意见要求，在开展多层次、多形式教育培训活动基础上，努力提高临床一线医务人员的医患沟通能力，耐心解释、诊察、治疗疾病，给予患者人格上的尊重和身心治疗。尊重患者的知情同意权，减少医疗纠纷。

（九）动态监测合理用药报告情况

加强合理用药监管。在开展抗菌药物临床合理使用培训基础上，加大监管力度，提高药物合理使用。每季度公示消耗前10位的药品名单，对使用前10位药品的医师进行用药合理性分析。

（十）继续落实执业医师年度考核、轮转医师培训、临时任务及应急事件的处理等。

【评析】标题包括计划的制定单位名称、计划的时限、内容性质及计划名称四部分。正文开头主要说明制定计划的理由，回答“为什么要做”的问题。主体部分“工作目的和要求”旨在回答“做什么”的问题；“实施步骤和措施”是全文重点，明确回答了“怎么做”的问题。全文做到了目标明确、具体，措施得力，保障有力。行文主题明确，重点突出，逻辑清楚，环环相扣，语言简洁朴实。

第二节 总 结

一、概念与特点

总结是机关单位或个人对过去某一时期工作、学习进行回顾，并经过分析研究，找出经验教训，得出规律性认识，以指导后段工作和学习的一种事务性文书。

总结的写作过程，既是对阶段性工作、学习的回顾过程，又是人们思想认识提高的过程。通过总结，人们可以把零散的、肤浅的感性认识上升为系统、深刻的理性认识，从而得出科学的结论，以便发扬成绩，克服缺点，吸取经验教训。它还可以作为先进经验被上级推广开来，为其他单位所汲取、借鉴，以利于推动工作的顺利开展。因此，总结在内容上具有客观的回顾性，在材料上具有汇总性，在理论上具有概括性，在作用上具有导向性。

二、类别

总结按不同标准可以分为许多不同的类别。

（1）按范围可以分为综合性和专题性总结。综合性总结的内容覆盖了所有工作的方方面面，往往用于时间跨度较长、内容较为复杂的工作；专题性总结是就某一时期内的专项工作或任务完成情况，或某一方面的经验所作的回顾。

（2）按时间分有年度总结、季度总结和月总结等。

（3）按内容分有思想总结、工作总结、学习总结、生产总结等等，不同的工作内容，可以有不同的总结名称。

（4）按总结制作者分有国家总结、地区总结、部门总结、单位总结、个人总结等，不同的单位名称可以有不同的总结名称。

三、写作的一般格式

总结一般由标题、正文、落款组成。

（一）标题

从形式上看，标题分两类。

1. 单行标题

（1）公文式标题　由单位名称、时限、内容、文种组成。也有的把时间放在最前面，有的省略制作单位，有的省略时间。

（2）文章式标题　它的里面不出现文种，或者内有总结性质的词语，直接标明总结的观点和内容范围，多用于专题总结，尤其是经验总结，如《我们是如何实行教学与科研相结合的》。

2. 双行标题　它指同时使用两种标题：正题——文章式标题，点明主要观点或基本经验（教训），副题——公文式标题，补充说明单位、时限、内容等，如《知名教授上讲台　教书育人放异彩——××大学德育工作总结》。

（二）正文

总结的正文根据种类的不同，写法上也有所区别，但大体上必须包括前言、主体和结尾三个层次。

1. 前言 即正文的开头，一般简明扼要地概述基本情况，交代背景，点明主旨或说明成绩，为主体内容的展开做必要的铺垫。

2. 主体 这部分是总结的核心部分，主要是分述工作任务的完成情况，并从中找出规律性的东西，上升到理论。一般来讲，要写明做法、成效、经验、问题和教训等。在层次上，可以作以下分项：第一，主要做法（或成绩、经验），这一层次是核心中的核心，必须写清楚做法—成绩—经验。长篇的总结一般应提炼出几个观点，分列成小标题，写出具体的材料，进行中肯的分析，做出理论的概括；第二，问题和教训，要求实事求是地指出工作中的重大失误，并分析原因，引以为戒，这一层次是次点，一般不宜用较长的篇幅写较多的内容。

3. 结尾 针对上述经验成绩与问题教训，提出改进措施，做出后段工作的打算，或指明今后工作的努力方向。

正文写作的外在结构形式常见的有下面几种。

1. 传统式 大型的综合性的工作总结一般采用这种结构。它一般是四个部分，即“工作情况—经验体会—问题教训—今后打算”，或“主旨—做法—成效—体会”。

2. 阶段式 适用于工作时间长、阶段性明显的总结。它是以时间为序，将工作分为几个阶段来一个个总结，每一阶段都要写明工作情况、措施、成绩和经验教训。

3. 贯通式 适用于内容单一的专题性总结和个人总结。它是一种用自然段落、按时间顺序总结工作的全过程的写法。

4. 总分式 适用于比较全面的工作总结。如某单位的年终工作总结。它的写法是在前言里对总结的内容先总的说明，然后把所做的工作分项进行总结。

对于比较大型的总结，最好分列小标题，这样纲目清晰，层次更清楚，使阅读者更容易把握总结内容。小标题下还可以用条文式列出总结内容，其效果与分列小标题有着异曲同工之妙。

（三）落款

在正文的右下方写明总结对象的全名，并在其下署清总结的具体时间。如果标题中或标题下已经写明落款内容，则后面可以不必落款。

四、写作注意事项

（一）要坚持实事求是的原则

实事求是、一切从实际出发，这是总结写作的基本原则，但在总结写作实践中，违反这一原则的情况却屡见不鲜。有人认为“三分工作七分吹”，在总结中夸大成绩，隐瞒缺点，报喜不报忧。这种弄虚作假、浮夸邀功的坏作风，对单位、对国家、对事业、对个人都没有任何益处，必须坚决防止。

（二）总结要写得有理论价值

总结不但要回顾工作，更要通过分析，总结出规律。要把客观事实的回顾同理性的分析概括紧密结合，融为一体。材料必须能充分有力地证明观点，观点必须能准确精要地概括材料。

（三）总结要用第一人称

即要从本单位、本部门、本人的角度来撰写。表达方式以叙述、议论为主，说明为辅，可以夹叙夹议。

（四）要详略得当，突出重点

有人写总结总想把一切成绩都写进去，不肯舍弃所有的正面材料，结果文章写得臃肿拖沓，没有重点，不能给人留下深刻印象。总结的选材不能求全贪多、主次不分，要根据实际情况和总结的目的，把那些既能显示本单位、本地区特点，又有一定普遍性的材料作为重点选用，写得详细、具体。而一般性的材料则要略写或舍弃。

（五）要注意共性、把握个性

总结很容易写得千篇一律、缺乏个性。当然，总结不是文学作品，无需刻意追求个性特色，但千部一腔的文章是不会有独到价值的，因而也是不受人欢迎的。要写出个性，总结就要有独到的发现、独到的体会、新鲜的角度、新颖的材料。

例文评析

2012年机关干部体检工作总结

在区委、区政府领导下，在财政局的支持下，在卫生局的精心组织下，今年机关干部体检工作从4月20日开始至6月3日结束，历时1多个月，共有1157名机关干部参加了体检，体检工作取得了圆满胜利。现将机关干部体检工作情况总结如下：

一、加强组织领导，健全工作网络

为认真贯彻落实区委、区政府领导的批示精神，搞好区机关干部体检工作，切实体现党员先进性教导的成果。区卫生局高度重视，先后召开了局长办公会、局务会，专题研究区机关干部体检工作，认真制定了机关干部体检工作方案，精心组织，狠抓落实。并明确一把手负总责，分管领导详细抓，一级抓一级，层层抓落实。局党委以保持党员先进性教导活动为契机，充分发挥了卫生系统党员干部的先锋模范作用。承担体检任务的××医院还根据任务特点要求，制订了详细体检实施方案，认真选拔了一批政治思想素质高、业务能力强、服务态度好的业务骨干组成工作队伍，明确目标任务，有针对性地加强了业务培训。健全了工作网络，确保上下一盘棋，把工作落到实处。

二、加强宣传教导，统一思想认识

组织机关干部体检是我区卫生工作一件大事，卫生局通过召开大会、印发宣传材料、悬挂宣传横幅等多种形式，大力宣传开展体检工作的重大意义，把卫生系统参加此项工作人员的思想认识统一到如何完成好区委、区政府交给的光荣任务上，并把机关干部体检工作贯穿于党员先进性教育活动的始终，进一步加强了大家的责任感和荣誉感，激发出高度的工作热情，认真做好了体检前后的各项工作。

三、强化督促检查，确保体检质量

这次体检工作我们始终保持高标准、严要求，时间和进度严格服从质量的需求。为保证体检工作落到实处，领导小组成员每天深入体检工作现场，检查和督促体检质量，及时了解区退休老干部和机关现职干部对体检工作的要求，解决体检过程中出现的突发性问题。卫生局先后采取了现场座谈会、设立意见箱等形式，广泛征求意见，并及时改进工作，确保了本次体检工作取得良好效果，也深受广大机关干部的好评。

四、落实保障工作，做好跟踪服务

卫生局把这次体检工作作为树立卫生系统良好形象的一件重要大事来抓好抓实。为保证体检工作紧张有序开展，认真做好各项保障工作，局领导班子多次到××医院检查指导，并要求××医院制定了"体检须知"、检查程序、注重事项等发放给受检干部，方便了体检人员。早餐供给保质保量，体检设备和医护人员按要求到位。临近结束前，针对个别没有参加体检的机关干部，公费办及时发出通知，确保人员体检率，机关干部检查后的跟踪服务工作也做了相应部署，并做到落实。

虽然这次机关干部体检工作比较顺利，但距区委、区政府以及体检干部们的要求还有一定的距离。在今后的工作中，我们将紧紧围绕区委、区政府迎"十运"和新城发展的总体要求，立足全局，服务大局，进一步提高质量，加快发展速度，更努力地为全区机关干部的健康做好服务工作，以服务于新区建设和经济发展。

××区卫生局

2012 年 6 月 15 日

【评析】这是一篇专题工作总结。标题为公文式，由时间、事由和文种构成。前言部分从总体上叙述了工作的背景、时间跨度、参加体检人数和工作的总体效果，然后用承接语一转引出正文，简洁干脆又交代清楚。正文部分用并列结构的形式分列小标题，从组织领导、宣传教导、督促检查、保障工作等四个方面比较全面的总结了该区 2012 年的机关干部体检工作。在总结中，有工作的思想指导，也有工作过程、工作方式、工作措施、工作成效。结尾则以谦虚的态度，指出了这次专项工作的不足之处。

第三节 调查报告

一、概念与特点

调查报告是对某一事物或问题进行实际调查、分析、研究后写成的能反映其本质特征和规律的事务性文书。调查报告也被称为"调查分析""考察报告""调查汇报""调查附记"等。

调查报告有以下几个主要特点。

（一）真实性

真实性是调查报告的重要特点，是其生命所在。任何一种调查报告必须以充分、确凿的事实为依据，通过具体情况、数字、作法、经验、问题等说明问题，揭示规律，从实际出发，用事实说话，才能进一步指导、推动现实工作。事实是调查报告赖以存在的基础。

（二）针对性

调查报告一般有比较明确的意向，相关的调查取证都是针对和围绕某一综合性或是专题性问题展开的。所以，调查报告反映的问题集中而有深度。

（三）时效性

调查报告反映的往往是人们关注的各类情况、焦点问题，除了关注，人们更期待结果。所以，为了尽早呈现事实，尽快依据事实做出论断及决策，调查报告有及时性的要求。

（四）典型性

为了使调查报告更有说服力，必须选取典型的、有代表性的材料，以便从中更好地探索事物的发展规律，寻求矛盾的解决办法。

（五）逻辑性

调查报告离不开确凿的事实，但又不是材料的机械堆砌，而是对核实无误的数据和事实进行严密的逻辑论证，探明事物发展变化的原因，预测事物发展变化的趋势，提示本质性和规律性的东西，得出科学的结论，便于进一步指导、推动现实工作。

二、类别

调查报告的种类主要有以下几种。

（一）反应情况的调查报告

是比较系统地反映本地区、本单位基本情况的一种调查报告。这种调查报告主要是为了弄清情况，供决策者使用。

（二）总结经验的调查报告

是通过分析典型事例，总结工作中出现的新经验，从而指导和推动某方面工作的一种调查报告。

（三）揭示问题的调查报告

是针对某一方面的问题，进行专项调查，澄清事实真相，判明问题的原因和性质，确定造成的危害，以引起有关部门及社会的关注和重视。并提出解决问题的途径和建议，为问题的最后处理提供依据，也为其他有关方面提供参考和借鉴的一种调查报告。

（四）介绍新生事物的调查报告

这类调查报告的主要内容是反映现实生活中涌现出来的新生事物，以及新生事物产生背景、情况、特点和产生发展的过程，并提示它成长的规律，阐明它的作用和意义，借以促进新生事物的成长和推广。

三、写作的一般格式

调查报告的写作要把握好调查、研究、写作三个环节。调查是报告的基础、依据，报告是调查情况的反映、调查的结果。调查报告由标题、正文、落款组成。

（一）标题

调查报告的标题有两种形式：单行标题、双行标题。

1. 单行标题 一般有两种写法：一种是公文式，通常由事由和文种组成，如《关于××制药厂挖掘人才的调查报告》。另一种是文章式，通常由调查报告的基本内容概括而成，如《为什么大学毕业生择业倾向沿海和京津地区》。

2. 双行标题 由正标题和副标题组成，正标题突出主题，副标题标明调查对象、内容及文体名称。如《高校发展重在学科建设——××大学学科建设实践思考》。

（二）正文

1. 前言 调查报告的前言也称为“导语”、“引言”，前言的写法一般有三种：一种是提要式，将被调查对象的主要情况、调查后的结论用概要的文字叙述清楚。这种写法能够总领下文。二是介绍式，该写法是简单的介绍调查目的、时间、范围、背景等情况，使读者了解调查过程和写作意图，为下文的展开进行铺垫。三是提问式，在调查报告的开头，抓住问题的关键，由调查者提出问题引发读者思考，明白问题的实质，这种写法能醒目地提出问题，紧紧抓住读者。前言起画龙点睛的作用，要精练概括，直切主题。

2. 主体 主体是调查报告的核心，是结论的依据。主体部分用来叙述和分析评价调查获得的具体材料，这些材料可以用叙述的方式表述，也可以用图表的方式表达。

主体部分的结构方式一般有纵式、横式和纵横结合式三种。

（1）纵式结构。这是一种承接式的结构，也可以写成因果式或递进式。其报告的内容是按照事件的发展顺序、或时间顺序、或人们认识事物的顺序排列。

（2）横式结构。运用这种结构所报告的内容多呈并列关系，也有的呈总分关系或主从关系。

（3）纵横结合式。是灵活地将上述两种结构交错运用的一种形式。如在总体结构上可以采取横式（或纵式），而在每部分的具体内容上则采用纵式（或横式）。

3. 结尾 不同类的调查报告其结尾也略不相同。如反应情况的、介绍新生事物的调查报告多以表明作者期望或建议作为结尾；总结经验的调查报告多以概括全文基本观点结尾；揭示问题的调查报告多以提出有待深入研究的问题作为结尾。

有的调查报告的结尾综合运用了多种方式；也有的调查报告将与中心内容关系不大，正文没有写出但又必须写出来的内容，在结尾时附带地加以补充说明；还有的调查报告主体内容结束后全文就自然收束了，不另写结尾。

（三）落款

正文右下角写上作者的名称和写作时间，如已写在标题下面，落款可省略。

四、写作注意事项

（一）调查要广泛、深入、全面

调查报告首要的环节就是通过调查收集材料，以作为报告的事实和分析研究的依据。材料不广泛、不全面，分析研究及其结论就会片面，反映不了事实的普遍性；不深入，就不能反映事物的本质。要有第一手真实的材料，就必须深入实际，开展调查研究。要深入了解和掌握群众普遍关心的、迫切需要解决的，并带有普遍性、倾向性、真实性的问题和材料。只有深入调查，掌握的材料才能真实可靠，确凿无误。写出来的调查报告才不会失去它的科学价值。而且，获得的第一手材料太少，也直接影响写作时的选材。

（二）分析要客观、精辟、透彻

这里的分析有两个层面的意思。一是在对调查得来的众多材料必须进行分析筛选，认清哪些是典型的、有代表性的，哪些只是一般材料；哪些是必须写进报告中的，哪些只是作为分析的依据而不必写入报告中的。二是在写作调查报告时，必须分析材料。分析材料时，要防止主观臆断，或掺杂主观因素；要尊重材料的客观性，并从个性中找出共性，由现象去看本质，概括出带有普遍性、规律性的结论。

例文评析

大学毕业生职业生存状况调查报告

20世纪80年代，由匈牙利布达佩斯美术学院教授鲁比克发明的“魔方”在中国大地上风靡一时。“魔方”的特点是可以万向转动，永远向前，永远花样翻新。小小“魔方”，蕴含了一条人类的职业定律：在有限的空间进行无限的创造。

对于大学生而言，一旦离开校园走向职场，“魔方”定律便开始发挥作用。从此，大学毕业生便开始在职场中生存与发展，若干年后，这些大学毕业生是否在社会舞台找到了自己的用武之地？是否确立了自己的职业发展方向？是否在自己的职业生涯中取得了满意的业绩？他们的职业生存状况如何？这些问题，既检验着高等教育的人才培养质量，又检验着国家教育投资的成败得失。为了引起人们对高等教育问题和国家人才制度的反思，××大学青年发展研究中心组织了一次“大学毕业生职业生存状况调查”活动。

一、调查研究的基本情况

（一）调查研究的方法和过程

此次“大学毕业生职业生活状况追踪调查”活动，采用了问卷调查为主，辅以个别采访的方法。调查时间为20××年暑期。挑选的50名调查员为××大学社会工作、哲学、法学、思想政治教育、政治学、经济学、管理学、人口社会学等专业的在校本科生和研究生。调查前聘请社会学专业的教授对调查员进行了专门的培训。调查员来自河北、广西、广东、海南、浙江、江苏、湖南、湖北、黑龙江、吉林、山西、山东、河南、内蒙古、天津、北京共16个省、市、自治区。

每人发放调查问卷50～100份。要求学生利用暑期回家的时间在本地进行大学毕业生问卷调查。其中河北省共发放问卷1000份，其他省市自治区发放问卷3000份。调查问卷回收后利用SPSS软件进行了统计分析。

（二）研究对象的样本特征

调查共发放问卷4000份，回收有效问卷3854份，回收率为96%。男性略多于女性。其中：男性占56.9%，女性占43.1%。57.9%的调查对象为26～35岁的大学毕业生。其中：25岁以下的占17.9%，26～30岁的占37.2%，31～35岁的占20.7%，36～40岁的占15.0%，41岁以上的占9.2%。调查对象总体上看，工作时间较短，还没有取得较高的职业地位，尤其是41岁以上的大学毕业生仅占9.2%，有较高社会地位和工作成就的大学毕业生偏少。53%的调查对象为文科专业的大学毕业生。另外，理科专业的大学毕业生占24.5%，工科专业的大学毕业生占6.5%，其他占16%。75.6%的调查对象为省属重点大学和一般本科院校的大学毕业生。其中：全国重点大学毕业生占16.7%，省级重点大学毕业生占40.6%，一般本科院校毕业生占35%，大专毕业生占7.7%。56.8%的调查对象是20世纪90年代中后期毕业的学生。从中国的第二次改革高潮到高校招生规模的逐渐扩大，构成了这部分大学毕业生的社会境遇。其中：1981～1983届大学毕业生占1.9%，1984～1993届大学毕业生占17.3%，1994～2003届大学毕业生占56.8%，2004届以后的大学毕业生占19.5%，没有回答的占4.5%。

二、调查研究的结果

一个拥有自己职业的人，一个把职业当作事业来追求的人，一个在专业化的领域进行着积极创造的人，便是职业人。一个人的职业发展历程，便是他的职业生涯。职业生涯是一个人在一生中所从事的各种职业的总称，或是一个人一生中从事各种职业工作的经历过程。大学毕业生走出校门时的职业选择是其职业生涯的起点，经过若干年的努力，其职业的生存状况会发生怎样的变化呢？这一问题，既关系着大学毕业生社会价值的实现，又检验着大学教育的成败得失。我们的调查，从大学毕业生对自身所从事职业的评价、职业定向的确立和核心竞争力的变化进行了考察。

（一）职业的满意度分析

1. 对职业满意的价值选择：英雄有用武之地。

学以致用是大学生求学的基本动机。通过全面提升自己的知识、能力和素质水平，并以此为“资本”在社会生活中去实现自己的价值，体现人才的倍加效益，是大学生普遍认同的价值取向。因此，大学毕业生一旦能够在社会生活中找到一个匹配的岗位，能够现实地感到英雄有用武之地，便不会再有“怀才不遇”的伤感。为此，我们就大学毕业生对工作的满意度进行了调查（表1）。

表1　您对目前的工作是否满意

选项	频数	频率（%）
很满意	468	12.1
较满意	2002	51.9

续表

选项	频数	频率（%）
有个工作不易，凑合着干	846	22.1
不满意，还想调换	368	9.5
其他	46	1.2
没答	124	3.2
总计	3854	100

从表1可以看出，大学毕业生对自己现有的工作岗位感到“非常满意”和“比较满意”的合计达到了64%。对现有工作不满意，缺乏工作稳定性的达到了31.5%。对工作满意的基本上占2/3，应该说属于绝对多数，当问及“您对现在的工作哪些方面感到满意？（限选2项）”时，回答“专业对口”的占20.4%，回答“可发挥自己的特长”的占44.5%，回答“领导重视”的占19%，回答“有较好的发展前景”的占21.2%，回答“经济待遇好”的占6.4%，回答“同事关系融洽”的占18.5%，回答“地域环境好”的占11.1%。可以看出，大学毕业生对工作的满意主要是因为“可以发挥自己的特长”，英雄有用武之地，能够用自己的所学服务于社会。同时，我们看到，有1/3的毕业生对现有工作是不满意的。

由于社会人才竞争的加剧，对于大学毕业生来说，又面临着养家糊口、生儿育女的现实责任，非迫不得已一般不会轻易放弃自己的现有职业。其中有不少人的选择是：既做着现有工作又利用业余时间从事一些兼职，以期最大限度的提升自己的生活水平。通常而言，对于职业岗位是否满意往往取决于多种原因。

2. 对职业不满的多重原因：经济待遇＋地域环境＋……

对于职业岗位不满的原因通常也是多方面的，但是，只要有一个方面不满意就会很容易导致对现有职业岗位不满意的结论。

那么，大学毕业生对现有职业不满意的主要原因是什么呢？对此，我们进行了调查（见表2）。

表2 您对现在的职业哪些方面感到不满意（限选2项）

选项	频数	频率
专业不对口	404	10.5
不能发挥自己的特长	732	19
领导不重视	554	14.4
单位的前途不景气	388	10
经济待遇低	924	23.9
同事关系紧张	204	5.3
地域环境不好	852	22.1
其他	936	24.3
总计	3854	100

从表2可以看出，排在第一位的居然是“其他”，这是我们始料未及的。也许，当人们感到对现有职业岗位不满时，心态是非常复杂的，这种不满是对自己整个职业生活状况的综合感受和体验，说不清也不想说清对哪一点不满，而是整体感觉“不满”。除此之外，排在前三位的原因是：经济待遇低、地域环境不好和不能发挥自己的特长。就经济收入而言，我们的调查结果是：月收入在1000元以下的占11.8%，月收入在1000~2000元的占44.8%，月收入在2000~3000元的占18.6%，月收入在3000~5000元的占5.4%，月收入在5000元以上的占2.5%。多数大学毕业生月收入在1000~3000元，合计占63.4%，其中“月收入在1000~2000元”的占最多数。这样一种收入水平，如果是在县城工作应该还算可以，如果是在中等城市则属于偏低水平，如果是在大城市则属于低水平。当然，这与我们的调查样本的选择有着一定的关系，调查对象中1994~2003届大学毕业生占56.8%，35岁以下的大学毕业生占到了75.8%，大部分学生工作时间短，长的10年左右，短的刚工作一两年，有的刚刚参加工作，有的在事业上刚刚起步，职称、职务都较低，因而必然影响到他们的经济收入情况。

（二）从业的稳定性分析

1. 职业的定向：三十而立。

孔子曾说：“吾十五而至于学，三十而立”。“三十而立”的意思是说，孔子在30岁的时候确立了自己的职业定向，找到了自己终身为之奋斗的事业。对于孔子来说，就是终生献身于教育事业、文化事业。当然，随着人类知识继承期的延长，对于现在的大学毕业生来说，达到“而立”的时间会有所推迟，但一般在35岁之前应该确立起自己的职业发展方向。而我们的调查对象中35岁以上的大学毕业生仅占到了24.2%。一般来说，35岁以上的大学毕业生经过十年左右的努力应该具有了比较稳定的职业，是比较安心于工作的。35岁以下的大学毕业生其职业的发展更具有不稳定性。

在调查中，我们对大学毕业生的从业稳定性进行了考察（见表3）。

表3　您今后三年最主要的打算是什么

选项	频数	频率
在现在单位踏实工作	958	24.9
考研、考博	648	16.8
出国	132	3.4
调换单位	150	3.9
想办法多挣钱	362	9.4
自己快乐地过好每一天	318	8.3
照顾好自己的家人	332	8.6
事业上有较大的发展	730	18.9
其他	88	2.3
没答	136	3.5
总计	3854	100

从表3看，“在现在单位踏实工作”和“事业上有较大的发展”两个选项是最能体现出职业稳定性的因素，合计达43.8%，而“调换单位”、“考研、考博”和“出国”都从不同程度反映了大学毕业生从业的不稳定性，合计达24.1%。我们发现，24.2%的35岁以上的大学毕业生与24.9% 35岁以下的大学毕业生回答“在现在单位踏实工作”，这两个比例非常的接近，应该属于经确立了职业定向的大学毕业生。我们认为，影响大学生职业定向的一个最重要的因素在于现有的职业岗位是否与所学专业达到了基本一致。如果基本一致，那么，现在的工作岗位就是符合职业定向要求的。

但是，当我们问及“你现在的工作与大学所学的专业是否对口?”时，回答“完全对口”和“比较对口”的达到了64.3%，回答“不太对口”、“完全不对口”的占33.3%。也就是说，多数毕业生的现有工作岗位是符合职业定向要求的。那么，如何理解想“考研、考博”、想“出国”、想“调换单位”、想寻求“事业上有较大的发展”（几项合计占43%）这部分人呢？我们认为，这部分人并非完全没有确立自己的职业定向，而是期望着在更高的平台和更广阔的空间中寻求自己职业的更大发展。

2. 职业的转换：跳槽现象。

现代社会，人才的流动比以往更加频繁和迅速。由于人们对自我发展的重视和利益的驱动，一旦有更好的发展机会，很多人会蠢蠢欲动，很难坚守已有的职业“围城”。然而，职业的转换通常意味着“归零”后的重新起步，是需要付出一定的代价的，多数大学毕业生是存有一种“骑着马找马”的心态的，频繁“跳槽”的人并不占大多数（见表4）。

表4　毕业后，您调换过几次单位

选项	频数	频率（%）
从没有	1450	37.6
一次	876	22.7
二次	864	22.4
三次	394	10.2
四次及以上	164	4.3
没答	106	2.8
总计	3854	100

从表4可以看出，有37.6%的大学毕业生从没有调换过工作，属于具有工作稳定性的部分。调换过一两次工作的占45.1%。调换过三次以上的占14.5%。我们认为，35岁以上的大学毕业生既然具有工作的稳定性，就意味着调换工作的可能性较小。而35岁以下的大学毕业生如果毕业后选择的是党政机关、企事业单位、高等院校等相对稳定的工作，“跳槽”的可能性相对较小，“跳槽”频率较大的应该是那些进入私企的大学毕业生。如果在毕业十年左右的时间调换三四次甚至更多，那对于大学毕业生自身的职业发展是非常不利的。那么，这些大学毕业生为什么会频繁“跳槽”呢？对此，我们进行了调查。当问及“您调换工作的原因是什么?”时，回答“专业不对口”的占7.5%，回答“工作太累、待遇太低”的占19.6%，回答“与同事关系不融洽”的

占5.4%，回答“单位裁员或倒闭”的占1.5%，回答“单位解聘”的占0.2%，回答“寻求新的发展”的占24.9%，回答“升迁”的占4.2%，回答“其他”的占14.5%，没有作答的占22.4%。我们可以看到，回答“其他”和没有作答的两项竟达到了36.9%，这与提问工作不满意的原因时回答“其他”居第一位是一致的。

这说明，大学毕业生“跳槽”的最主要的原因是对现有工作的整体感觉不满。除此之外，大学毕业生“跳槽”的重要原因在于为了“寻求新的发展”和“工作太累、待遇太低”，两项达到了44.5%。

（三）职业的竞争力分析

1. 个人素质的自我评价。

现代社会，职场竞争日趋激烈和残酷，要求每一位大学毕业生必须全力以赴，充分发挥自己的聪明才智，才能出色地完成自己的工作任务。大学毕业生履行自己岗位职责的过程，也是对自己综合素质的检验过程。调查表明，大多数大学毕业生是能够胜任工作岗位的要求和能够得到单位重用的。当问及“您认为是否能胜任现在的工作?”时，回答“胜任”的占47.1%，回答“基本胜任”的占38.0%，回答“不胜任”的占0.7%，没有作答的占14.2%。“胜任”和“基本胜任”的达到了85.1%。当问及“您认为现在的单位对您是否重视?”时，回答“十分重用”的占8.0%，回答“比较重用”的占65.3%，回答“不重用”的占17.9%，回答“漠不关心”的占4.6%。“十分重用”和“比较重用”的达到了73.3%。

那么，通过工作实践，大学毕业生如何评价自己的综合素质呢（见表5)?

表5　对于以下方面，您如何评价自己

频数/频率	非常满意	比较满意	不太满意	不满意	没答
职业道德	1378/35.8	2286/59.3	84/7.7	14/0.4	92/2.4
业务能力	892/23.1	2492/64.7	354/9.2	29/0.7	92/2.4
管理能力	782/20.3	2250/58.4	678/17.6	52/1.4	92/2.4
身心素质	1008/26.2	2328/60.4	384/10.0	38/1.0	96/2.5
创新精神	742/19.3	1976/51.3	948/24.6	94/2.4	94/2.4
外语水平	492/12.8	1534/39.8	1332/34.6	402/10.4	94/2.4

从表5可以看出，从总体来看，大学毕业生对自己的综合素质评价是比较高的。但其中也有明显的差别，比较而言，自我满意度最高的是“职业道德”，其次是“业务能力”；自我满意度最低是“外语水平”，其次是“创新精神”。我们知道，大学生在校期间对外语学习的投入是相当大的，但调查结果却显示大学毕业生对“外语水平”的满意度最低，这显然是对大学外语教学的一种讽刺！

2. 个人发展的制约因素。

在知识经济时代，终身学习必须作为一种生存的理念，不然的话，大学毕业生就很难适应社会迅速发展的挑战。在工作实践中，大学毕业生更能切实地感受到对知识的需求和渴望。那么，对于大学毕业生来说，哪些知识是最为迫切的要素呢（见表6)?

表6　您认为自己现在最需要加强什么方面的知识（限选2项）

选项	频数	频率（%）
计算机知识	880	22.8
专业理论知识	1572	40.8
外语知识	1166	30.3
人际关系知识	1140	29.6
法律知识	342	8.9
文案知识	108	2.8
经济知识	366	9.5
其他	256	6.6

从表6可以看出，居于第一位的是“专业理论知识”，其次是外语知识、人际关系知识和计算机知识。大学生在校四年都在进行某一专业的理论学习，而且有64.3%的大学毕业生的工作“完全对口”和“比较对口”，但是，在工作实践中，大学毕业生感到最需要加强的竟然是“专业理论知识”，这说明，大学的专业理论教育与社会的实际需要存在着很大的脱节。这种脱节严重影响了学生的成长和发展。当问及“影响您毕业后成长发展的最主要因素有哪些？（限选3项）”时，回答“工作环境”的占19.7%，回答“个人能力和素质”的占63.7%，回答“机会”的占44.7%，回答“学习习惯”的占8.6%，回答“家庭背景”的占21.1%，回答“开拓创新精神”的占26.4%，回答“国家的政策”的占32.0%，回答“社会的竞争”的占11.8%，回答“人际关系”的占11.9%。居于前四位的是“个人能力和素质”、“机会”、“国家的政策”、“开拓创新精神”。如果说，“机会”和“国家的政策”可以归因于社会，那么，“个人能力和素质”和“开拓创新精神”则应主要归因于高等教育。

三、结论与启示

在社会生活的大舞台上，每个人都扮演着多重角色，而一个人的最主要的角色却是他的职业角色。职业是人们赖以生存的手段，在社会转型时期，由于人们职业的不同，使人们的生活境遇出现明显的差异。许多时候并不是人们不勤奋、不奋斗，而仅仅是因为人们的职业使人们处于穷困之中。

一般来说，职业至少有两个方面的涵义：其一是说职业体现了专业的分工，职业化意味着专门从事某项事务；其二是说职业体现了一种精神追求，职业发展的过程是个人价值不断实现的过程。我们认为，在影响个体职业生存和发展状况的因素中，最主要的是职业的定位、职业的选择和个体的职业素质。

职业定向就是在了解自我的基础上确定自己的职业方向和目标，并制定相应的计划，避免就业的盲目性，为个人走向职业的成功提供最有效的途径和方法。职业选择是个体融入社会的最具象征性的事件，关系到个人理想、价值的实现、家庭经济条件的改善和声誉以及整个社会的发展与进步。个体的职业素质是个体从事某一职业所必备的知识、能力和修养。那么，通过调查，我们在大学毕业生的职业生存和发展方面得到了那些结论和启示呢？

（一）解决就业难的关键是提高大学生的职业竞争力

从调查结果可以看出，大学毕业生对现有职业岗位不满意的达到了31.5%，这个比例应该说是比较高的。据我们分析认为，这31.5%的大学毕业生绝大多数应该是近几年来毕业的大学生。这从我们调查对象的结构是可以看出来的。

近年来，大学毕业生就业难已经成为一个不争的事实。就业难意味着社会需求与人才供给之间存在着一定的不平衡，越是比较好的职业岗位，竞争者就越多，竞争就越激烈。因此，大学生要想在竞争中获胜就必须致力于提高自己的职业竞争力。

（二）尊重人才应该从提高待遇入手

从调查结果看，44.8%的大学毕业生月收入在1000～2000元。这样一个收入水平应该说是相当低的。尤其是近几年来，大学生上学的成本大幅度提高，大学生就业后的大多数岗位都没有了过去的分房等福利，同时，面临恋爱结婚等一系列的问题。可以说，多数大学毕业生是背着沉重的生活负担开始自己职业生涯的，因而，使他们难以全身心地投入到自己的事业发展中。

（三）专业不对口造成人才资源的浪费

从调查的结果看，虽然多数大学毕业生的职业岗位是符合职业定向要求的，但有33.3%的大学毕业生现在从事的岗位是专业不对口的。而专业不对口在很大程度上意味着教育资源的浪费。专业不对口也导致相当多的大学毕业生在实际的工作中，专业理论素质难以适应职业岗位的需要。调查中我们也可以看到，40.8%的大学毕业生认为自己最缺少是专业理论知识，在多个选项中居于第一位。

（四）职业不稳定影响生存和发展

从调查结果看，有37.6%的大学毕业生从没有调换过工作，属于具有工作稳定性的部分。调换过一两次工作的占45.1%，调换过三次以上的占14.5%。现代社会，谁拥有了人才谁就能够在竞争中取得优势地位，因此，人才竞争是市场经济发展的必然趋势。当然，通过市场机制对人才资源进行合理的配置是社会发展的要求。但对于大学毕业生来说，由于缺乏强劲的专业优势，因此，频繁的“跳槽”很难确保其沿着同一职业方向发展，进而影响大学毕业生的职业生存和发展状况。

（五）大学教育的改革势在必行

从调查我们看到，40.8%的大学毕业生认为自己最缺乏的是专业理论知识。大学毕业生对自身素质最不满意的是“外语水平”，其次是“创新精神”。大学教育应该说是一种专业化的教育。但是，大学生在校期间掌握的专业理论知识却不能适应社会的需要，这说明，大学教育与社会发展之间存在着严重的滞后性。如何根据社会发展的需要改革大学的人才培养模式将成为大学生存与发展的关键。同时，无论是高校还是大学生本人，对于外语学习的投入都是相当大的，但毕业后却不能满足用人单位的需要。

【评析】本文的标题属于公文式标题，由事由与文种构成。正文前言部分主要采用了提问式，针对大学毕业生职业生存状况，抓住问题的关键，调查者提出问题引发读者思考，就此引出下文。主体部分首先详细介绍调查对象的具体情况；其次，从三方面对调查内容进行认真的分析研究，找出规律，得出调查结果；最后，得出正确的结论及启示。

第四节　策划书

一、概念与特点

活动策划书是人们为了较大活动的成功举办而对其准备实施的各个方面事先筹划并写出的活动执行方案。活动策划书也叫行动计划书、活动文案等。它不同于计划。计划是具体常规性的实施条文，重在对具体的工作、学习的安排。策划书则是对未来活动的全面系统的构思或谋划，诸如活动的指导思想、目标任务、政策策略、措施步骤、人力物力、经费开支等。活动策划书具有明确的目的性和针对性以及实施方案的可操作性。“凡事预则立，不预则废”。活动策划书是活动成功举办的基本保证。

二、类别

根据活动内容的不同，它可以分为新闻活动策划书、庆典活动策划书、公关活动策划书、商务活动策划书、营销活动策划书等；根据表现形式不同可以分为文字活动策划书和表格活动策划书；根据性质的不同，可以分为政治性、军事性、经济性、文化性等等的活动策划书。

三、写作的一般格式

活动策划书的格式与写作因活动的不同而各异，但基本格式和内容要素仍有许多共同之处。它的结构一般由标题、正文和落款构成。

（一）标题

标题一般由事由和文种两部分组成，其中事由即活动的名称。也可以有正副标题，即在前述标题之上加一句反映活动主题的口号作为正标题，前述标题则作为副标题。

（二）正文

正文一般包括下面内容。

1. 前言　概括说明活动的主题、背景。背景主要是交代活动举办的目的和条件等。

2. 主体　主体是活动项目策划的具体内容，包括了策划方案和策划方案的实施以及预期效果。

这部分要写明活动各个阶段及其组织策略与实施策略，其中包括了时间、地点、参加人员的确定、参与合作或协作的有关部门的安排、活动实施的具体步骤、活动场地条件设施的设计、活动费用的预算、活动资金的筹措与使用等，最后还要预计活动达到的效果或社会影响。在形式上一般采用条文式写作。

（三）落款

一般在正文右下方写明活动承办单位或策划者名称和成文时间。如果标题或文中已经列出名称，落款则可以不写。

四、写作注意事项

（一）充分调查研究

要策划一个活动，必须有策划的依据，不能闭门造车凭想象。要充分地了解活动举办的各个方面的已有条件和可能条件，这样，策划才能具有科学性和可操作性。

（二）精心设计主题

主题是活动的高度概括，是所有具体活动设计的主要依据，因而也是活动举办成功的关键。要做到内容具有高瞻性，且受众乐于接受。

（三）细心筹划细节

策划书是一份行动计划书，对活动的一切细节都应有预测性的，而很多细节如果设想不到，则会影响活动的成功举办，甚至会直接导致活动的失败。无论是时间地点场景的选择，还是人员的安排、费用的预算、资金的筹措，都必须计划到位。还要制定活动举办期间的应急措施。只有想得周全，才能做得周全。

例文评析

“有礼走天下”礼仪风采大赛策划书

一、活动概况

（一）活动主题

风云荣辱八十载　学礼知礼一生行

（二）活动背景

礼仪是中华民族的传统美德，是中华文化里的重要组成部分。待人以礼是当代大学生的基本素养。然而如今，在大学校园里时常可见一些不知礼、不守礼的行为，如：课堂失礼、公共场所不顾形象。

知理懂理是职场对人才的基本要求，每一个职场人都需要有塑造并维护自我职业形象的认识。大学生终将步入职场，具备优良礼仪素质的大学生在职场中的竞争力更强，更受人才市场的青睐。

创建于1934年的西北××大学，到××年时将走过她的八十年历程。正值我校八十年校庆之际，大量前辈将光临我校参观游览，作为学校的一份子，随时向游客展示我校大学生的文明礼仪风貌是每一个学子义不容辞的责任。

（三）活动目的及意义

1. 普及礼仪知识，进而提升我校大学生的文明礼仪修养。

2. 向工作单位展现我校大学生的礼仪风采及良好的精神风貌，推动学生就业工作。

3. 形成学礼知礼的校园文化氛围，向校外人士展示我校的文明礼仪形象，为迎接校庆做准备。

（四）活动特色

1. 礼仪风采大赛有利于我校八十周年校庆。

2. 礼仪风采大赛有利于提高学生就业竞争力。

3. 各承办部门均拥有训练有素的礼仪队，部门建设以礼仪为核心，编制有部门文化的手册及礼仪文化手册，并组织举办多场礼仪培训会，具备深厚的礼仪文化底蕴。

4. 赛前培训能有效吸引学生参与活动，让学生在参与过程中学习礼仪知识、感受礼仪文化，最终提高参与者的礼仪素质并保证比赛质量。

二、活动组织

（一）策划主办单位

西北××大学经济管理学院团工委学生会

（二）协办单位

西北××大学信息工程学院团工委学生会

西北××大学理学院团工委学生会

西北××大学人文学院团工委学生会

西北××大学外语系团工委学生会

三、活动对象

我校全日制在校本科生及研究生均可报名参与。

四、活动安排

（一）前期宣传准备阶段（3月28日~4月4日）

1. 以摆放宣传板、张贴海报、宣传单等传统方式，以及人人网、第一范文网、大学生比赛信息网、我爱竞赛网、微信、微博等网络宣传的多种形式进行活动的前期宣传：着重提示礼仪风采不是建立在好的身材相貌的基础上，强调参与者可以是零礼仪基础，报名结束后将对参与者进行一系列赛前礼仪培训，以此最大程度提高活动关注度，激发同学们的兴趣，使更多的同学了解并参与到此次活动中来。

2. 主办单位与协办单位向本学院团工委书记及主要学生干部发邀请函，力求各方关注此次“有礼走天下”礼仪风采大赛，并积极鼓励引导更多学生参加此次活动。

3. 召开会议并将活动文件交予各学院女工部，各院系女工部下发通知到班级，请各学院积极配合做好宣传工作，动员本院同学参与。

（二）组队方式

本次大赛面向西北××大学全体学生，学生自由组队，每个学院至少有一只队伍，队伍规模为4至6人。

（三）报名方式

1. 所有参赛团队登陆邮箱 liyifengcai××@diyifanwen.com（密码：ylztxlyfcds），下载报名表并认真填写后，于4月3日18：00前将电子版发送到 jgngb××@diyifanwen.com，电子档的文件名以及邮件主题请记为：“团队名称+队长姓名”，如：“A队——张三”。（报名表详见附件1）

2. 3月29日西区雕塑前现场报名。

（四）前期培训

1. 培训内容：职场礼仪、社交礼仪、餐桌礼仪。

2. 培训形式

第一期：仪容现场培训，化妆老师进行现场教学；

第二期：仪表现场培训，示范性现场教学；

第三期：仪态现场培训，真人示范及现场定时训练；

第四期：播放礼仪培训视频，并发放礼仪手册。

4. 培训时间

第一期：4 月 9 日；

第二期：4 月 10 日；

第三期：4 月 11 日；

第四期：4 月 12 日。

5. 培训地点

第一期：暂定理科大楼××教室；

第二期：暂定理科大楼××教室；

第三期：暂定理科大楼一层大厅；

第四期：暂定理科大楼××教室。

（五）活动开展阶段（4 月 11 日~4 月 20 日）

本次活动分初赛、复赛、决赛三个阶段举行，具体安排如下：

第一阶段：初赛

1. 初赛内容：礼仪基础知识。

2. 初赛形式：笔试答题。

3. 初赛流程

①主持人介绍到场嘉宾，并宣布比赛开始。

②工作人员宣读比赛规则并分发试题。

③比赛时间结束前半小时参赛选手开始交卷离场。

④工作人员收取试卷。

⑤工作人员阅卷统计分数。

4. 初赛时间：4 月 12 日。

5. 初赛地点：北校区八号楼××教室。

6. 评分方式：40 道选择题，30 道判断题，15 道填空题。其中选择、判断题每题 1 分，填空题每空 2 分，总分为 100 分，团队分数为各队员平均分，取初赛团队成绩前 15 名进入复赛。

第二阶段：复赛

1. 复赛内容：各类礼仪知识的综合运用。

2. 复赛形式：各代表队抽模拟题，临场情景模拟及解说。(5 分钟)

3. 复赛流程

①模拟题由赛前一天抽签决定，各代表队以个人或者团队形式进行表演。(复赛模拟题见附件 2)

②主持人上场介绍到场领导、评委及嘉宾，进入复赛的 15 支队伍，致开场词。

③主持人按抽签顺序宣读现场模拟题，选手有 5 分钟的展示时间，展示过程中选

手应进行适当解说。

④评委老师点评，同时工作人员统计分数。

⑤主持人宣读各代表队成绩，并宣布进入决赛的7支队伍。

⑥进入决赛的7支队伍在“职场礼仪”、“社交礼仪”、“餐桌礼仪”中，抽签决定各自队伍的决赛情景主题。

⑦主持人宣布复赛结束，退场。

4. 复赛时间：4月13日

5. 复赛地点：北校区三号楼××教室

6. 评分方式：评委按照评分标准进行打分。总分100分，取总分前6名的队伍进入决赛。（评分表及评分细则见附件3）

第三阶段：决赛

1. 决赛内容：各类礼仪知识的综合运用及应变能力

2. 决赛形式：

①团队介绍及情景介绍（3分钟内）

②礼仪风采展示及解说（与①项一共不得超过10分钟）

③应变能力考查（问答，30秒之内讨论做出回答）

3. 决赛流程：

①主持人上场介绍到场领导，评委及嘉宾，和进入决赛的七支队伍，致开场词。

②团队介绍：各决赛队伍进行团队介绍，展示团队礼仪风采，简略介绍自编礼仪情景。

③礼仪展示：展示自编自演的情境小剧，要求体现出参赛人员良好的礼仪风貌和对礼仪规范的全面、准确的掌握程度。另：参赛团队应根据情景合理着装，情景中除餐桌餐具之外所需道具自备。

④应变能力考查：嘉宾提出日常生活中常出现的临时状况，参赛团队在30秒内推举一人回答，要求以文明礼仪的方式进行处理。（应变能力考查题库见附件4）

⑤中场休息：邀请礼仪队进行礼仪小姐风采展示（节目待定），与此同时工作人员统计分数。

⑥点评：邀请评委对本次比赛做点评。（评分表见附件5，评分细则见附件6）

⑦主持人宣布最后评比结果，邀嘉宾颁发奖状及奖品。

⑧主持人宣布比赛结束，退场。

4. 决赛时间：4月19日19：30－21：30

5. 决赛地点：北校区绣山活动中心南报告厅

6. 评分方式：评委老师按照评分标准进行打分。总分100分，工作人员统计出名次。

（六）后期宣传阶段（4月21日—4月23日）

1. 在校、院各级网站上公布活动结果，对各获奖队伍给予相应奖励，起到树立典型，鼓励先进的作用。

2. 通过贴海报、校园广播、人人网、新浪微博等多种形式普及各种礼仪理论知识。

3. 对获奖队伍进行专访，并以报刊和网络等形式进行宣传，真正做到树立典型，将模范带头作用发挥到最大程度，推动全校培养文明礼仪素养的进程。

五、奖项设置

1. 各个奖项拟设：

一等奖　1组

二等奖　2组

三等奖　3组

优秀奖　4组

2. 获奖队伍将由承办单位统一颁发奖状及证书。

六、活动注意事项

1. 活动前期一定要切实做好宣传准备工作，以吸引更多的学生参与；

2. 每场比赛都要安排专门的工作人员维持现场秩序，以确保比赛的顺利进行；

3. 决赛时，每个参赛队伍可以有自己的亲友团，但其必须服从工作人员的安排，以保证比赛的正常进行；

4. 不泄露题库，要求每场比赛做到公平、公正，并做好及时的监督工作；

5. 督促各参赛团队进行赛前准备，以保证比赛进程和比赛质量。

七、后期总结

1. 比赛结果公示，发放奖状及奖品；

2. 分析活动举办过程中出现的问题，对此次活动进行综合评价，做好活动后期的总结工作；

3. 上交活动总结、活动原始名单、获奖情况、图片及影像资料等与本次活动相关的资料；

4. 资料整理、归类、存档；

5. 及时在校园网络、校广播发布本次活动的后续追踪。

【评析】 这篇活动策划书借八十周年校庆之际，策划了一场面向全校学生的礼仪风采大赛。全文内容用条文式列出，活动主题鲜明，活动背景清楚，活动目的明确，活动流程具体，具有较强的科学性和可操作性。

第五节　条　据

一、概念与特点

条据是单位或个人之间，在工作或生活中用来交流信息、协调关系、存留凭证的综合性文书，它是便条和单据的合称。便条也叫说明性条据，属于书信类的应用文体。在日常生活中，如果我们有事要告知另一方，或委托他人办什么事时，在不能面谈的时候，可使用便条这种形式进行联系。其实质是一种简单的书信，其特点在于内容简短，三言两语，无需邮寄。单据是一种作凭证的条据。单据有财务部门专门的发票、条据等表格式凭证，也有日常临时书写的便条式字据。

二、类别

常用的便条有请假条、留言条和托人办事条等。请假条是指因故需要请假而写给有关当事人的便条，主要说明请假的原因和时间。留言条是拜访他人而对方不在，将此次拜访相关的内容写成书面留言的便条。托人办事条是因有事要拜托别人而写的便条。

常用的便条式字据有借条、领条、收条、欠条等。欠条、借条、收条是生活工作中常见的条据，这三种条据虽然只有一字之差，但其法律含义却相差甚远。欠条，是债务人向债权人出具的表示尚欠某物或者某款项的凭证，一般用来证明债权债务关系；借条是出借人向借用人或者借款人出具的表示出借某物或者某款项的凭证，一般用来证明借用或者借款关系；收条是收领人向送给人出具的表示收到某物或者某款项的凭证，用来反映或者证明“收到”的事实。领条是领取钱物时写给发放人留存的条据。

三、写作的一般格式

（一）便条

1. 标题 居中标识，如“请假条”。留言条的标题可写可不写，托人办事条不用写标题。

2. 称谓 顶格标识，平时怎么称呼，这里就怎么写，后面加冒号。

3. 正文 写明所要告知或请求的事项。涉及的时间、地点、事项等要交代清楚。如请假条直接写请假的原因，起止时间。请假的原因，即理由必须充分并符合有关的规章制度。如果有什么事要交代，也可以在写完请假原因之后接着写要交代的事情。

4. 结语 请假条正文写完后要加祝颂语，一般用“此致敬礼”。留言条或托人办事条可视具体情况写祝颂语或礼貌性话语，如“谢谢”、“拜托了”等，有时也可以不写。

5. 署名和日期 写在正文右下方。

6. 附件 有其他相关证明也可以附带上交，更有说服力，更容易获得批准。

（二）便条式字据

1. 标题 一般有两种写法，一种是以文种为标题，如借条、领条、收条、欠条等，这类标题要写在正中间，字体一般要大一些。第二种是在空两格后写上“今借到”（借条）、“今领到”（领条）、“今收到”（收条）、“今欠”（欠条）等字样作为标题，而正文的其他内容放在下一行顶格写，其实这是一种省去标题的条据的写法。

2. 正文 与标题格式相对应，正文一般也有两种写法。如果是以“借条”、“领条”等为标题，则正文另起一行，空两格写起。如果是以“今借到”、“今领到”等为标题，则顶格写。

正文内容要准确、明晰、简洁，不能产生歧义。根据条据的不同性质安排不同的内容，一般要交代清楚时间、目的、对象等。一般正文先写“今借到”、“今领到”、“今收到”、“今欠”字样，后依次写清楚对方名称，所借（领、收、欠）钱、物名称，以及数量。欠条要写清欠款的数额币种、或者物品的数量以及名称、品质、规格或者型号等基本自然属性，拖欠的原因，返还的日期（要具体写清年月日），逾期未还的法律后果，还要写清债权人、债务人的准确名称或者姓名。借条除了要写清上述事项外，还要写清借期、利息（或者租金）、注明利率及逾期不还的罚息（或者违约金）等事项。收条除了要写清上述相关事项外，要写明法律后果是什么，比如“至此，双方债务结清”，“至此，双方委托代理合同终止”等。然后在文末加“此据”二字。

3. 落款 落款写在正文的右下方。署名应是对方的正式名称，而非小名、诨名或简称。正规的条据后还应加盖借（领、收、欠）方的经手人印章。单位、个人名称前一般写上“立据人”或“借款人”“债权人”等字样。日期必须有完整的年月日，不可简省。

四、写作注意事项

（1）一般单据中涉及数量的数目字均要大写，用汉字“零壹贰叁肆伍陆柒捌玖拾佰仟万”，数字前后不得空格，数字后面要写量词，如“元”、“个”、“双”、“斤”等。不得以数字作行尾或行头，整数后要加“整”字，以防涂改或添加。以十位开头的数字，在“拾”前必须加上基数词，如 18 应写成“壹拾捌”而非“拾捌”。所涉之物要写明品牌，用准量词；涉及钱款必须写明币种。

（2）归还日期必须是“××时间之内”或“之前”，不可是“××时间之后”。是还清还是归还一部分，必须写清楚。

（3）书写时要用档案墨水，以防止褪色，利于长时间保存。单据写成后，不可涂改，如需涂改时，应由出具单位或个人在涂改处签字盖章，以示负责。

（4）特别注意，民间借贷的利率可以适当高于银行的利率，最高不得超过银行同期贷款利率的四倍，超出部分不予保护。

（5）单据最好一式两份，双方各执一份。

（6）借款时宜写“借条”，不宜写“欠条”

借条和欠条均是一种债权债务关系的凭证，但两者有很大的区别。借条是借款人或借用人向出借人出具的借款、借物书面凭证，它证明双方建立了一种借贷合同关系；而欠条是双方基于以前的经济往来而进行结算的一种结算依据，它实际上是双方对过往经济往来的结算，仅是代表一种纯粹的债权债务关系，并不代表借款或借用合同关系。借条背后一般存在着资金或者实物的流动，但欠条可能没有。在打借条的时候，出借人刚刚或者正在把物品、款项交付给借用人，为了确认这个“流动”的事实才用借条加以固定；欠条一般是结算或证明财产所有与占有的相反状态，即所有权人的东西被占有人占有、使用，这种状态在打欠条时已经存在，打欠条的目的是确认这种状态的存在。当事人在借款时有的写“欠条”，在诉讼中还需向法官解释“欠”款原因及用途，并承担举证不能的败诉风险。

（7）请假条最重要的内容是写明“请假原因和日期”，一定要写明确。

例文评析

请假条

刘老师：

我因患重感冒，需卧床休息，不能上课，特请假2天（5月11日、12日）。请予准假为盼。

附：医大附属二院诊断书

此致

敬礼

学生：李青

2015年5月10日

留言条

小丽：

我在芒果影视城买了两张明晚7点的电影票，片名是《星球大战》，请你一起去看，留一张电影票在茶几上给你，到时影城见。

李辉

2015年1月20日

（托人办事条）

王杰：

由于我临时出差，图书馆借阅的图书明天就到期了，麻烦你帮我把桌上的《追风筝的人》和《荆棘鸟》两本书明天之前归还图书馆。

谢谢！

余勇

2015年3月4日

【评析】以上三则条据属于说明性条据，行文简洁、清楚、礼貌得体。其中，请假条出于需要，还附上了病情证明，更有说服力，更容易获得批准。

借　条

今借到张丽人民币壹万元整，¥10000.00元，借款期限自2014年2月9日至2014年8月8日，共计6个月，利率为每月0.8%，利息共计人民币肆佰捌拾元整，¥480.00元，全部本息于2014年8月8日一次性还清。此据。

借款人：李和（签字、手印或签章）

2014年2月9日

领　条

今领到校电教处发的无锡电视厂的 14 吋红旗牌电视机捌部，我系师生电化教学用。

此据。

物理系电教室：彭成功

2010 年 3 月 6 日

收　条

今收到宋杰网页设计劳务费人民币贰仟元整（￥2000.00）。此据。

收款人：王刚

2014 年 12 月 1 日

欠　条

今于东方电脑公司购得联想 Y50p－70－ISE 电脑壹台，因所带现金不足，尚欠东方电脑公司人民币贰佰叁拾元整（￥230.00），2014 年 7 月 2 日中午之前偿还。此据。

欠款人：李宁

2014 年 7 月 1 日

【评析】以上三则条据属于凭证性条据，行文准确，简洁，没有歧义。文中涉及数量、金额的数目字均用大写，书写规范，相关事项交代得清楚明白。

综合练习

一、填空

1. 计划是为了达到一定的目的，对今后的工作或任务等________的事务性文书。它具有________、________、________、________等特点。

2. 计划按名称分为________、________、________、________、________、________等。

3. 写作计划主要应注意________、________、________、________。

4. 总结是机关单位或个人对过去某一时期工作、学习进行回顾，并经过分析研究，找出________，得出________认识，以指导后段工作和学习的一种事务性文书。

5. 总结在内容上具有________，在材料上具有________，在理论上具有________，在作用上具有________。

6. 写作总结主要应注意________、________、________、________、________。

7. 调查报告是对某一事物或问题进行实际调查、分析、研究后写成的能反映________事务性文书。

8. 调查报告主要特点有________、________、________、________、________。

9. 调查报告的种类主要有________、________、________、________。

10. 调查报告的写作要把握好________、________、________三个环节。

11. 调查报告的主体部分用来叙述和分析评价调查获得的具体材料，这些材料可以用________的方式表述，也可以用________的方式表达。主体部分的结构方式一般有________、________和________三种。

12. 活动策划书具有明确的________和________以及实施方案的________。

13. 活动策划书是人们为了较大活动的成功举办而对其________的活动执行方案。

14. 条据是单位或个人之间，在工作或生活中用来________、________、________的综合性文书，它是________和________的合称。

15. 一般单据中涉及数量的数目字均要大写，用汉字“________”万。

16. 一般单据所涉之物要写明________，用准________；涉及钱款必须写明________。

17. 条据正文内容要________、________、________，不能产生歧义。

18. 单据写成后，不可涂改，如需涂改时，应由出具单位或个人在涂改处________。

19. 民间借贷的利率可以适当高于银行的利率，最高不得超过银行同期贷款利率的________倍，超出部分不予保护。

二、病文改错

指出下列应用文中的错误并加以修改。

1. 学习计划

五一：争取看完《基督山伯爵》

五月一号：上午8：00起床至8：30刷牙吃早饭8：30－10：00写作业，10：00－11：30看书，11：30－12：00读英语。

五月二号：上午8：00起床至8：30刷牙吃早饭8：30－10：00写作业，10：00－11：30看书，11：30－12：00读英语。

五月三号：上午8：00起床至8：30刷牙吃早饭8：30－10：00写作业，10：00－11：30看书，11：30－12：00读英语。

五月四号：上午8：00起床至8：30刷牙吃早饭8：30－10：00写作业，10：00－11：30看书，11：30－12：00读英语。

五月五号：上午8：00起床至8：30刷牙吃早饭8：30－10：00写作业，10：00－11：30看书，11：30－12：00读英语。

五月六号：上午8：00起床至8：30刷牙吃早饭8：30－10：00写作业，10：00－11：30看书，11：30－12：00读英语。

五月七号：上午8：00起床至8：30刷牙吃早饭8：30－10：00写作业，10：00－11：30看书，11：30－12：00读英语。

2. 我的培训总结

半个月的培训转眼走到终点，真是如白驹过隙呀！依稀记得去年的时候的那种依依不舍，今年这种感觉如期而至，不但没有消减，反而更加浓烈，像热恋中的情侣长长的分别，无聊的暑假中因为有了研修的存在而变得分外充实，但是时间总是短暂的，在这里只能用自己小女人闺秀但不软弱的文字感悟自己的收获，抒发未来的希望。

声乐模块教学作为一个最基本的模块，很多年来被重复的用旧的理念循规蹈矩。通过今年的培训发现自己在很多小细节上都存在一些问题，真的感叹专家的力量、集体的力量是多么的强大，感觉到自己面对新课程，理论上还是存在不足，个人的基本专业素养还有待发展，所以说自己要努力了，只有自己的素质走在新课程的前面，你才能有充分的能力去驾驭新课程，真正的去构建高效课堂，取得优秀的教学成果。当然，学校领导的教学理念也存在问题，有些领导长期不学习，自己又不内行，却总是喜欢在后面指手画脚瞎指挥，严重的影响了专业教师的教学改革和教学效果，这是不得不引起我们高度关注的事情。

展望未来，我相信大家都跟我一样充满信心并满怀期待，相信明天一定会更加光华夺目，因为我们全体教育人一直在努力！也希望有关部门多多安排这样的培训让所有的教师不断得到提高，让教育的明天更加灿烂辉煌！

3. 家电下乡不能只看重销量

掐指算来，家电下乡在全国范围内推广也有一年时间，从商务部最新公布的数据来看，截至2009年12月31日的家电下乡产品销售金额逼近700亿元。尽管通过商务部家电下乡信息系统登记的发货金额与销售企业实际的销售金额有着近千亿元的差距，但不容置疑的是，家电下乡政策的确对扩大内需、带动农村消费起了相当积极的作用。

如此看来，接下来的一年，家电下乡无论是产品的销售数量还是产品的销售金额都将会明显提高，当然，除了产品丰富度增加之外，这与各省市家电下乡政策日渐深化也有着密切的联系，因为除了河南、山东、四川等地外，全国大多数省份都还处于政策推广的初期。

不过，在看到家电下乡前景一片向好的同时，我们也不能回避家电下乡政策执行过程中的种种问题。首先，产品售后服务问题。去年是家电下乡全国推广的第一年，广大农村也开始渐渐享受到政策的春风，购买家电下乡产品的积极性被迅速调动起来。但有一个问题却不容忽视：2009年家电下乡产品返修率非常高。在这里，我们不否认家电产品会出现或多或少的质量问题，但如果售后服务网络跟不上，换一个洗衣机零件要等上几个月，那么，对于农村消费者而言，下乡产品无疑是多了一个累赘。

其次，下乡产品的补贴问题。在近几年的磨合当中，购买下乡产品补贴手续繁杂仍是家电下乡难以被农村消费者广泛接受的原因之一，特别是当下乡产品价格与其他非下乡产品的价格相差无几时，不少农村消费者更是会直接放弃申请补贴的念头。尽管国家有意简化家电下乡补贴兑付程序，出台政策由销售网点代理审核并现场垫付补贴，但真正执行到位却又是执行部门的无法逾越的一道障碍。

再者，监管难题。到底所补贴的产品是否为真正的中标产品，所补贴的资金是否真正落到农民的口袋，如何防范“骗补”行为，对这些问题，相关监管部门能解决得了吗。

我们更愿意看到接下来一年当中，家电下乡政策在执行过程中能够更加顺畅，能够给农村消费者带来更多的实惠，而这也是政策执行者更应该关注的事情，至于销售额会有多少，我想，只要农民得到更多实惠了，销售额想冲不上去都难。但事实上，根据上述调查的问题，我们觉得，家电下乡在今年要想实施的很顺利，恐怕是难上加难的事情。

4. 策划书

一、活动目的

为了营造良好的校园文化，全面提高大学生综合素质，调动广大同学参与社团活动的积极性和主动性，使广大学生在活动参与中受到潜移默化的影响，思想感情得到熏陶，精神生活得到充实，道德境界得到升华。特此，我院大学生社团联合会策划举办此次社团风采展活动。

二、活动内容

1. 各社团的特色节目展示

2. 各社团的海报展示

3. 游戏互动

三、活动流程

活动前期准备：

1. 提前两天出海报及通知宣传此次活动

2. 社团在11月23号前将本社团的表演节目上报社联，由社联负责对节目进行统筹安排

3. 社团在11月24号前将活动所需海报准备好，并打印巡礼月活动照片

4. 各社团负责提供一个互动游戏，并设置奖项，由社联统一提供奖品。相关道具必须在11月24号前准备好

活动当天：

1. 各社团将海报等放置在场地两侧

2. 由各社团表演本社团的特色节目，如跆拳道社的破板表演，双节棍社的双节棍表演，吉他社的吉他演奏，魔术社的魔术表演等

3. 由各社团介绍游戏规则，邀请过往学生组队参与，优胜者可以参与抽奖活动，奖品到社联咨询台处兑换

活动后期工作：

1. 由社联负责统一打印各社团风采展活动当天照片，并出展板展示

2. 将活动总结交至学院报社，由报社协助宣传

四、活动当天安排

1. 所需桌凳在早晨9点前准备到位

2. 所需音箱、调音台等设备在早晨9点前准备到位，并调试好

3. 游戏道具在早晨9：30分前准备到位，由社联统一安排各社团的活动场地

4. 在10：00－10：30、15：30－16：00之间播放各社团录音的简介

5. 在12：00－13：50之间安排各社团的节目展示，在12：40前关闭所有音响设施

6. 在12：50－14：00、17：30－18：30之间安排各社团的互动游戏，18：30结束

所有活动

五、活动时间

准备工作：11 月 22－24 日

开展活动：11 月 25 或 26 日

六、活动人员

1. 提前完成对各个社团节目以及互动游戏等的审核，以确保活动顺利开展

2. 活动当天安排人员负责维持场地秩序，尤其要充分考虑到各社团表演的安全问题

3. 活动当天至少安排一名社联干事以上成员值班负责处理突发事件

4. 活动当天安排专人拍照

5. 如遇天气因素可适当推迟本次活动

大学生社团联合会

2010－10－20

5. 借条

今借到李冰拾万元，准予一年后归还。还借到扩音机 1 台，桌椅四十二套，准予一星期后归还。

王毅

三、写作训练

1. 以本学期为时限，结合自己所学专业，分别拟写一份个人学习计划、个人学习总结。

2. （1）从以下题目中选择一题，学生分组拟出一份调查问卷；

（2）根据课堂设计问卷调查表开展调查活动；

（3）撰写出调查报告。

调查参考题：

①本校（本班）同学消费情况调查；

②本校（本班）同学课外阅读情况调查；

③本校（本班）同学业余爱好调查；

④本校（本班）同学对各门学科的学习兴趣与成绩情况调查；

⑤对在同学中引起强烈反响的现实问题的调查。

3. 请以学校大学生社团联合会的名义设计一份“清朗网络　青春力量”微博大赛策划书。

4. 王丽因为购房需要，从朋友孙红处借了 5 万元人民币，约定无利息，一年后归还，请代拟一份借条。

5. ××学院××班学生为患病同学王菲捐款 2000 元，请院团委转交。假设你是这个学院团委书记，请你写一份收条。

6. 15 级临床 1 班劳动委员唐刚从学校总务处领取扫帚 10 把，拖把 5 把，垃圾篓 4 个，请你代写一则领条。

第三章　公关礼仪类文书

第一节　概　述

随着社会生活的发展，人们交往的日益频繁，交际方式也日益增多。根据不同的需要，在不同的场合，针对不同的对象，运用恰当的文字处理各种社交中的人际关系，已成为社会生活的必然要求，礼仪文书恰恰满足了这种要求。迎来送往、节日庆典、婚丧寿贺、致谢慰问、告知公众、传播信息等各种礼仪和活动中，都必然使用各种礼仪文书。它是人们在日常工作和生活中进行文明交往，密切人际关系，增强友好气氛，显示礼貌风范的一种重要工具。

公关礼仪文书是指国家机关、企事业单位、社会团体或个人在社会交往、礼仪活动和商务活动中常用的各类文书，是在社会交往中，为了表示相互尊重用来调整、改善或发展双方关系的文书。

日常公关礼仪文书是在社交场合、人际交往和礼仪活动中所使用的书简、致辞等的统称。它包括迎来送往的讲话与慰问等，如欢迎词、欢送词、祝酒词、答谢词、颂词等；庆典、吊唁活动的致辞、贺词（电）、悼词、讣告等；邀请、聘用等用的书函，如请柬、聘书等。

信函类公关礼仪文书包括感谢信、慰问信、推荐信、介绍信、证明信、表扬信等。

告启类礼仪文书包括申请书、倡议书、邀请书、启事、海报等。

第二节　请　柬

一、请柬的含义与特点

（一）请柬的含义

“柬”即信件、名片、帖子之意。请柬是个人或单位为邀请有关人员参加某项活动而专门制发的日常礼仪类文书。

（二）请柬的特点

1. 对象的个人性　请柬寄发的对象只能是个人，不能是集体。这在写“抬头”（即称谓部分）就要写清楚。

2. 内容的礼仪性　不管单位或个人，只有遇到大的喜事——如校庆、班庆、奠基、开业、联谊、娱乐、宴会、婚礼、展览等值得庆祝时，才会给交往较深的亲属、朋友、同事、领导寄发请柬。

3. 语气的敬请性 请柬虽属信函类，但比其他信函语气更简短，更庄重。它不抒情，不描写，不说明，不议论，只管陈述内容、时间、地点三要素。篇幅最短，并带敬请语气。

4. 制作的事前性 贺信、慰问信是事中发；感谢信是事后发；请柬与邀请函一样，一定是事前发，一般是提前一周左右。

二、请柬的写作

（一）标题

用大字书写“请柬”二字，有的标题还加事由，如《庆祝××公司成立10周年请柬》。

（二）称谓

称谓俗称“抬头”，顶格写，一般以职务或职称称呼，后加冒号。如邀请夫妇两人，应将姓名并排，加“伉俪”二字。

（三）正文

依次写明活动的内容（名称）、时间、地点。如有其他要求，也可简要地提出，以便被邀者事先准备。如需乘车乘船，应交代到达路线和有无专人接站等。最后写结语“敬请光临”、“恭候莅临”、“敬请出席”、“敬请光临指导”等。

（四）落款

落款即署名，写明邀请单位或个人姓名。下行写日期。

三、请柬的写作要求

（1）文字要美观，用词要谦恭，要充分表现出邀请者的热情与诚意。

（2）语言要精练、准确，凡涉及时间、地点、人名等一些关键性词语，一定要核准、查实，书写正确。

（3）语言要得体、庄重、明白，使人一看就懂，切忌语言的乏味和浮华。

（4）在纸质、款式和装帧设计上、要注意艺术性，做到美观大方。

例文评析

请　柬

吴局长：

兹定于5月12日晚7：00在×××医院医技楼二楼礼堂举行第105届国际护士节表彰大会，届时敬请光临并致辞。

×××医院行政办

2016年5月4日

【评析】医院邀请上一级领导参加护士节表彰大会，既庄重严肃，又显得喜庆和对领导的尊重。时间、地点和具体内容在短短的一句话中全部表达出来，显得简洁明确。

1955 ~ 2015

纪念××医科大学建校60周年

请柬

（封面）

李××同志：

兹定于10月17日（星期六）上午9时，在××医科大学综合馆隆重举行建校60周年纪念大会。

敬请

光临指导

××医科大学校长王××

2015年10月10日

（内页）

【评析】这则请柬目的明确，语言简洁，事情交代具体清楚，设计美观、庄重，是一则规范的请柬。

第三节 感谢信

一、感谢信的含义与特点

（一）感谢信的含义

感谢信是对关心、帮助和支持过自己的单位或个人表示感谢的文书。感谢信不仅有感谢之情，还有赞扬和表彰之意。

（二）感谢信的特点

1. 对象的多维性 请柬的对象是个体；感谢信与邀请函、慰问信、贺信一样，对象可以是个体，也可以是群体。

2. 语气的抒情性 请柬与邀请信要用期请的语言；慰问信用问候与安慰的语言，贺信用祝贺的语言，感谢信要用感谢的语言，因而带有感谢性。请柬与邀请信实话实说，不能抒情；感谢信却常用“衷心地感谢”，“热切地希望”等抒情语言，因而和慰问信、贺信一样，具有抒情性。

3. 制发的事后性 请柬和邀请函都是事前制发；贺信和慰问信在事中制发；感谢信却在事后发出，因而具有制发的事后性。

二、感谢信的种类与写作

（一）感谢信的种类

1. 感谢养育类 感谢长辈的养育之恩时写给长辈的信，属于养育感谢信。如2012年全国感恩书信大赛的参赛作品，其中××大学××级护理本（2）彭雨燕的《父爱形如影》就是一篇感谢父亲养育之恩的信（见例文评析）。

2. 感谢帮助类 感谢友人、同事、老师的帮助、指导之恩时写给友人、同事、老师的信，属于帮助感谢类。如××卫校护理专业2005级1班的全体实习生写的《感谢信》就是一篇感谢实习医院和实习指导老师帮助的信（见例文评析）。

3. 感谢救援类 感谢社会或个人的救援之恩时写给救援者的信，属于救援感谢信。如2008年四川汶川大地震后，汶川人民写给全国前来救援者的信。

（二）感谢信的写作

感谢信通常由标题、称谓、正文、结语、落款四部分组成。

1. 标题 感谢信标题的写法大致有以下几种；

（1）单独由文种名称组成，即“感谢信”。

（2）由感谢的对象和文种名称共同组成的，即“致×××的感谢信”。

（3）由感谢者、被感谢者和文种名称组成的。即“××致××的感谢信”。

2. 称谓 称谓顶格书写在标题下一行，后面加冒号。

3. 正文 正文在称谓下面另起一行，空两格开始书写。主要内容有两个：一是感谢原因，二是意义评价。

（1）叙述部分。回顾对方对己方的关怀与帮助，写明事情发生的时间、地点、经过和结果。

（2）议论部分。突出对方的帮助所产生的良好效果并评价其行为的意义，表示赞美和感谢之情。

（3）结尾。致敬词，表示祝愿、敬意。如“此致敬礼”、“致以最诚挚的敬礼”等。

4. 落款 落款即署上写信的单位或个人姓名，并署上成文日期。

三、感谢信的写作要求

（一）内容真实

感谢信的内容一定要真实，实事求是，只有这样才能言出肺腑，感动他人。

（二）感情真挚

写信时一定要感情充沛，情动于衷，语言要诚恳真切，充满敬意和感谢之情。

（三）评赞适度

叙事要符合实际，抒情、评赞要适度，合乎情理。

（四）朴实简练

文字要朴实恳切，简洁明了，详略得当，篇幅不可太长。

例文评析

父爱形如影

敬爱的父亲：

近日你可好？自我1992年×月×日出生后，给你与妈妈带来的不仅是精神上的欣慰，更有生活上的压力，在此正值20岁花样年华的我，深深向你鞠躬说声："亲爱的父亲，你辛苦了。"

你是灿烂星空中的太阳，替我驱逐内心的阴霾；

你是漫漫黑夜中的烛光，替我照亮前行的道路；

你是巍峨山脉中的大树，替我遮挡变幻的风雨。

成长的道路上充满新奇、美好，但也不乏辛酸与迷茫，听你说起过当年，家庭条件一般，你为了改善家里生活状况，20岁就义无反顾只身带妈妈去上海闯荡，更希望让我与哥哥接受高层次的教育。

还记得：小学放学时，天黑压压一片，暴雨随即席卷而来，弱小的我孤零零站在屋檐下躲雨，看见其他孩子相继拉着家长的手、穿上雨衣回家，鼻子一阵酸楚，竟勇敢地踏入雨帘，没想到屋漏偏逢连夜雨。小布鞋陷入软软湿湿的泥巴里，雨水打湿了脸庞，睁不开双眼，可还是弯腰护着书包，右手拎着布鞋，左手放在额前遮雨小跑回家，渐渐我开始抱怨……还记得，中考结束后，家长们纷纷来校帮子女整理物品，而你此刻又是在外务工。我费了九牛二虎之力才将全部课本搬到车站，中途头发乱糟糟地散乱、豆大的汗珠从脸颊顺势流下，手肱部酸痛无力，却也只能硬着头皮搂着课本一步步挪动脚步。上汽车后，耀眼、温暖的余辉透过车窗洒在脸庞，自己的手即使放在腿上也不停抽搐，烫烫的泪水不由落在手背，渐渐我开始埋怨……

12年的留守儿童生涯，虽然缺乏父爱，却让我学会坚强、自立。直到那个夏季，去父母工作的繁华都市——上海，才清晰意识到父亲赚钱的艰辛，我只是经历皮毛，不该抱怨，更该感恩您为我默默付出的一切。

刚走进气势磅礴、宏伟壮观的上海建工集团顿生骄傲，可父亲竟在这潮湿、阴暗的仓库做着纯粹地体力劳动。清晨，天未亮，就匆匆起床洗漱，没来得及伸伸懒腰，就已踏上自行车伴着温馨的晨光开始一天的劳作，午休还不足一小时，大锅饭式饭菜也只能勉强下肚，趴在工作台上休憩十几分钟，线长就毫不留情吹着"嗒嗒"的口哨，催促员工开始工作，不得偷懒，偶一看到员工闲聊，线长就凶神恶煞警告员工并扣除工资。半夜十一点，当我睁开疲惫的双眼准备上厕所时，父亲仍在借着微弱的台灯用计算器演算什么，只见他右手夹着已燃半根的烟，缓缓吐出一口气，深沉地望着窗外，烟雾弥散在不足60平方米的租房内，仿佛听到父亲忧郁、无奈的心声。曾经背我下楼梯、痒得我嘻嘻哈哈笑的父亲；曾经毫不留情用胡子扎我小脸、害我哭，又哄我笑的父亲；曾经耐心用宽大手掌握住我笨拙小手写下26个英文字母的父亲。

我误会你了，你为我争取的现状来之不易，能坐在宽敞的教室、穿上厚实的衣物、每顿吃的香喷喷，我应该感受到被爱的幸福感。而不是抱怨你从小没在我左右呵护我。

而今面对你头上的白发，略微弯曲的脊背，手掌上厚厚的老茧，此刻无言胜有言，无情胜有情，只想深深对你说："亲爱的父亲，我爱你，感谢你抚养我成长，你20岁的女儿已经长大了，未来会成为你的骄傲。"

此致

敬礼！

您的女儿　彭雨燕

2012年3月11日

感 谢 信

尊敬的院领导、内科病房的实习老师们：

紧张而又美好的一年即将过去，我们的实习生活即将结束，我们满怀留恋，在此谨向医院领导及内科病房全体医护人员表示衷心的感谢和崇高的敬意！

近一年的实习生活漫长而又短暂，这期间与你们朝夕相处的经历更是令人难忘。领导的关怀、实习老师的言传身教，都已深深地刻在我们的脑海中。你们对患者亲人般的关怀、认真踏实的工作态度、爱岗敬业的工作精神为我们不久的将来步入社会胜任护理工作做出了很好的榜样。

一年前，当我们刚刚进入贵院实习的时候，我们还是一群对一切都茫然、懵懂的学生，怀着对护理事业的崇敬踏入医院的大门，心中忐忑不安。贵院的领导和实习老师们给予我们父母般的关怀和谆谆教诲：忘不了病床前，实习老师们耐心细致地为我们讲解病例，不厌其烦地指导我们实践，更忘不了共迎新年的欢乐时光。是你们的关心与鼓励让我们有了家的温暖和快乐，也让我们能信心百倍地投入实习工作。在实习过程中，我们经受了锻炼，积累了经验，同时也集聚了无数的感恩之情。让我们再真诚地说一声谢谢！感谢你们给予丝丝关怀，感谢你们严格的培训，我们将把在贵院学到的知识与技能运用到以后的工作中去。真诚地祝福贵院明天更好！祝福你们身体健康，万事如意！

此致

敬礼！

×××卫校护理2005级1班全体实习生

2007年5月3日

第四节 申请书

一、申请书的含义与特点

（一）申请书的含义

申请书也叫申请信，是个人、单位或集体向有关上级组织、机关、团体、领导提出要求或请求时所写的一种专用书信。在日常学习、工作和生活中被广泛应用。例如：个人想加入党（团）组织，要写一份入党（团）申请书；因某种原因本人需要转学，也必须给学校领导递交一份转学申请书；工作后想要求人事部门调换一下工作岗位，需要先写一份调动申请书；学生家庭困难，向银行或学校申请贷学金或助学金，需要写一份贷款申请书或助学申请书；学生证不慎丢失，需要写一份要求补办证件的申请书；因违反校纪校规受到处分要写一份撤销处分申请书等等。

（二）申请书的特点

1. 写作的事前性 申请书是对某事的处理提出申请要求，希望事情结果能达到自己的目的，因此申请书必须在事前提交。

2. 语气的期请性 申请书是申请人向有关主管部门表达意愿，说明理由，请求批转的文书，那么就需要用期请的语气说话，而不能用强硬的语气说话。

3. 事项的单一性 申请书只能一文一事，如果有若干申请事项，则要用若干份申请。

二、申请书的写作

申请书一般包括标题、称谓、正文、结尾和落款五个部分。

（一）标题

申请书的标题写在第一行的中间。有两种写法：一种只写文种“申请书”；另一种则根据申请书的内容，写出具体名称，即事由＋文种，如“入党申请书”、“转学申请书”、“补办证件申请书”等。

（二）称谓

称谓应写在标题下一行的顶格处，具体写出接受申请书的单位名称或负责人的姓与职务，如“××学校教务处”、“××银行”、“×处长”等，其后打上冒号。

（三）正文

这是申请书的主要部分，先写申请的缘由或依据，再写申请的事项，申请事项和理由最好分段写。

（四）结尾

申请书结尾可以写“此致敬礼”，格式与一般书信相同；也可以在正文下另起一行，空两格单独成段写上“恳请批准”、“请予批准，不胜感激”等语。

（五）落款

在祝颂语之后另起一行，在信的右下角署上申请人或单位的真实姓名。如果是单位，要盖上公章；如果是个人要亲笔签名。在署名的下一行相应位置写上提出申请的具体日期。

三、申请书的写作要求

（一）内容明确

正文一般先写明申请什么，要直截了当地提出申请的具体要求，不要拐弯抹角；二是写清楚申请的理由，突出申请的合理、合法性；三是态度要明确，决心要坚定。

（二）真实诚信

申请的理由一定要实事求是，真实可信，不要虚夸和杜撰，陈述要具体，真实，细节要写清，数字更要具体准确。特别要注意的是，一些无关紧要的所谓“理由”不要写，以免冲淡气氛，甚至起相反作用。当然更要避免出现相互矛盾的“理由”，那就坏事了。

（三）言辞恳切

申请书是个人对组织，下级对上级表述某种要求的文书，因此要注意讲究礼貌，措辞严谨，行文应该围绕“请求”二字，语言简洁明了，诚恳朴实，使人信服。千万不要将自己不合理要求或意见强加于人，那只能使申请失败。

例文评析

助学贷款申请书

尊敬的银行和学校领导：

我是华南理工大学化工与能源学院××级硕士××班的学生×××，家住湖南省×××，地处偏远的湖南西部山区，当地交通不便，经济极不发达。

2002年8月，当我接到大学录取通知书时，真是喜忧参半：喜的是，终于可以进入梦寐以求的大学学习；忧的是，每年3100元的学费从何而来？父母拿着我的录取通知书四处奔走，东借西凑，可是9月份我到大学报到时，仍然还欠600元学费没有交清，是伟大的母校以她宽容的胸膛接纳了我这个寒门学子。之后三年中，我获得学校一次性减免学费2400元、湖南省政府奖学金2000元及减免学费1550元、校奖学金500元、考研奖金1000元以及每年500元师范专业奖学金，并且通过自己平时做社会工作获取报酬，我不但圆满完成了大学本科阶段的学习，还考上了久负盛名的华南理工大学的硕士研究生。

可是如今，父母不再年轻，体弱多病，家境亦无好转，面对每年8000元的学费以及广州高昂的生活开支，亲朋好友的帮助简直是杯水车薪！而我除了要完成学业和科研工作之外，还兼任了社会工作，业余打工的所得很是有限。但是，我依然坚定地选择了读研这条路，因为我知道，在求学成才面前，任何经济上的困难都是暂时的、都是可以战胜的。我不畏惧困难，更不讳言贫穷，所以我郑重地向学校、向一贯以来支持寒门学子成长成才的中国银行提出助学贷款申请。

我在大学本科学习期间积极上进，遵纪守法，无任何违法违纪行为，品学兼优，多次获得各类奖项，诚实守信，没有任何不良行为；担任过学生会主席等职务，对社会工作尽职尽责，并于2004年加入了光荣的中国共产党。我希望在华南理工大学这个人才荟萃的大熔炉里，能够继续创造佳绩，获得助学贷款会使我在今后的学习和科研工作中投入更多的精力，早出成绩、早日成才，早日为国家和社会贡献自己的才智和力量。

离校后我一定按照协议规定按时偿还贷款，决不拖欠，因为我知道还有很多和我处境差不多的学子等着这笔贷款去交学费！请银行和学校领导相信我，我以我的人格作为担保！特此申请，望予批准！

此致

敬礼!

申请人：×××

2006年9月18日

【评析】这是一份助学贷款申请书，标题醒目，称呼礼貌而亲切，正文先作自我介绍，然后交代申请缘由，有理有据，语言简洁明了，数字准确，语气诚恳，令人信服。结束语表示决心，态度诚恳，坚定有力。祝颂语紧扣申请书内容，礼貌而妥帖。通篇贯穿一个“请求”之意，是一份比较规范的申请书。

入党申请书

敬爱的党支部：

我是××科的×××。现向党组织郑重提出申请：我自愿要求加入伟大的中国共产党，成为一名光荣的中国共产党党员。

我是一名在党的阳光沐浴下成长起来的新时代青年，我学唱的第一首完整的歌是《没有共产党就没有新中国》，她深深地烙在我的心中。自小受到学校、家庭的良好熏陶，所以在学习上、事业上我始终追求上进，在思想素质的提高上也能严格要求自己，努力把自己锻炼成为一名新时代的有志青年。

我想，作为一名新时代的青年，社会赋予我的职责不仅是要学好文化知识，努力钻研技术、业务，政治上也一定要严格要求自己。通过政治学习，我深刻地领会和了解了党的基本知识，提高了对党的基本认识，自觉坚持党的基本路线，坚持共产主义信念，端正入党动机，全心全意为人民服务，更坚定了我要加入中国共产党的决心，为成为一名合格的共产党员不懈奋斗。没有共产党就没有新中国，就没有社会主义建设和改革的发展；中国共产党是中国社会主义事业的领导核心，是全国各族人民利益的忠实代表；中国共产党以马列主义、毛泽东思想、邓小平理论作为自己的行动指南，党的最终目标是实现共产主义。

共产党员是中国工人阶级的有共产主义觉悟的先锋战士，必须全心全意为人民服务，不惜牺牲个人的一切，为共产主义奋斗终生；共产党员永远是劳动人民中的普通一员，除了法律和政策规定范围内的个人利益和工作职权外，所有党员都不得谋求任何私利和特权。我是积极要求上进、争取入党的青年，必须用共产党员的标准对照要求自己。首先是从思想上入党，树立起自己的人生观和价值观，要有共产主义信仰，必须树立全心全意为人民服务的思想作风，树立为共产主义奋斗终生的信念。还必须落实到行动中，认真学习马列主义、毛泽东思想，学习党的路线方针政策及决议，自觉坚持党的路线，学习科学文化和业务知识，努力提高为人民服务的本领，在学习、工作和生活中起模范带头作用，坚持党和人民的利益高于一切，个人利益服从党和人民的利益。克己奉公。入党不是一个短暂的行为，必须长期不懈地努力，入党是我人生的奋斗目标，加入中国共产党才能使自己得以不断提高和发展。

我随时准备着，接受党组织的考验！

申请人：×××

××××年××月××日

【评析】申请书是下级向上级呈报的文书，所以在措辞方面一定要谨慎。例文是一份入党申请书，是表达个人的信仰和追求的，在正文开篇就表达了自己的心愿，接着谈自己入党的动机和对党的认识，在行文中时刻贯穿着自己对党的热情，最后表示准备随时接受党组织的考验。作为一种信念，对党的认识一定要写的深入透彻和细致入微，以表示入党动机的纯正。

第五节　启　事

一、启事的含义

启事是机关团体、企事业单位、公民个人公开说明或希望协助办理有关事项所使用的一种应用文。启事不如公告、通告类公文具有较强的约束力和强制性，多具祈求性、商洽性和告知性。公众可以参与也可以选择不参与。

二、启事的分类

启事可以处理公事、私事，种类很多，凡不便以通告、公告等公文文种行文时，都可采用启事。从启事的内容看主要有三大类。

1. 征召类启事　如招聘、招生、征文、征婚等启事。

2. 声明类启事　如开业、停业、迁址、更名、遗失、改期等启事。

3. 寻求类启事　如寻人、寻物、招领等启事。

三、启事的写作

一般来说启事由标题、正文、落款等部分组成。

（一）标题

一般有完全式和省略式两种，完全式由启事单位名称＋事由＋文种构成，如《×

×中学招聘教师启事》；省略式多由事由+文种构成，如《迁移启事》，有的则去掉事由，只写文种。

（二）正文

正文是启事的主体，因启事所说明的事项不同而有差异，总的要求是写明启事内容，包括原因、要求等，具体事项较多的，可分条列项。

不同类的启事，其正文的写法是各不相同的。

1. 寻物启事 在丢失了东西，希望大家帮助寻找时使用。在正文的开头最好写上“由于本人不慎”将东西丢失的字句，这样即表示谦虚，又说明丢失东西的责任在于自己一方，使拾物者在交还时不至于有所顾虑。正文一定要把要寻找东西的特征、记号、式样、丢失的时间、地点和联系方式写清楚。需要时还要写明酬谢方式。

2. 招领启事 如果拾到东西，又不知失主是谁，就可写一份招领启事，请失主前来认领失物。撰写招领启事时，须写清拾到物品的名称和联系方法，便于失主前来认领。至于所拾物品的具体数量、详细特征、丢失的时间地点等，没必要全部写出，可以待认领者前来一一核对，以防冒领。

3. 征文启事 是因某种需要或配合某项活动征求稿件时使用的一种启事。这种启事要写明征文单位或组织的名称、征稿的范围或对象、征文的目的和意义、稿件的内容和形式、写作的要求和注意事项、投稿的方法和截止日期等。还可写上奖励办法、评委会名单及其他事项。启事中要表明主办单位的诚意，希望大家积极支持，踊跃投稿。

（三）落款

在正文的右下方写明启事单位名称或个人姓名，并在其下注明发文日期。

四、启事的写作要求

（一）标题醒目

标题是启事的眼睛，只有用词简短、达意、醒目，才能引人注目，给人以清晰、深刻的印象，吸引人去阅读全文，使启事取得理想的效果。需要说明的是，千万不要把“启事”写成“启示”，免得弄成笑话。因为“启事”是公开说明某项事情的公文，而“启示”是启发、开导的意思，二者截然不同。

（二）内容具体

启事的内容主要是告知公众要在什么时间办好什么事情，有哪些具体要求。希望大家广泛参与、协助，因此应该一事一启，内容周全，要求具体，便于读者理解和记忆，凡是启事中涉及的时间、地点、单位、电话号码、联系方式等都要写得准确无误，便于参加者联系。

（三）语言简洁得体

启事的行文要简洁明了，用语准确，没有歧义，文章要易懂。不要使用生僻的词语，也不要为追求所谓的文采而滥用辞藻。

例文评析

寻物启事

由于本人不慎，于五月十四日在学校足球场晨练时丢失九成新手机一部，品牌是OPPO R9 玫瑰金，背面装饰哆啦 A 梦手机贴膜，屏保为蓝绿渐变图（附照片）。有拾到者或知情者，请与 2015 级临床 1 班 ×××联系，电话 139××××××××，本人将当面酬谢！

启事人：李××

2016 年 5 月 14 日

【评析】这则寻物启事明确交代了失物人何时、何地、丢失何物，并写明了丢失物的大体特征，简洁明了。能规范使用习惯用语“不慎”和表示酬谢的话语，措辞得体。正文之后写清了联系人姓名和联系方式，还附有失物图片，便于知情者及时联系。

招领启事

本人拾到钱包一个，内有银行卡及人民币若干元，请失主前来第六宿舍楼 302 室认领。

2014 级护理 3 班　刘××

2016 年 6 月 2 日

【评析】这是一则失物招领启事。格式正确，语言简洁明了，清楚说明了拾到物品的名称及内装物的品种，联系的具体单位和地点，便于失主前去认领。而物品的具体数额和特征却没有说明，这是失物招领的特点，以防有人冒领，可见这是一份合乎要求的招领启事。

2016 年“记忆年味”有奖征文启事

2015 年已经过去，而留在我们心灵深处的是美好的回忆。回忆过去，就是回忆美好的生活。2016 年农历新春的钟声即将敲响，我们即将迎来一年中最美好的日子——春节。

春节，是我们记忆里最快乐最难忘的节日，但随着社会经济的发展，年味已经成为了我们时常回忆和记忆的往事。为继承和弘扬中华民族的优良传统，记录年味里的感人故事，寻找关于年味的美好回忆，从即日起，共青团青海省委宣传部、青海新闻网、青海青年报社、青海在线文化传媒有限公司共同举办 2016 年“记忆年味”有奖征文活动。

一、主办单位：

共青团青海省委宣传部

青海新闻网

青海青年报社

青海在线文化传媒有限公司

二、征文要求

1. 本次征文活动以“记忆年味”为主题，内容可以叙述曾经的年味，或者这些年在城市里的年味，或者留在心灵深处的年味。

2. 文章要求观点鲜明、主题突出、内容健康向上，具有一定的思想性、文学性和较强的可读性。

3. 体裁以散文、记叙文、随笔、图片、诗歌为主，散文类字数一般不超过3000字，诗歌不超过30行。照片为单幅或组照，图片说明必须在150字以上。本次征文活动评奖图文并茂优先，所以，大家在投稿时尽量图文并茂。

4. 参赛作品须为原创作品，发表、出版均可。如发现有剽窃、抄袭等情况，一律取消评奖资格。

5. 来稿请注明"记忆年味"征文字样，并写清楚投稿人姓名、单位、地址及联系电话。所有来稿一律不退，请自留稿底。

三、评奖及奖项设置

征文截稿后，将邀请省内知名作家、评论家、编辑记者等组成评审委员会，按照公开、公平、公正的原则，评选出相应奖项。

大赛特设一等奖1名，颁发证书和奖品；二等奖5名，颁发证书和奖品，三等奖10名，颁发证书和奖品；优秀奖根据参赛稿件而定，颁发获奖证书。

优秀选手将在青海新闻网等省内各大媒体上重点宣传，获奖名单将在青海新闻网等省内主要新闻媒体公布。征稿期间，参赛作品择优在青海新闻网和青海青年报刊登。活动结束后，优秀作品将酌情结集出版。

四、征文时间

征文自2016年1月20日至4月25日（以当地邮戳为准）

五、投稿方式

来稿请寄：青海省西宁市礼让街1号青海新闻网（信封上注明"记忆年味"字样）

邮编：810000

电子信箱：zgxqwqh@126.com（欢迎投递电子稿件）

联系电话：0971－8482185

本活动解释权归主办方所有

【评析】这是一篇面向公众征稿的启事，启事分条列项从组织机构、作品主题、征文时间、征文要求、投稿方式、奖项设置等等做了详细说明，语言严谨周全，是一篇形式与内容都很规范的征文启事。

第六节　海　报

一、海报的含义

1895年12月28日，法国卢米埃兄弟在巴黎一家餐厅向35位观众放映《火车到站》，当时那张题为《卢米埃电影》的宣传画成了世界上第一张海报。所以海报的诞生之初主要是用来进行电影戏剧宣传的，这也是它被称为"瞬间的街头艺术"的原因，因此海报也可以被视为广告。海报这一名称，最早起源于上海。旧时，上海人通常把职业性的戏剧演出称为“海”，而把从事职业性戏剧的表演称为“下海”。作为剧目演出信息的具有宣传性的招徕顾客的张贴物，人们便把它叫做“海报”。随着时代的发展，海报的适用范围也发生了变化。现在海报已经不再局限于戏剧表演的宣传，也用来宣传其他的表演或活动，如体育比赛、文艺演出、报告、演讲等。

海报是把特定的活动信息告知公众的一种公关礼仪性应用文书。

二、海报的特点

（一）宣传性

海报最本质的特点就是以鼓动人们参与为目的的宣传性。为了吸引注意力，有的海报还要加以美术设计，以吸引更多的人加入活动，海报可以在媒体上刊登、播放，但大部分海报还是张贴在人们易于看到的公共场所，其广告性色彩极为强烈。

（二）告知性

告知性就是广而告之，知道的人越多越好，它与宣传性相辅相成。

三、海报的分类

海报应用范围极广，类别也挺多。一般来说海报从内容上可分为以下几种。

（一）电影海报

这是影剧院公布演出电影的名称、时间、地点及内容介绍的一种海报。这类海报有的还会配上简单的宣传画，将电影中的主要人物画面形象地绘出来，以扩大宣传的力度。

（二）文艺晚会、体育比赛等海报

这类海报同电影海报大同小异，它的内容是观众可以身临其境进行娱乐观赏的一种演出活动，这类海报一般有较强的参与性。海报的设计往往要新颖别致，引人入胜。

（三）学术报告类海报

这是一种为一些学术性的活动而发布的海报。一般张贴在学校或相关的单位。学术类海报具有较强的针对性。

（四）个性海报

自己设计并制作，具有明显 DIY 特点的海报。

四、海报的写作

海报的写法比较灵活。在结构上，海报一般由标题、正文和落款三部分组成。

（一）标题

海报的标题写法较多，常见的有以下几种：

单独由文种“海报”构成。

直接写明活动的内容，如《影讯》、《球讯》 等。

用描述性的语言做标题，如《×××疯狂来袭》。

（二）正文

不同内容的海报，正文的写法差别很大，但一般要写清楚以下一些内容。

1. 引言 引言用于介绍活动的目的和意义。

2. 主体 主体用于介绍活动的情况。如活动的主要项目、时间、地点、参加的具体方法及一些须知的注意事项等。如果收费，票价要明确写出。

3. 结尾 多用“莫失良机”“千万不要错过”“心动不如行动”此类具有吸引力和鼓动性的语言作结。

（三）落款

在正文的右下方写明主办单位的名称，下一行写明海报的发文日期。有些海报的主办单位写在时间、地点之后，落款可省略不写。

五、海报的写作要求

（一）艺术的设计性

海报的艺术性体现在它的版式有设计感，除了少数，如学术性的海报可以以纯语言文字表达外，大部分海报要求图文并茂。如图片的选择、放置的位置、大小的编排；采用何种字体、字号；文字和图片的搭配；色彩的选择等多方面的内容。

（二）内容的真实性

海报一定要具体真实地写明活动的内容、时间、地点等，语言简洁明了，通俗易懂，言简意赅，不可夸大事实，甚至弄虚作假，欺骗公众。

（三）宣传的鼓动性

在遵从事实的情况下，海报语言要具有宣传鼓动性，以吸引公众注意力。

值得注意的是，在读图时代，由于电脑技术日益发达，传统的纯文字海报已经逐渐被美术海报所取代。特别是海报的标题逐渐淡化，直接用具有冲击力并具有较强概括性的语言来取代标题。其他的内容也或多或少发生了改变，但其目的不能变，必须要把事件、时间地点、主要人物等交代清楚。

例文评析

图 1

图 2

【评析】图1是一张世界斯诺克巡回赛海报，海报设计成上下部分，以颜色区分。上方占2/5，突出主办方微信和二维码，这也是近年来海报设计的特点。下方占3/5区域以醒目的黄色突出主题，正中大字显示赛事内容、时间、地点、订票电话等，右下方用包括国人熟悉的丁俊晖在内的国际斯诺克优秀选手照片合成一个左手高举，右手挥动球杆的具有强烈视觉冲击的人像。整幅海报内容突出，色彩和谐，动静皆宜，具有较强的艺术设计感。

图2是《穿普拉达的女王》的电影海报，这张海报主题突出，色彩鲜明、布局独特、字体字号适宜，特别是红色高跟鞋的画面感极具冲击力，是一幅不可多得的电影海报。

海　报

为了配合学校“书香校园月”活动，激发同学们“爱读书，读好书”的阅读兴趣，特邀请××大学著名教授、诗人于××来我校作“阅读带你走向远方”讲座，届时于教授将当场回答同学们提出的问题，欢迎大家踊跃参加。

时间：××月××日下午2：30

地点：学校综合馆

阅读就像旅行，每一站都是惊喜！让我们一起走吧……

××学校团委　宣传部　学生处

××××年××月××日

【评析】这是一则举办文学讲座的海报，开头简要介绍了举办讲座的意义，接着介绍讲授者和讲授内容，用了“××大学著名教授、诗人”表明讲授人的文化身份，内容以“阅读带你走向远方”为题，颇具吸引力。最后写明讲座的时间和地点。语言简洁、内容清晰，有很强的感召力。

综合练习

一、填空

1. 公关礼仪文书是指国家机关、企事业单位、社会团体或个人在________、________和________中常用的各类文书。

2. 公关礼仪文书包括________、________和________三类。

3. 请柬的特点是________、________、________、________。

4. 感谢信分为________、________、________三类。

5. 感谢信在写作上要求________，________，________和________。

6. 申请书也叫申请信，是________、单位或集体向有关上级组织、机关、团体、领导________的一种专用书信。

7. 申请书的特点是________、________、________。

8. 启事是机关团体、企事业单位、公民个人________________所使用的一种应用文。启事不如公告、通告类公文具有较强的________和________，多具祈求性、商洽性和________。公众可以参与也可以选择不参与。

9. 启事分为________、________和________三类。

10. 世界上第一张海报是《________________》，诞生在________________。

11. 海报是________________公关礼仪性文书。

12. 海报从内容上可分为________、________、________、________四类。

13. 海报的写作要求是________，________，________。

二、病文改错

1. 请指出下列请柬存在的问题并改正。

×××老师：

您好！工作一定很忙吧！

英语系02级学友自毕业之后，多天各一方，然师长教诲之恩，未尝或忘；同窗之谊，时深梦寐。至此毕业十年之际，乃相约共聚×大，一谢师恩，并叙离情。谨择本月十四日（星期日）上午九时整在我校学术报告厅一楼接待室，举行师生联欢、座谈活动。敬请届时命驾光临。

此颂

教安！

02级全体同学

2016年7月18日

2. 请指出下列感谢信存在的问题并改正。

感谢信

敬爱的××职业技术学院爱心社全体同学：

你们好！

今年五一劳动节长假期间，你们学院爱心社的十二名同学来到我们福利院传递爱心，让老人度过了十分愉快的一天，你们的高尚行为鼓舞了我们的工作人员，也教育了社会上的那些不肖子孙，我代表××福利院对你们利用节假日来我院为老年人服务的高尚行为表示最衷心的感谢，感谢你们为社会做出了榜样，为老人提供了服务。

再次感谢你们，我们要向你们学习，争取做一名合格的公民。

××福利院

二00七年五月十一日

3. 吴明由于违反校规受到处分，时过一年，已有转变，于是向学生处申请撤销处分，请指出他的申请书存在的问题并改正。

申请书

本人在老师的教育下，在父母的关心督促下，已经有了很大转变，我强烈要求学生处给我撤销处分。因为我即将毕业要出去找工作，所以一定要在我毕业前给我解决这个问题。

吴明

×年×月×日

4. 请指出下列启事存在的问题并改正。

各位校友：

本人是××纺织大学阳光校区联通兼职学生，于2012年9月4日晚7点左右的兼职期间，在宿舍楼九栋附近遗失一部白色三星S5660手机。虽然此手机配置较差，却是我在安装宽带时，在自己手机没电的情况下临时向本校同学借用的。手机内有该女同学的大量照片，手机丢失她甚为伤心，切盼找回。而且手机号码为联通兼职工号，有大量的同学需要通过此号码来安装联通宽带和进行后期的宽带维护，号码丢失将给大家的生活带来极大的不便。

手机丢失系本人疏忽大意，与他人毫无瓜葛，因此只要有人愿意送此手机到九栋联通营业厅，亦或是送到11栋楼管处，我将用以下可供选择的方式予以酬谢：

方式一：现金400元+书面感谢信一封。

方式二：4兆包学期联通宽带+现金100元+口头感谢。

方式三：10兆包学期联通宽带+兔斯基+七彩愤怒的小鸟+握手感谢。

期盼手机失而复得，共建你我和谐阳光。

2012年9月5日

5. 请指出下列海报存在的问题并改正。

海报

为了更好地提高高三的复习效率，学校准备在考试心理、各学科复习策略等方面开展专家讲座活动。本周六下午在第一阶梯教室将要进行第一场讲座的是来自北京的专家李教授。这一次我们要求李教授来我校进行考试心理方面的讲座，请大家务必参加。

X X学校教务处

2011年3月7日

三、写作训练

1. 假如你是××学校××班的毕业生，请你以集体的名义写一份给任课老师陈××的请柬，邀请他（她）来参加你班举行的毕业座谈会，时间，地点自拟。

2. 你已经踏进了大学的校门，可是从小学到中学，老师们的音容笑貌还浮现眼前，他们在你的成长和学习过程中付出了心血和汗水。请你以自己的名义选择一位老师写一封感谢信，要写清感谢的内容，表达感谢的心意，语言准确得体。

3. 请你以自己的名义向学校写一份助学金申请书。

4. 根据以下情景写一则启事。

14级护理2班同学王××昨天在学校图书馆拾到钥匙一串，2把铜制，3把铝制，还有一个红色熊猫挂件，希望找到失主，归还原物。

5. 右图是一则公益海报，请在适当位置为海报配上文字，以突出主题。

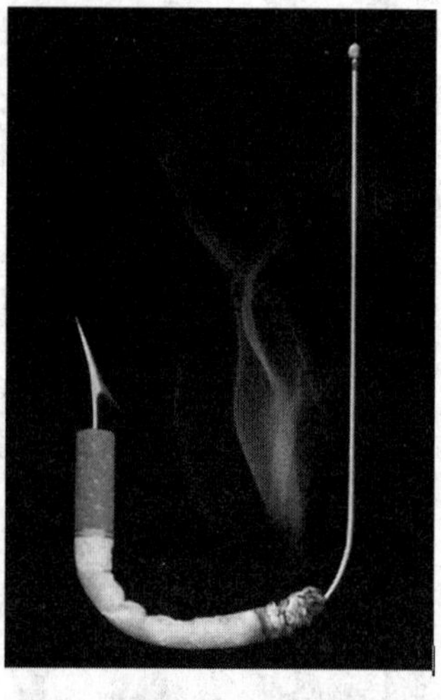

6. ××大学学生会邀请到贵州人和足球队来校与校足球队进行友谊比赛，请以校学生会名义拟写一份海报。

第四章　求职文书

求职，包含了求取职业和职位两层意思。求职手段和技巧越来越被重视，它贯穿在求职的整个过程。而作为求职前期工作的求职文书的写作，在职场中也显得越来越重要。目前在不同的环境中求职，常见的文书有求职信、求职简历、竞职演讲稿和申论。求职信和求职简历主要用于职业的求取，也可以用于职位的求取；竞职演讲稿主要用于职位的求取；申论则只用于国家公务员的招考。它们的共同特点是针对性强，行文简短，内容真实，意向明确，应用非常广泛。

第一节　求职信

一、功用与分类

求职信又称求职书、应聘书、自荐信等，是求职者为了求取一定的职业或职位而写给用人单位的专用书信。它一般可以分为自荐信和应聘信两类。自荐信是求职者向用人单位自我推荐时所写的申请某个职业或职位的书信。应聘信则是针对用人单位的招聘信息为谋取其中的某个职业或职位所写的书信。

二、基本格式

求职信一般包括标题、称谓、正文、祝语和落款五个部分。

（一）标题

求职信的标题通常只写文种，即在第一行中间写上“求职信”或“自荐信”三个字。

（二）称谓

求职信的称谓是对招聘方的称呼，一律必须用敬称，而且应用单人敬称。在写作称谓时，如果知道对方的职务时称职务，不知道职务或无固定对象时，称“尊敬的领导”，一般不用“先生”或“女士”称谓。称单位或公司时，也要用敬称，即用全称，而不可用简称。

（三）正文

正文分开头、主体和结尾。

1. 开头　求职信的开头主要说明求职者的基本情况，包括姓名、学历、求职缘由和求职意向等。有的还需要说明性别和户口所在地。

2. 主体　主体部分主要说明自己求职的有利条件，应措辞得当，针对对方需要招聘的职业或职位认真分析自身的优势进行陈述。一般来讲，应交代以下几点：①专业知识条件。主要谈最高学历和匹配专业的获取经历、在校期间所主修的专业课程、辅修或自修的其他课程、这些课程的掌握程度、所受培训情况以及操作技能等。②能力条件。主要谈在实习实训、工作、竞赛中所获得的荣誉、个人擅长的工作技术、掌握的工作经验等。③工作经历。主要包括实习实训和兼职工作的项目和时间长度。④对将要从事的专业和所求职位的认识和规划，应包括对待职位的态度，和自身将如何发展更好地适应未来工作。

3. 结尾 求职信的结尾主要是表达获得所求职位的迫切心情和对录用消息的殷切期待。

（四）祝语

祝语必须对应称谓。如果称谓是对领导的，后面则用对人的祝语，如果称谓是对单位的，祝语应是对单位。其形式和内容与一般书信的祝语大致相同。

（五）落款

在祝语下一行右下角分两行写上求职者的姓名和该信的写作时间。

如果有有关证明材料的附件，可以在落款下提行顶格写上“附件”，并加上冒号，再在冒号下写明附件序号和标题。

三、写作要求

（一）了解情况，有的放矢

求职者在写作求职信之前，必须对招聘单位的性质、历史和现实的经营状况、招聘职位的具体要求等有一个较为具体准确的了解，如果是向多家求职，最好是建立各家档案，这样，才不至于在信中出现与所求单位或职位不相关或不相称的废话，才可能有很强的针对性。

（二）抓住重点，写出个性

很多的求职信写得文通理顺，文采翩翩，成绩斐然，能力众多，有的甚至将自己小学、初中、高中的获奖情况和任职情况也写出来了，但对自己目前所求职位的优势却“少言寡语”。求职信所展示的知识水平应该是大学期间及其之后的；个人能力应该是人无我有，人低我高，单位必需的。如果只是泛泛而谈，好像自己无所不能，那就等于你一无所能。这种毫无个性特色的求职信是不可能顺利达到求职目的的。

（三）行文简洁，谦虚自信

求职信的篇幅不可过长，一般在600字左右。招聘方所面对的求职信往往不止一份，有的甚至会达到几百份。如果求职信写得卖弄文采，拖泥带水，啰嗦有加，又不得要领，这既表现出求职者汉语能力的欠缺，办事缺乏干练果断的品质，又让招聘方无暇卒读。信中的用词、语气等，既要表现出对自己能力的充分自信，又要表达出坦诚谦虚的态度。要做到自信而不自傲，自谦而不自卑。结尾不可用大话和套话。

另外，求职信中不可有错别字，不可有不通顺的句子；最好自己亲手书写，即使是打印，最后的签名也要亲手签写，以示慎重和自信。打印稿中要注意全文格式统一，字体大小和行间距合适。

例文评析

自荐信

尊敬的医院领导：

您好！

我叫蔡××，是××医学高等专科学校16届助产专业的毕业生。希望能获得贵单位的护士或助产士岗位，感谢领导翻阅我的简历。

作为一名医学生，我乐观、自信、上进心强，爱好广泛，能够很好地处理人际关系，有协调沟通方面的特长，并且有很强的责任心与使命感，师长喜欢叫我小蔡，朋友喜欢叫我蔡姐，我相信这些个性会有利于我未来的职业。

在校期间，作为班长我敢管敢当，我严格要求自己与同学们，努力公正地对待每一件事，做好老师和同学间的沟通，得到老师们同学们的好评。同时我注重培养自己的综合素质和提高多项能力，积极参加学校各种活动，充分利用课余时间，拓宽知识视野，完善知识结构，获得了高级育婴师和中级保健按摩师资格证书。我热爱运动，篮球是我成长路上最忠实的伴侣，打篮球让我学会了团队协作、坚持、奋斗、礼让，篮球也让我获得了一些荣誉。作为篮球社副社长，我在加强社团管理、注重学校活动组织的同时也随时组织社团人员与其他学校联谊，促进友谊共同学习，为自己以后与患者、患者家属的沟通锻炼了沟通能力。

为了锻炼自己的独立能力，也为了多长见识，我远离家乡，申请到深圳市龙华新区人民医院实习，九个月的实习中我从未回过家，认认真真向带教老师学习点点滴滴，现能够独立完成自然阴道分娩的单胎顺产接生工作，并且能与老师一起完成肩难产的工作，也能及时发现异常产程的进展情况，懂得观察病情及产程进展、顺产接生、破膜、肛查、阴查、会阴侧切术、点滴催产素及点滴硫酸镁的观察、能正确协助医生抢救危重病人。同时在各科室轮转时，严格遵守规章制度、坚守无菌技术操作及“三查七对”制度、基本掌握护理技术操作。通过实习我更加热爱医疗工作，更加希望自己能成为一名真正的白衣天使。

如果我能有幸被录用，我一定做一名好助产士，以自己的真心去对待患者，用“健康所系，性命相托，医者仁心”的理念时刻提醒自己。希望贵单位能给我个机会，接过前辈手中的蜡烛，把毕生的精力奉献给医疗事业。

您的一刻斟酌，我一生的选择。诚祝贵单位各项事业蒸蒸日上！

此致

敬礼！

求职人：蔡××

2016年3月24日

【评析】这封求职信，是一名助产专业专科生毕业之际针对医院招聘岗位投递简历而写的，内容具有针对性，文字简洁，个性突出。称呼用敬辞，表示对招聘方的特别尊重。接着用了一般书信的问候语。正文开头一段介绍了求职者个人的基本情况和求职意向，之后自然引出求职的条件：自己具备的专业能力和个人特长，医务工作者应具有的亲和力、责任心、吃苦耐劳精神和学习能力。最后表达求职者对获得这一职业的诚恳态度和未来规划。

某职大有位校友毕业多年后，看到了自己刚刚毕业时写的一封自荐信，自感汗颜。为了教育学弟学妹们，他勇敢地将这篇自荐信登载出来，并予以自评。

自荐信

尊敬的领导：

您好！悉知贵单位的招聘信息，特致函陈情，恳请您在百忙中予以浏览，感言不尽。[文绉绉地，超级假牙，汗颜]

大学四年，我勤攀书山，刻苦钻研［一点都不脸红］，深入系统地学习了社会调查、社会心理学、社会工作等专业课程，努力做到对本专业的精通，并不断做到理论与实践的紧密结合［王婆卖瓜，自卖自夸］，在有关领导和专家的指导之下，我先后参与了研究性调查、市场调查等多项不同类型的社会调查，并撰写了相关调查报告，自己的社会实践技能、分析问题的能力和研究水平也都有很大提高。［这吹牛的水平，咋样?］

同时我还广泛涉猎社会保障学、计算机等基础课程，通过不懈的努力，在校连续三年被评为校“三好学生”。在2003年度国家奖学金评比中荣获“国家奖学金一等奖”，三年综合测评排名全班第三［说这个顶个球?］。在党团工作中，我尽职尽责，积极配合各项工作的开展，从中锻炼自己的能力。因在团的工作中表现突出，在2001－2002年度被评为校“优秀团员”［还当个宝了，汗］。在思想上，我积极追求进步，在班级师生的支持下参加了校第二十八届党校的学习，并光荣的加入了中国共产党［是组织上的人了］。此外，我还特别注重自我能力的培养，积极参加班级、学院、学校举办的各项活动，并取得了一些可喜的成绩［也就征文比赛的三等奖啥地］。

2003年9月，我进入××师范大学学生工作处实习［每月还有120块补助］，其间除了完成一些日常工作外，还主要承担了国家助学贷款和全校的评优评先工作，对高校的学生工作有了更深入的了解，同时，还熟悉了电脑、复印机、油印机等现代化办公用具的使用［这些也叫现代化，汗］，并熟练地掌握了公文的处理工作。半年的专业实习让我的人际沟通、组织协调等能力得到进一步的锻炼和提高，也增添了自己今后走上工作岗位的信心［有点自欺欺人的说］。

我深信：机遇与才能并重，机遇只会青睐有准备的人。考验我是您的责任，回报您是我的责任［结尾喊口号，老毛病］。

祝您工作愉快！

此致

敬礼

求职人：×××

2003年11月

（选自天津职大校友论坛）

第二节 求职简历

一、功用与分类

求职简历是应聘者为了顺利谋求职位而准备的一系列个人材料。它与求职信的功用是殊途同归，但比求职信的内容更具体、更直接，因而效果更好，使用更广。求职简历一般可以分为简表式和文档式两种。简表式是表格填写的方式，把求职需要的有关材料用表格显示出来，求职者可以直接填写；文档式则是采用由上至下依次叠列的形式，将所有求职材料用一至两个版面表现出来，或者将求职的有关材料按顺序编排，装订成册，比较全面地展示求职者的求职资料。

二、基本格式

（一）简表式的求职简历

简表式的求职简历是一份简明扼要的履历表，有一个基本固定的表格模式，一般包括以下几个部分：①个人身份的基本信息，包括姓名、性别、年龄、民族、婚姻状况、健康状况、政治面貌、联系地址及方式等；②接受教育的信息，包括所受的最高学历教育的信息（其中又包括学历、毕业院校主修专业、主修课程等）、培训与训练的信息；③工作实践经历，包括实习、实训、兼职等信息；④所具备的专业知识水平和能力水平；⑤个人兴趣爱好；⑥求职意向。如果有关于求职的证明材料，可另作附件附后。下面是一份简表式的求职简历的普通模板。

姓　名		性　别		民　族		照片
出生年月		政治面貌		籍　贯		
毕业院校		专　业		学　历		
家庭住址		联系电话		邮　箱		
兴趣爱好						
求职意向						
学习经历						
社会实践						
证书情况						
获奖情况						
自我评价						

（二）文档式的求职简历

文档式的求职简历有两种情况，一种形式是活页式的，一种是装订式的，

1. 活页式 一般有1～2页纸，以word文档的形式分列个人基本情况、接受教育和培训的信息、主要工作经历、兴趣爱好、自我评价、求职意向、联系方式等。

2. 装订式 它是一本比较全面的求职材料。一般包括封面封底、目录、求职信、个人履历表、证书和成果。有的在目录前面还设计扉页，应届毕业生在履历表后还有学校的《就业推荐表》。

（1）封面封底。封底一般不作要求，净版也可以。封面是给招聘者的第一印象，需要做一番设计。封面上一般有应聘者的姓名和毕业学校、系别、专业，有简笔画式的图案设计。但学校名称有时也可不写，要视情况而定。整个设计要求简洁美观，整体感强，个性突出，表现出积极向上的精神面貌。

（2）目录。要求将简历中所载材料类别按序列出，让招聘者对里面的内容要点一目了然。同时也显示出应聘者做事的井井有条。如果设计扉页，扉页上可以下载一句话（名言警句或个人的座右铭）或者一首小诗，以表明个人的一种追求与精神。

（3）求职信。

（4）个人简历或就业推荐表。这一部分包括个人基本信息、教育经历、工作经历。个人基本信息包括了姓名、性别、年龄、民族、毕业院校、籍贯、家庭住址、联系电话等内容；教育经历包括学历教育和培训经历，其中学历教育经历一般以大学教育为主，重点交代修业年限和主修课程；培训经历重点交代受培训的业务和技术。应届毕业生的工作经历主要指兼职、实习和见习。

（5）证明材料。证明材料的排列依次为：文凭、从业资格证书、等级证书、获奖证书、其他有关证书；获奖的作品和发表的作品。应届大学生还需载入《成绩一览表》。各类获奖证书和作品可以按照两种顺序排列，一是时间顺序，二是级别顺序。所有证书和作品都使用复印件而不是原件。

以上所述两种形式，可以适用于不同的场合。前者利于网上投递简历，后者更适合现场投递。求职者要灵活机动，见机行事。

三、写作要求

（一）个性化

简历千千万，你的简历可以参考别人的制作，但绝不可以和别人的有所雷同。要努力反映出应聘者个人独特的精神面貌，独特的思想观点，独特的工作经历，独特的工作能力。

（二）针对性

即针对不同的职位，必须加强相关的材料。千万不可“以不变应万变”。

（三）条理性

一本简历，可以反映出应聘者的工作态度和工作能力。材料杂乱无序，零乱不齐，这个人的工作态度和能力一定不怎么样。所以，内容的取舍安排要重点突出，纸张的

剪裁装订要整齐有序。

（四）充实性

简历是为了让招聘者比较充分地了解应聘者的经历、能力等方面的情况，而反映这些情况的，就是简历中具体的求职材料。正所谓口说无凭。只有充实的有说服力的材料才能使招聘者相信应聘者能力的真实性，才能打动招聘者的心。而一本空洞无物的简历，只能让招聘者一笑而弃之。

（五）严谨性

简历是寻找工作的敲门砖，招聘单位也常常通过简历以小见大获得对应聘者的初步印象，因此简历制作过程中千万不可忽略细节，诸如错字病句，标点符号，年代地点等等要逐一核查清楚。

例文评析

个人简历

·基本情况·

姓　名：周××
性　别：女
出生年月：1995年8月
年　龄：21
籍　贯：云南文山
政治面貌：团员
毕业院校：××医学高等专科学校
专　业：康复治疗技术
地　址：云南省文山州马关县
电　话：×××××××××××
E－mail：××××××@qq. com

照片

·求职意向·

××市第一人民医院北城分院的一名康复治疗师

·教育背景·

2016年毕业于××医学高等专科学校
2013年毕业于文山州第一中学
2010年毕业于文山州马关县篾厂中学
2007年毕业于马关县桂皮山小学

·专业课程·

《康复评定技术》、《运动学基础》、《神经病学》、《运动治疗技术》、《物理因子治疗》、《作业治疗技术》、《中国传统康复技术》、《疾病康复》等。

·实习经历·

2016年7月——现在　××市第一人民医院北城医院　康复科

【工作轮转】运动治疗室、作业治疗室、针灸室、物理因子治疗室

【老师反馈】该同学基础知识扎实、善于思考、认真细心、动手能力强，有礼貌，态度端正，希望以后继续努力。

·个人经历·

见习经历：2015年－2016年利用周末在××市第一人民医院北城医院见习

社会经历：2014年－2016年利用假期做兼职

在校经历：2015年－2016年担任大学生社团联合会副主席

2014年－2015年担任临床医学系勤工助学部志愿者

2014年－2016年担任班级纪律委员

·个人技能·

专业技能：高级保健按摩、针灸推拿

语言水平：英语四级、普通话二级乙等

计算机水平：计算机二级

·自我评价·

1. 本人工作认真负责，善于思考问题，吃苦耐劳，亲和力强，有强烈的责任心。

2. 一年的共青团干部经历锻造了我的综合能力和素质，也培养了我为人处事的积极态度。

3. 具有良好的适应能力，能在短时间内适应工作环境和工作压力。

·获奖情况·

1. 在2014－2015年度荣获"国家励志奖学金"
2. 在首届"青春榜样，曲医之星"评选活动中被评为"勤学敬业之星"
3. 荣获2015年"优秀班干部"、"优秀共青团员"、"优秀共青团干部"
4. 在临床医学系第七届求职模拟大赛中荣获"一等奖"
5. 在××医学高等专科学校2015年求职模拟招聘大赛中荣获"三等奖"
6. 在××医学高等专科学校2015年心理情景剧大赛中荣获"二等奖"
7. 参加××医学高等专科学校2015年"青马工程"培训获得结业证书

8. 在2014年10月临床医学系迎新晚会中荣获“优秀志愿者”称号
9. 在2014年11月临床医学系手工艺大赛中荣获“优秀奖”
10. 在青年志愿者协会六周年庆典晚会中荣获“优秀志愿者”称号
11. 在校际礼仪队中表现优秀被评为“最美成员”
12. 在××医学高等专科学校2015年五四晚会中被评为“最美礼仪”
13. 在2015年5月医技系举办的求职模拟大赛中获“优秀志愿者”称号
14. 在医技系第三届秘书节晚会中获“最佳礼仪奖”

【评析】这份求职简历属于文档式。所有的内容采取上下叠列式，有条不紊地交代了自己各方面的信息。作者的求职意向是一家市级医院的康复师，因而，文档中所列出的材料主要是与康复师岗位有关的信息。无论在课堂内的还是课堂外的，所有的经历都向招聘者表示：我有良好的专业成绩，我有沟通能力，我非常喜欢你们医院，希望你能录用我。这就叫做针对性强。开篇留下通讯方式，表达了求职者对获取这个职业的诚恳态度。

第三节　竞职演讲稿

一、功用与分类

竞职演讲稿是竞职者为了在竞聘会上通过与同行竞争而获得某个职位时所写的讲话稿。竞职演讲稿又可分为求职演讲稿和竞聘演讲稿两种。求职演讲稿是求职者面对用人单位招聘面试时所做的自我介绍；竞聘演讲稿是个人竞争企事业、单位和部门的管理职位所做的竞选演讲。它本是演讲词的一个类别，但由于它专门用于求职，所以我们把它提到本章学习。

竞职演讲稿写作的目的是竞争职位，因而这种演讲一定是竞职者本人，但稿件的写作则可以是他人。为了竞争到竞职者心仪的职位，演讲稿一定要有突出的主题，有能与别人竞争取胜的内容，有准确而又富于激情的语言。

二、基本格式

竞职演讲稿在体式上包括标题、称呼、正文三个部分。

（一）标题

竞职演讲稿的形式一般有三种。一是双行标题式，即分正副标题。其中正标题是文章式标题，内容往往是竞职者的决心或品行的概括，或者是其目标意愿。副标题则是公文类标题，由事由和文种构成；单行标题一种是如上所述的副标题形式，一种是只有文种名。

（二）称呼

竞职演讲稿的称呼是对演讲受众的称谓，视其对象可用“尊敬的各位领导”、“尊敬的各位评委”、“尊敬的各位听众”等。有时，可以在称呼的后面用上一句配有时间的问候语，如“大家下午好”。

（三）正文

竞职演讲稿的正文分开头、主体和结尾。

1. 开头 主要是介绍个人的基本情况，包括姓名、年龄、学历、政治面貌、现任职务、竞聘职位及其原因等。

2. 主体 主要说明自己优于别人的竞职条件和竞到职位后的工作思路、目标、措施等。其中竞职条件应包括个人的政治业务水平、工作经历和能力等。

3. 结尾 呼应标题，表达自己竞职的强烈愿望与决心及信心，并对听众表达谢意。

以上的结构样式是一个基本的体式，在具体的写作中，根据需要，可以灵活地调整各内容所在的段落，不必拘于一格，生搬硬套。

三、写作要求

（一）意向明确，主题突出

所求何职应在演讲稿中明明白白地写出来，不可含含糊糊甚至忘写。因为有时一场竞聘会可能不止一个职位拿出来竞争。

（二）个性突出，理由充足

竞职演讲稿中用来作为竞职条件的材料必须有质量有数据，真实典型。这样，竞职的理由才可以征服听众和评委。虚假的、夸大的、非典型突出的材料，只能引起听众的一片唏嘘之声。这些材料，就是理由，就是竞聘的优越条件。这些条件应该是别人所不具备的。这样才有说服力。

（三）语言通俗，篇幅适中

竞职演讲稿也许提前写好，但最终要通过口语向面对的听众表达，这些人可能成分各异，水平高低不齐，其工作职位也各不相同，因而，演讲稿的语言要适应他们的这些方面，而不可有过多的专业术语或文言词语，更不可有大话套话。在非本土地区竞职，用语应尽量少的使用异地的方言俚语。同其他各类演讲一样，竞职演讲也是有一定的时间限制的，不可过长，但也不要太短。太长则内容繁杂，听众厌烦；太短则论说不足，无法充分展示自己。一般可按会议规定的一个人演讲的时间写作演讲稿，尽量不要超时或过于提前结束。

例文评析

唐斌应聘康哲药业有限公司医药代表自我介绍

尊敬又亲切的各位领导：

大家下午好！

今天，我是来销售我自己的。我叫唐斌，来自药学系药品经营与管理班。

你相信你自己吗？对，你应该相信。我们都应该相信自己，然后百分之百相信自己的产品，先把自己推销给顾客，再向顾客推销产品。是的，我的求职意向是一名医药代表，或者说是一名合格、优秀、出色的医药代表。我从小就对销售类行业非常感兴趣，为什么呢？因为很小的时候我家人开了一个小店，我每天都在店里扮演推销员，我很喜欢这个角色，我很享受那种感觉，非常幸运的是大学被录取到医专药品经营与管理专业，这更决定了我一定选择医药代表这一职业。

为了成为一名优秀的医药代表，从大一起我就开始真正准备，自入校以来，在认真学好专业知识的基础上，我积极加入学生会及学生社团，担任社团外联部部长，大二担任药学系学生会主席一职。因为自己的积极与努力，我不仅是学校各大活动的组织者之一，更是参与者，并获得不少的荣誉，这些工作和比赛经历极大地提高了我的沟通、表达、组织、管理、协调、策划等各方面综合能力，为我成为一名合格的医药代表打下了坚实的基础。

除此之外，虽然我仍是一名在校大学生，但我已经有了一些成功的销售经历：大一期间我为社团拉到三千元的赞助，大二寒假期间创造十二天销售六辆车的销售记录，其实早在高二暑假期间，作为澜沧江啤酒销售员的我，当月销售量就超过老员工两倍多。因此，我有信心能够胜任医药代表一职。

空闲时间，我几乎沉浸在书的海洋里，阅读大量销售类书籍，不断丰富自己的内涵，提高自己的综合能力。我有较好的自我管理能力，早起守时是我的生活习惯，每天叫醒我的不是闹钟而是梦想。我坚信一个不能控制自己时间和情绪的人是无法控制自己人生的，我坚信天生我材必有用，王侯将相宁有种乎，自己的命运掌握在自己手里。

在此，我对公司有一句心里话，我永远不会问公司能给我带来什么，我永远只会问自己能为公司创造什么，只要公司给我这个平台和机会，我一定会更加严格要求自己，我不仅要成为一名优秀的医药代表，还有更远大的职业理想：希望不断地为公司创造更大的价值与财富！恳求各位领导给我这次机会，感恩的心感谢有你。最后请允许我借用一句广告词，我是唐斌，您值得拥有！

【评析】这篇竞职演讲稿是针对用人单位到学校举行专场招聘会去应聘而写的。作者目标明确，文字简洁，每一个内容都是针对应聘医药代表而写，字里行间表现了自己作为未来的营销人员强烈的营销意识，以及为担任营销人员准备好的个人能力，营销经验，对未来工作的规划，有理有据，充满自信而不失亲和感。

学生会办公室主任竞选稿

尊敬的老师、亲爱的同学们：

大家好！

我叫×××，来自临床系15级临床3班，很高兴能够参加学生会主席团的竞选。我竞选的职位是学生会办公室主任。

歌德曾经说过这样一句话："你若要喜爱你自己的价值，你就得给世界创造价值。"而我想说："你若要给世界创造价值，你就得展现自己的价值。"既然竞选学生会办公室主任，我相信我有足够的能力胜任这个职位。

首先，我有足够的工作热情。在红十字会办公室工作一年期间，凭借热情，从以前只会按上级要求办事到现在能独立策划、组织各种活动，在处理各种问题的时候我总会放开自己的思路，大胆地去想，积极和同学们讨论，常常取得超常的效果。拥有了热情才能主动服务于同学，拥有了热情才能成为同学的朋友，进而成为老师的助手！

其次，我深知团队合作的重要性。一座大厦不可能只由一根柱子来支撑。要想搞好一个组织，就得分工合作，结合团队的最大力量，进而更好地建设学生会办公室，从而使学生会得到更好地发展！

第三，我具备了一定的组织领导的能力。我在班上担任班长，班内事务我都能安排得井井有条，得到老师的好评和同学的支持。

第四，我有较为丰富的实践经验。自参加红十字会后，一直从事办公室工作，积累了许多宝贵的经验，深知办公室工作在学生会工作中的重要性，知道办公室的职责、任务和规范，明白办公室人员应具备的素质和要求，悟出了一些办公室工作的方法策略，取得了一定成绩。

学生会办公室作为学生会的重要组成部分，它的强大同其内部组员的良好的个人素质及完善的协调合作是分不开的。如果我能担任学生会办公室主任，我一定重视并加强内部建设！

第一，部门成员的素质提高是保持组织活力的基本保证。办公室的内部成员必须有过硬的写作能力、组织协调能力、判断分析能力。作为办公室的一员，就要有能够协调学生会内各个部门的能力，良好的分工协作是保证工作顺利进行的前提。

第二，合适的礼节是一个部门精神状态的良好体现。作为一个先进集体的成员，恰当的礼仪，是保证工作顺利进行的润滑剂。我会注重礼节要求。

最后，灵活的知识运用也是学生会先进性、创新性的标志。百花齐放的校园生活中，能够保持自身的创新以及把握先进方向是学生会发展的关键。我们应该抓住时机，主动出击，打造出更具影响力的学生会。

另外我们还要积极地借鉴以往的先进经验，发挥主席团和各部门之间的桥梁纽带作用，并加强和各系学生会之间的联系！

校园活动在向创新性、多样性发展，以往的单个部门承办活动的模式略显不足。学生会办公室作为一个重要的部门，其内部团队协作以及同外界的交流是其保持与时俱进的关键。所以，各个部门之间的交流合作对于学生会的全面发展是必需的，同外部的交流也将成为办公室工作的重要方面。这样才能不断地推陈出新，不断地发展完善。

综上所述，在学生会办公室的工作中，内部建设以及对外交流将成为我们生存及发展的基础，只有做好这两方面，我们才能够保持先进性，体现创新性，并把这种先进性和创新性，集中贯彻到学校管理的每一项工作中，让每一位老师和同学都能切身体会到我们的作用。

俗话说："海阔凭鱼跃，天高任鸟飞"，"欲穷千里目，更上一层楼"，只有站得更高才会看得更远，我希望在更高的位置发挥更大的作用，去带领学生会办公室，把学生会的各项工作做得更好。

亲爱的老师们、同学们，我相信通过我们的共同努力，我们学生会、学生会办公室一定能够为学校的学生管理工作交上一份满意的答卷!

【评析】这篇竞职演讲稿的语言精练准确，毫无赘余。从结构上来讲，正文分为四个部分：第一部分介绍个人的基本情况；第二部分说明竞职的优越条件；第三部分表达竞职成功后的工作打算；最后结尾表示希望获得职位的愿望。全文充满自信、理智。

第四节 职业生涯规划书

一、功用和意义

（一）概念

职业生涯规划是指个人与社会职业需求相结合，通过对个人职业生涯的主客观条件进行测定、分析、总结，确定最佳的职业奋斗目标，并为实现这一目标做出行之有效的安排。职业规划并非就是按自己意愿去选择工作。

（二）功用

（1）做好职业生涯规划，可以分析自我，以既有的成就为基础，确立人生的方向提供奋斗的策略。

（2）通过职业生涯规划，可以重新安排自己的职业生涯，突破生活的格线，塑造清新充实的自我。

（3）通过职业生涯规划，个人可以准确评价个人特点和强项，在职业竞争中发挥个人优势。

（4）通过职业生涯规划可以评估个人目标和现状的差距，提供了前进的动力。

（5）通过职业生涯规划可以准确定位职业方向。

（6）通过职业生涯规划重新认识自身的价值并使其增值。通过自我评估，知道自己的优缺点，然后通过反思和学习，不断完善自己使个人价值增值。

（7）通过职业生涯规划，全面了解自己，增强职业竞争力，发现新的职业机遇。

（8）职业生涯规划通常建立在个体的人生规划上，因此，做好职业生涯规划将个人生活、事业与家庭联系起来，让生活充实而有条理。

（三）意义

（1）能够使人们的求职速度加快。

（2）能够使人们的求职成本降低。

（3）能够使人们对工作的持久性增强。

（4）能够使人们对工作满意度更高。

（5）可以充分提升个人职业竞争力。

（6）可以使人们获得更高的价值回报。

二、职业生涯规划的步骤

面试时候主考官常常会问这样一个问题：如果你获得这个职位，你将如何开展工作？这就是你必须回答的一个简单的职业生涯规划内容。面对日益激烈的职场竞争，每个人都不得不面对这样的问题：我未来的路在哪？如何找到我满意的工作？所以每个人其实都有潜移默化的在心里想过自己的职业规划。也许这只是一个很模糊的意识。只要通过问自己以下几个问题，职业生涯规划过程就明确了。

（一）首先问自己，你是什么样的人

这是自我分析过程。分析的内容包括个人的兴趣爱好、性格倾向、身体状况、教育背景、专长、过往经历和思维能力。这样对自己有个全面的了解。

（二）你想要什么

这是目标展望过程。包括职业目标、收入目标、学习目标名望期望和成就感。特别要注意的是学习目标，只有不断确立学习目标，才能不被激烈的竞争淘汰才能不断超越自我，登上更高的职业高峰。

（三）你能做什么

自己专业技能何在？最好能学以致用，发挥自己的专长，在学习过程中积累自己的专业相关知识技能。同时个人工作经历也是一个重要的经验积累。判断你能够做什么。

（四）什么是你的职业支撑点

你具有哪些职业竞争能力？你的各种资源和社会关系，个人、家庭、学校、社会的种种关系，也许都能够影响你的职业选择。

（五）什么是最适合你的

行业和职位众多，哪个才是适合你的呢？待遇、名望、成就感和工作压力及劳累程度都不一样，看个人的选择了。选择最好的并不是合适的，选择合适的才是最好的。这就要根据前四个问题再回答这个问题。

（六）最后你能够选择什么

通过前面的过程，你就能够做出一个简单的职业生涯规划了。机会偏爱有准备的人，你做好了你的职业生涯规划，为未来的职业做出了准备，当然比没有做准备的人机会更多。

三、职业生涯规划的基本原则

（一）择己所爱

从事一项你所喜欢的工作，工作本身就能给你一种满足感，你的职业生涯也会从此变得妙趣横生。兴趣是最好的老师，是成功之母。调查表明：兴趣与成功机率有着明显的正相关性。在设计自己的职业生涯时，务必注意：考虑自己的特点，珍惜自己的兴趣，择己所爱，选择自己所喜欢的职业。

（二）择己所长

任何职业都要求从业者掌握一定的技能，具备一定的能力条件。而一个人一生中不能将所有技能都全部掌握。所以你必须在进行职业选择时择己所长，从而有利于发挥自己的优势。运用比较优势原理充分分析别人与自己，尽量选择冲突较少的优势行业。

（三）择世所需

社会的需求不断演化着，旧的需求不断消失，新的需求不断产生，新的职业也不断产生。所以在设计你自己的职业生涯时，一定要分析社会需求，择世所需。最重要的是，目光要长远，能够准确预测未来行业或者职业发展方向，并做出选择。不仅仅是有社会需求，并且这个需求要长久。

（四）择己所利

职业是个人谋生的手段，其目的在于追求个人幸福。所以你在择业时，首先考虑的是自己的预期收益——个人幸福最大化。明智的选择是在由收入、社会地位、成就感和工作付出等变量组成的函数中找出一个最大值。这就是选择职业生涯中的收益最大化原则。

通过以上的简单步骤和原则，个人就可以设计职业生涯规划了。根据不同的情况，个人可以制订一个整体生涯规划，作为一个纲领性长期规划；或者制订一个 3～5 年的生涯规划，作为一种发展的中期规划；或者制订一个 1 年的生涯规划，作为一个可操作性强，变化较小的短期规划。有了规划，生活就有了目标，不会迷失前进的方向。尤其要注意的是，职业生涯规划是人生规划的主体部分，是同个人、家庭和社会生活结合在一起的，是和个人追求幸福生活密不可分的。所以制定职业生涯规划，要和个人人生目标结合起来，要把职业生涯和家庭、社会生活结合起来。

四、职业生涯规划书的基本格式

职业生涯规划书在格式上应包括标题、前言、正文、结束语四个部分。

（一）标题

标题最好写出自己的名字、规划年限或者起止时间，这样才能反映职业生涯个性化的特征和时间坐标原则，具有开始规划自己的人生的特别意义。

（二）前言

概括说明自己写作职业生涯规划书的意义和要达成的目标。

（三）正文

应包括自我分析（知己）→职业分析（知彼）→职业定位→计划措施→评估调整五个递进分析部分。

1. 自我分析　自我分析的目的，是认识自己、了解自己。因为只有认识了自己，才能对自己的职业做出正确的选择，才能选定适合自己发展的职业生涯路线，才能对自己的职业生涯目标做出最佳抉择。

自我分析应包括分析自己的职业兴趣（喜欢干什么）、职业能力（能够干什么）、个人特质（适合干什么）、职业价值观（最看重什么）和胜任能力（优劣势是什么）等方面。

2. 职业分析 职业分析主要是评估各种环境因素对自己职业生涯发展的影响，每一个人都处在一定的环境之中，离开了这个环境，便无法生存与成长。所以，在制定个人的职业生涯规划时，要分析环境条件的特点、环境的发展变化情况、自己与环境的关系、自己在这个环境中的地位、环境对自己提出的要求以及环境对自己有利的条件与不利的条件等等。只有对这些环境因素充分了解，才能做到在复杂的环境中避害趋利，使你的职业生涯规划具有实际意义。

包括家庭环境分析、学校环境分析、社会环境分析、职业环境分析、行业分析、职业分析、企业分析、地域分析等方面。

3. 职业定位 综合第一部分（自我分析）及第二部分（职业分析）的主要内容得出个人职业定位的 SWOT 分析，即通过分析个人从业中的优势因素（S）、弱势因素（W）、机会因素（O）和威胁因素（T）寻找到自己未来的职业目标、职业发展策略和发展路径。

职业生涯目标的设定，是职业生涯规划的核心。一个人事业的成败，很大程度上取决于有无正确适当的目标。

目标的设定，是在继职业选择、职业生涯路线选择后，对人生目标做出的抉择。其抉择是以自己的最佳才能、最优性格、最大兴趣、最有利的环境等信息为依据。通常目标分短期目标、中期目标、长期目标和人生目标。短期目标一般为一至二年，短期目标又分日目标、周目标、月目标、年目标。中期目标一般为三至五年。长期目标一般为五至十年。

4. 计划措施 在确定了职业生涯目标后，行动便成了关键的环节。没有达成目标的行动，目标就难以实现，也就谈不上事业的成功。这里所指的行动，是指落实目标的具体措施，主要包括工作、训练、教育、轮岗等方面的措施。例如，为达成目标，在工作方面，你计划采取什么措施，提高你的工作效率？在业务素质方面，你计划学习哪些知识，掌握哪些技能，提高你的业务能力？在潜能开发方面，采取什么措施开发你的潜能等等，都要有具体的计划与明确的措施。并且这些计划特别具体，以便于定时检查。

5. 评估调整 俗话说："计划赶不上变化。"是的，影响职业生涯规划的因素诸多。有的变化因素是可以预测的，而有的变化因素难以预测。在此状况下，要使职业生涯规划行之有效，就须不断地对职业生涯规划进行评估与修订。其修订的内容包括：职业的重新选择；职业生涯路线的选择；人生目标的修正；实施措施与计划的变更等等。

（四）结束语

职业生涯规划结束语是同学们在写职业规划时的最后一步。正所谓画龙点睛，它便是这收章之笔。写好了，便更能突显出规划书的优异之处。

例文评析

×××2013年~2026年职业生涯规划书

前　言

21世纪，是一个竞争非常激烈的时代，我们不得不努力提高自己的职业素质和学习能力，来适应这个千变万化的社会环境。在今天这个人才竞争的时代，职业生涯规划开始成为人才争夺战中的另一重要利器。对每个人而言，职业生命是有限的，如果不进行有效的规划，势必会造成生命和时间的浪费。作为当代大学生，若是带着一脸茫然，踏入这个拥挤的社会怎能满足社会的需要，使自己占有一席之地？

我一直有这样的一个意识：如果自己要戴上船长的帽子，要驾驶事业的轮船，自我的人格与办事能力，有时比我们的文凭还重要。我们应该从自身出发，立足社会。根据所学专业实事求是地确定目标，落实措施。

志向是事业成功的前提，没有志向，事业成功也就无从谈起。我就读的是××医学高等专科学校，我选择的是助产专业，助产士的工作是协助医生使产妇顺利分娩，是一个崇高而神圣的职业。我的理想是将来成为一个主管护师。

因此，我试着为自己拟定一份职业生涯规划书，将自己的未来好好地设计一下。有了目标，才会有动力。俗话说："世上无难事，只怕有心人"，只要在以后的学习和工作中一步一个脚印，踏踏实实学习，努力工作，并把所学的理论知识与实际相结合，相信我一定可以成为一名优秀的护理工作者，从而实现自己的理想。

一、个人志向

我来自云南大山深处的文山，现在在助产班。因为爸妈希望我能有一个美好的未来，因此取名翠英。

万丈高楼平地起，青山翠竹乃是最平凡的事物，但她们不断地吸取精华，以至能够保持长久的青翠。而我将会向他们学习，做一个一路前行，一路不断积极进取的人。助产士平凡而伟大，因为助产士是人类繁殖后代生生不息的一个好帮手，她"一手托起一个家的幸福，一手托起祖国的未来"可见其责任的重大，而我将来也正是这茫茫人海中的一员，但我是多血质和胆汁质的结合体，性格开朗活泼，亲和力强，做事认真，责任心强，我相信只要我不断地吸取万物的精华，我的未来就是光明的。同时为人比较耿直也容易得罪人，但我会不断地改正。对待工作能够保持长久的热情，在工作中我会不断总结经验、充实自己、提升自己并朝着我的理想前进，做一个有思想、有道德、有技能的助产士。

二、自我评估

古希腊人说，"认识自己才能富于智慧，得福免祸"。我会时常地想自己以后要做什么呢，但是对自己想要做什么、自己适合做什么、自己能够做什么等等还是没有好好地思考过。自我认识当然是相当的重要。所以，我使用了一系列的测评工具进行了一系列的测评，再加上身边人对自己的评价，进行了详尽地自我认知。这也让我发现了第二个我、第三个我。结果如下。

（一）职业兴趣

有句老话说，兴趣是最好的老师。为了最后的职业选择、为了得到一个客观、具体的结果，我做了职业兴趣测评。

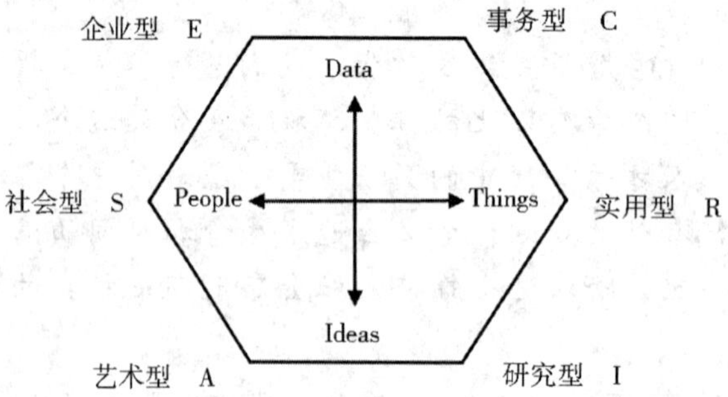

霍兰德六边形

类型	得 分	简单描述
E 企业型（Enterprising）	7	喜欢领导决策，擅长言语技能。
S 社会型（Social）	6	喜欢人际交往，倾向于服务团体；对教育活动等感兴趣。
A 艺术型（Artistic）	5	常常被认为是充满想象力的、内省的和独立的。
C 事物型（Conventional）	3	喜欢结构性和条理性强的工作。
R 实用型（Realistic）	3	也许显得有些直率、实际和固执；通常具备一些技能和技巧。
I 研究型（Investigative）	3	喜欢以任务为导向，并且常常将领导权转让给别人。

小总结：在职业兴趣测评结果中显示，像助产士、教师、管理人员、律师、福利机构工作者、销售人员等职业都符合我的兴趣。

（二）职业价值观

职业价值观是我们人生价值能否得以体现的又一重要评定，接下来，我又在想：在工作中，我要获得什么呢？好环境、够稳定、对社会有贡献、高收入……好像都是我想得到的。我又做了测评：

职业价值观测评结果如下

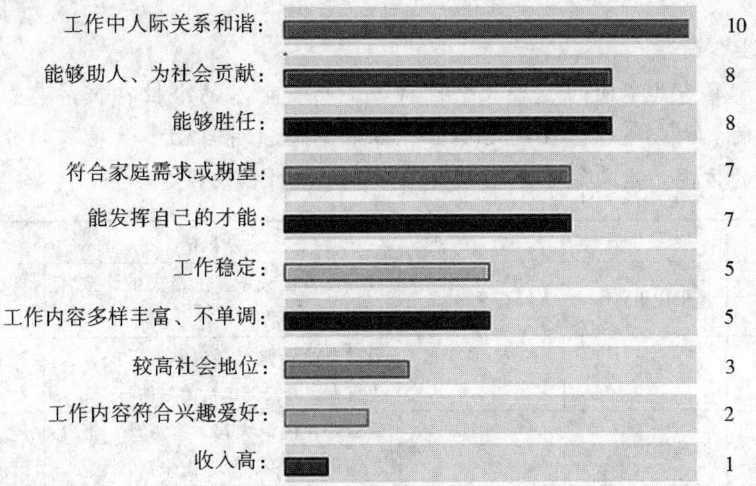

评测结果简单清晰、一目了然，我明白了自己在未来的职业中分别看重哪些东西。

1. 工作中人际关系和谐　这是我最最看重的。人际关系是工作的大环境、大背景，任何工作的出色完成都离不开他人的支持与帮助。

2. 能够助人、为社会做贡献　我一直认为自我价值需要通过社会价值的体现而体现，“有贡献于社会”是最高评价。

3. 能够胜任　我希望自己的路能够走得顺利些，所以要根据自己的“脚”选择适合自己的“鞋”，鞋太小或太大都是会影响行路者的前进速度的。

4. 符合家庭需求或期望　家是我奋斗力量的源泉，家人的意见对我最终的职业选择有较大影响。

（三）职业能力

知彼才会让自己的职业生涯更容易。可是还是要有自己的特长和专业才会让自己有个出发点和立足点。上面的价值观测评中，我很在乎自己能不能够胜任从事的职业。在选择之前，我又做了一下霍兰德职业倾向测试，结果如下：

类型	得　分	简单描述
S 社会型（Social）	7	喜欢人际交往，倾向于服务团体；对教育活动等感兴趣。
E 企业型（Enterprising）	6	喜欢领导决策，擅长言语技能。
A 艺术型（Artistic）	4	常常被认为是充满想象力的、内省的和独立的。
C 事务型（Conventional）	4	喜欢结构性和条理性强的工作。
R 实用型（Realistic）	3	也许显得有些直率、实际和固执；通常具备一些技能和技巧。
I 研究型（Investigative）	3	喜欢以任务为导向，并且常常将领导权转让给别人。

小总结：在得到了职业能力测评的结果后发现，很显然我是一个热爱工作，对工作充满积极态度的女孩，而助产士和护士特别需要的就是这种持久的热情。

（四）性格测评

每个人都具有其不同的气质及个性特征，而一个人的个性特征对其心理特点和行为有着很大的影响。所以，在制定职业生涯规划时，对自己个性特征的分析有助于我们把握正确的方向。我又做了九型性格测评，九型性格的得分如下。

名称	欲望特质	得分	生活风格	心情型号
成就型	追求成果	9	爱诉说自己成就，逃避失败，按着长远目标过活。	自恋、炫耀、害怕亲密
活跃开朗	追求快乐	9	爱讲自己经验，喜欢制造开心，人生有太多开心的事情等着他。	不耐烦、冲动、上瘾
领袖能力	追求权力	8	爱命令，说话大声、有威严，报复心理、爱辩论，靠意志来掌管生活。	侵略、挑战、反叛
智慧思想	追求知识	8	爱观察、批评，把自己抽离，每天有看不完的书。	好辨、抽离
和平和谐	求和平	7	爱调和，做事缓慢，易懒惰、压抑，生活追寻舒服。	怕羞、怕事、懒惰
全爱型	追求服侍	7	爱报告事实，逃避被帮助，忙于助人，否认问题存在。	自豪、骄傲、占有、控制
完美型	追求不断进步	6	爱劝勉教导，逃避表达忿怒，相信自己每天有干不完的事。	愤怒、不满、失望、沮丧
忠诚型	追求忠心	6	爱平和讨论，惧怕权威，传统可给予安全感，害怕成就、逃避问题。	害怕、忧虑、犹豫、忠诚型的
艺术型	追求独特	3	爱讲不开心的事，易忧郁、妒忌，生活追寻感觉好。	嫉妒、比较、自我沉醉、自怜

由表看出，我是成就型和活跃开朗型的女孩。

除此之外，我还选择了获得广泛认同的MBTI测评工具对自己的个性特征做测评，结果如下：

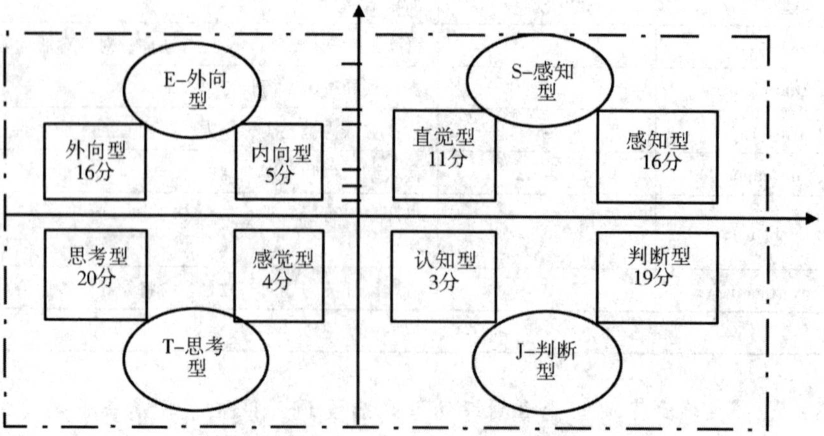

各维度得分

SJ 合法主义者/维护者 Legalist/Guardian	NF 通情者/理想主义者 Empathist/Idealist
SP 现实主义者/工匠 Realist/Artisan	NT 理性主义者/分析者 Rationalist/Analyst

四种气质类型

经测评之后，从四个维度的结果来看，我属于 SJ——传统主义者；MBTI 类型为 ESTJ——外向、感知、思考、判断。该种性格的优缺点如下。

ESTJ 性格优缺点对比

优点	缺点
具有强烈的事业心和责任心	持保守的价值观，过分推崇规则
办事能力强，风风火火	爱出风头
能组织各种细节工作	对细节很挑剔

小总结：个性特征测评完成后发现，我是一个兴趣广泛的女孩，爱好学习，喜欢看书，热爱体育，喜欢热闹，我擅长与人交流，我的性格开朗，调皮起来像个男孩，总是喜欢呼朋唤友，我获得了与自己个性特征最相符的职业类型：如助产士、教师、银行官员、保险代理、中小型企业主管等。

（五）360°评价

为获得更准确、更全面的自我认知，我又进行了360°评价，即尽可能多地获得他人对我的评价，结合自我评价后，多方位、多角度地展现一个更加立体的我。我发现了别人眼中的自己。

评价主体	优点	缺点
自我评价	注重人际关系、善良、热爱运动、爱幽默、有责任感、朝气蓬勃、诚实守信、具有洞察力、做事有条有理、沉着冷静、虚心好学、有团队精神。	意志不够坚强，做事不果断，缺乏动手能力。
父母	听话、不惹事、爱做家务、和亲戚朋友一直很好、喜欢集体活动、爱打球。	性格倔强，为人直率，常犯错误。
其他家人	孝顺、善良，不管是谁都能很好的相处。	有时候表现得过于倔强了，一点儿都不肯认输。
老师	我学习十分认真，课堂上也比较活跃，能够带动课堂气氛。	自以为是，不够虚心，做事不认真，欠考虑。

续表

评价主体	优点	缺点
好友	很随和、乐于助人、不吝啬、理解能力很强、思维反应很快、仗义耿直，有恩必报	做事不考虑后果，总容易得罪人，伤害了别人还不知道是怎么回事

三、职业认知

达尔文的进化论使我想到，在不同的环境中，相同的个体会有迥然不同的“境遇”。

所以在进行职业生涯规划设计时，对环境的分析也就成为了重中之重。

（一）学校环境分析

（1）学校建设

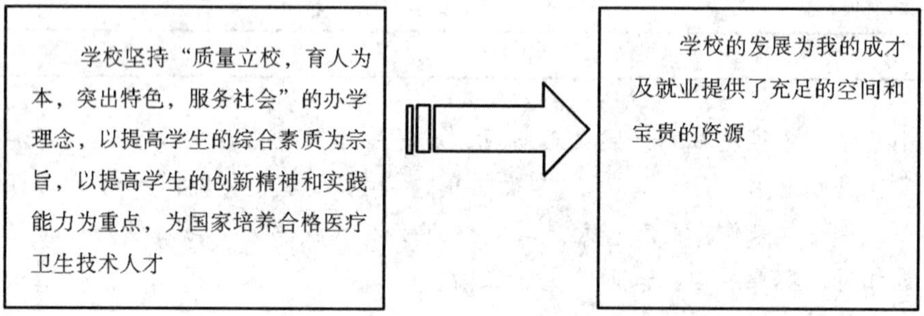

（2）学校概况

××医学高等专科学校于2006年2月经国家教育部批准成立，是公办的普通医学高等专科学校。学校各实习医院具有完善的实习管理机构、规章制度和一批具有丰富临床经验和带教能力的指导教师，实习医院能满足各专业的实习要求。有附属综合性医院一所，属国家三级甲等医院。

学校设有普通专科专业7个，其中临床医学、护理、助产专业为学校骨干专业，眼视光技术、药学、检验技术、医学影像技术为特色专业。成人专科专业2个，为临床医学和护理专业。联办成人本科专业4个和五年制大专4个专业。

（3）专业优势

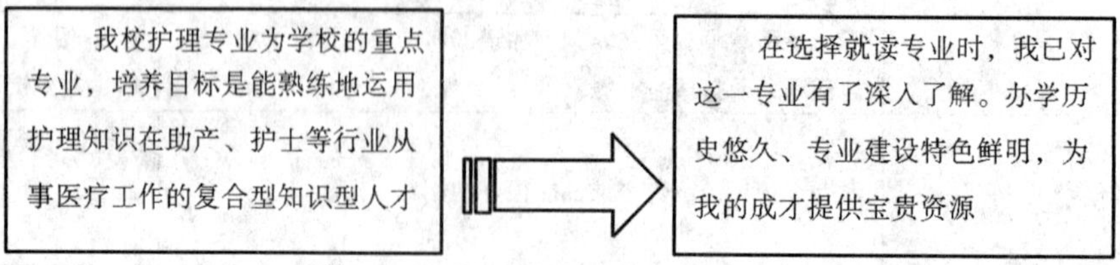

（二）家庭环境分析

我家在文山丘北的一个美丽的小山村，父母都是农民，家庭经济不宽裕，但是我有关心我的爸爸、妈妈，理解我的两个姐姐，可爱的弟弟和妹妹，我是那么的幸福。

1. 经济情况　贫困，我在大学期间的学习需要借助各种助学贷款帮助我完成学业。在高中上学时生活费就是我自己打工攒的。大学我也在努力地找兼职做。

2. 家庭成员职业情况　爸爸、妈妈均为农民。我和弟弟妹妹均为学生。

3. 家人期望　希望我做助产士、教师、公务员、医生等。

4. 家乡地貌　大石山区。

> 小总结：对学校环境和家庭环境有了了解和分析后，我进一步框定了自己的意向职业：回到家乡做一名助产士、护士等。

（三）职业环境分析

我校助产专业为省内外各级医疗卫生单位培养德、智、体、美全面发展，具有良好的职业道德、现代服务理念和具备临床助产、临床护理和妇幼保健工作必需的专业知识和技能的高素质中、高级应用型助产专门人才。毕业后能在各级医疗、预防、保健机构和社区卫生服务中心从事助产、护理、母婴保健等工作。该专业前景看好，随着国民经济的发展及人民生活水平的提高，社会对妇女保健服务人才规格需求也不断提高，每4000人口需要1名助产士；人性化全程陪伴分娩，要求大批高素质的助产士。本专业毕业后可报考双证（护理资格证和助产士资格证），就业前景良好，根据国家有关规定，凡在基层从事计生专干工作，必须持有助产士资格证方可上岗。

四、职业决策

我在上述环境分析中说过，我是来自一个贫穷的家庭，懂得生活的艰难，要好好学知识才能使我的生活过得更好，根据我的意向和爸妈的意愿，助产士应该是我选择的职业。

那么助产士这一职业到底适不适合我呢？接下来，我将从这一职业本身入手，看一看它需要的条件等等，以确保自己的选择是正确的。

（一）从业资格

以助产专业岗位需求为标准，通过3年学习，我要求自己毕业时具有以下专业知识、职业技能与服务态度，并能顺利通过国家执业资格考试。

1. 掌握本专业必需的人文社会科学、基础医学、临床医学和预防保健知识。

2. 掌握遗传、优生优育的有关知识及国家计划生育的政策和法规知识。

3. 掌握护理学的基本理论，具有以护理对象为中心，运用护理程序实施整体护理的基本能力。

4. 具有观察和规范地处理正常分娩、正常产褥、新生儿护理及健康指导的能力，能配合医生进行妊娠诊断、产前检查。

5. 具有对难产及产科急、危、重症病人初步的应急处理能力和配合抢救能力。

6. 具有对护理对象的病情变化、心理反应和药物疗效进行初步观察和处理的基本能力。

7. 具有开展母婴保健及计划生育指导的能力。

8. 具有规范、熟练的基础护理和专科护理基本操作技能。

9. 具有良好的人际沟通能力、团队合作精神和较强的服务意识。

10. 具有良好的职业道德、法律意识和医疗安全意识。

11. 具有熟练的计算机基本操作能力和一定的英语应用能力、自学能力和职业创新能力。

12. 具有健康的身体、良好的心理素质、规范的职业行为和较强的适应能力。

本专业毕业后可报考双证（护理资格证和助产士资格证），就业前景良好，根据国家有关规定，凡在基层从事计生专干工作，必须持有助产士资格证方可上岗。

> 小总结：综合以上分析，加上我的专业优势，在从业过渡阶段做好就业准备就可以好好工作，当然学习基础知识是主要的。

（二）工作环境

毕业后的我，把文山州妇幼保健院定位为我的职业蓝图的理想医院。文山州妇幼保健院属全民所有全额财政拨款卫生事业单位，创建于1973年。建院三十多年来，如今已发展成为集保健、临床、教学、科研、培训、技术指导为一体的综合性地区妇幼保健机构，是全州最大的妇幼保健业务技术指导中心。目前该院拥有妇产科、儿科、内科、手术室、检验科、保健科、口腔科等临床科室，配备有500mAX光机、全自动血球计数仪、半自动生化分析仪、洁净手术室系统、B超、电子阴道镜、红外乳腺诊断治疗仪、产后康复综合治疗仪、胎儿监护仪……。随着国民经济的发展及人民生活水平的提高，社会对妇女保健服务人才规格需求也不断提高，要求大批高素质的助产士。我一直认为，助产士不只是一名简单的护理工作者，而是应是慈母般的服务员，让病人感到温馨舒适才能履行自己的“使命”。

> 小总结：在这一点中，主要就是以服务病人为主，在前面的测试中，我是一位乐于助人的小女孩，对服务充满着热情。助产士对我来说再适合不过了。

（三）SWOT分析及职业定位

做了那么多的测评与分析，应该是最后下决心的时候啦！但是尽管已经有了很多现实依据支持我去从事助产士这一职业，但是为了确保万无一失，我最后决定采用SWOT分析再做一下评估。

助产 SWOT 分析

优势（Strength） ◆ 口头表达能力好 ◆ 测评结果显示适合从事社会型工作 ◆ 综合素质较好	机遇（Opportunity） ◆ 行业属于传统行业 ◆ 国家职业资格认证 ◆ 社会渐趋人性化，对医疗人才需求量只增不减
劣势（Weakness） ◆ 并非就读于本科学院 ◆ 没有从事这一职业的知识储备	威胁（Threat） ◆ 对专业技能、专业知识储备量要求较高 ◆ 同行业竞争激烈 ◆ 整体上来说，大学生就业形势严峻

> 小总结：整合上述职业的 SWOT 分析结果后，可得出以下结论：我从事助产士这一职业，具有专业优势，对各方面背景有所了解，改变家庭经济劣势的可行性高。

五、实施计划

经过确定基本方向——分析学校环境优势——分析家庭环境——目标职业探索——SWOT 分析结果横纵向整合后，结合自我认知，我终于为自己确立了最终职业目标：助产士。

认知自己、选择了目标职业之后，必须要付诸行动，才能使自己努力向既定目标靠拢。只有制定了详实可行的计划，才能使自己接下来的行动“有法可依”、才能脚踏实地循序渐进，最终实现目标。

（一）职业通道

我最终为自己设定的发展路径为：获得护士资格证——回到家乡从事护士工作——在工作中积累经验——向主管护师靠近。

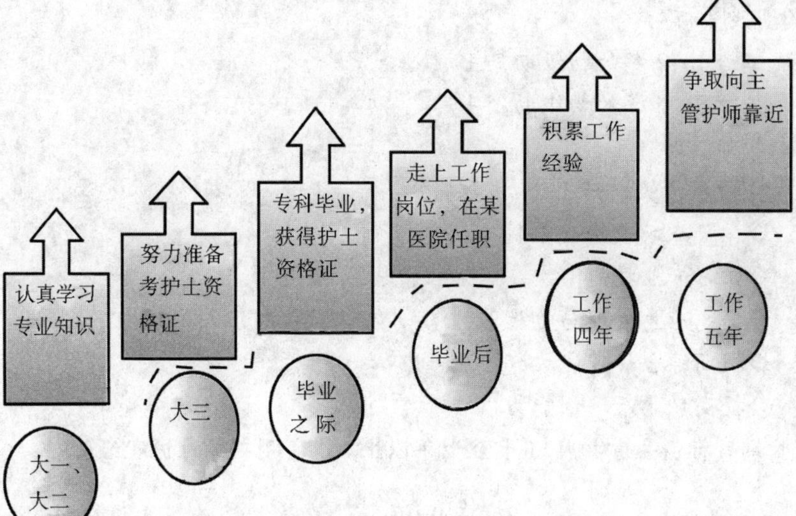

通过亲手绘制简要职业通道，我觉得自己需要为目标职业做出努力了！

（二）整体计划

为充分利用时间，有计划、高效率地实现既定目标，结合为自己制定的职业通道，我为自己制定了短、中、长期目标规划。

1. 短期目标：在校及实习期间（2013～2016年）

总规划：认真学习助产和护理相关专业课程、利用图书馆资源查找相关资料书籍等，以增加我对助产专业知识的深入学习；获得CET－A级资格证。

具体规划如下：

一年级———试探期

◇认真学习基础课程和专业课程

◇初步了解职业（了解我将来要从事的助产专业）

◇了解助产专业将来的就业情况

◇增加人际沟通与交流

◇学习计算机

二年级——冲刺期

◇锁定提高求职技能

◇搜集用工信息

◇确定是否专升本

三年级——分化期

◇努力学习动手操作，并不断积累经验

◇准备职业资格证书考试

◇完成求职工作

2. 中期目标：助产士五年规划（2016～2021）

总规划：在家乡的某一医院任职，一边累积护理经验，一边继续学习相关知识，深入了解护理职责和服务精神；进修相关课程，参加考试并获得资格证书。

具体规划如下：

（1）工龄1～2年的初级助产士。

（2）工龄3～5年的初级助产士。

（3）护师级助产士。

（4）主管护师级助产士。

◇学习基础理论及专科知识

◇学习专业技能

◇提高应急处理与抢救能力

◇提高综合管理能力

◇提高教学及培训能力

3. 长期目标：主管护师（十至十年以上），获得丰富的护理经验。

小总结：在绘制好职业通道、制定好计划后，将要走的道路在眼前逐渐明朗起来，需要做些什么努力、需要进行哪些准备也不再混沌一片。当然，仅仅制定计划是远远不够的，接下来，我就要全力以赴，向未来进发啦！

六、自我监控

（一）评估与方案

1. 各种考试是否顺利？如何弥补？

2. 毕业是否顺利？短中长期目标不成功是否考虑放弃？

3. 目标职业评估：各种因素综合影响是否考虑换工作？

（二）调整原则

1. 可持续发展原则。

2. 不断自省原则。

3. 分段检查原则。

（三）次选职业

1. 当各种因素影响了我的首选职业助产士的顺利进行时，我将会把我的职业转向育婴师、母婴保健等行业。以求更好地发展（大二时我将会参加育婴师培训，并确保取得中级育婴资格证书）。

2. 当因为受到种种阻碍无法进入我的首选医院——文山妇幼保健院时，我将会把目标转向县级以上的妇幼保健院，以帮助更多的产妇更好地分娩。

3. 如果首选职业和首选医院都受到阻碍，我将会选择回到农村，去做一些母婴保健宣传，帮助农村妇女掌握一些简单的医学常识。以此来实现我投身医疗事业并为医疗事业奋斗终生的人生理想。

小总结：计划赶不上变化，我将会根据实际情况对自己的规划进行调整，并且定期做自我评估，再结合自身条件及各方面因素不断进行修正调整，使自己更能适应社会的需求以及自身能得到更好的发展。

七、结束语

路漫漫其修远兮，吾将上下而求索。不经历风雨怎能见彩虹。我们要时刻保持一颗清醒的大脑，随时为自己的目标而奋斗。其实，每个人心中都有一副美丽的画，描述着理想、信念、追求；每个人心中都有一片森林承载着鸟语花香的甜蜜，阴森恐惧的彷徨。一个人，若要获得成功，必须拿出勇气、付出努力、拼搏、奋斗。机遇不同情眼泪的忧伤，不相信颓废的绝望，只期待爱打拼，时刻准备着的人。古罗马哲学家塞内卡有句名言：“如果我不知道驶向哪一个港口，那就没有一个风向适合我。”我终于尽全力画出了自己的职业蓝图，希望这包含着我信心、激情、坚持的几笔，能够构建我最完美的未来!

当然，做好规划仅仅是我迈出的第一步。接下来，就让自己见证自己一步步坚定地迈向梦想吧!

【评析】这份职业生涯规划书的作者是一名大一的学生，她详尽地对自己未来的职业做了规划，格式完整，分析到位，能很好地结合自身实际，看得出来是认真查阅了相关资料后所做的踏实分析，实用性很高。不足的是对自身评估时所用评估方法过多;因社会经验缺乏，对社会因素的分析也还有欠缺;计划措施部分规划过简。

综合练习

一、填空

1. 求职类文书的共同特点是________，________，________，________，应用非常广泛。

2. 求职信的主体部分应介绍自己的________、________、________和对将要从事的专业和所求职位的认识和规划。

3. 求职信的写作要求是：________、________、________。

4. ________是应聘者为了顺利谋求职位而准备的一系列个人材料。它一般可以分为简表式和文档式两种。

5. 个人简历应突出________、________、________、________、________等特点。

6. 竞职演讲稿是竞职者为了在竞聘会上通过与同行竞争而获得某个职位时所写的讲话稿。因此主要要说明自己优于别人的________条件和竞到职位后的工作思路、目标、措施等。

7. 竞职演讲稿的语言应使用________语言，不可有过多的专业术语或文言词语，更不可有大话套话。

8. 职业生涯规划是指________与________需求相结合，通过对个人职业生涯的主客观条件进行测定、分析、总结，确定最佳的________目标，并为实现这一目标做出行之有效的安排。职业规划并非就是按自己意愿去选择工作。

9. 职业生涯规划能够使人们的________速度加快；能够使人们的________成本降低；能够使人们对工作的________性增强；能够使人们对工作________度更高；可以充分提升个人________力；可以使人们获得更高的________回报。

10. 职业生涯规划的基本原则是________、________、________、________。

11. 职业生涯规划书的正文应该包含的主要内容有________、________、________、________、________等五部分。

二、病文改错

1. 请指出下文中格式、文字、内容安排等方面的错误，并加以改正。

求 职 信

尊敬的先生/小姐：

您好！

衷心的感谢医院领导给我们这些即将毕业的学生提供这个学习和发展的平台。也很荣幸能亲手向您呈上我的求职信，希望您在翻阅这份简历的时候能够发现我的优点和不足，并给以宝贵的意见。

据我了解，玉溪市人民医院始建于1950年，至今也历经了63个春秋，在几代人的努力下逐渐发展成为今天环境优美、设施齐全，集医疗、教学、科研、预防保健为一体的三级甲等综合医院。玉溪市人民医院是云南省地州上的首家三级甲等医院，是各家医院的模范，也是很多优秀人才求职的首选之地。

我叫刘静，来自昭通，2011年8月进入医学学校学习护理专业。我很喜欢我学的专业，因此，我十分珍惜学校学习的机会，在过去的三年中本着严谨求学的态度，认真学习了专业知识，掌握了专业技能，能够熟练的运用MicrsoftWord、MicrsoftExcel、PPT等办公软件。还初步具备了一名护理人员的素养。除了专业知识外，我还注重其他能力的提升，在刚入学后就加入了学校大学生社团组织的活动，学校组织的各项活动。如大学生运动会虽未获得名次，但我运动我快乐。在班上积极参加班级组织的活动。现在我敢说我是一件合格品！

尊敬的领导，您作为现代社会的睿智管理者，挑选有用的专业人才，一定是您此次招聘的初衷。对于即将完成学业的我，既有专业知识，又有较强社会实践能力。我满怀自信的向您推荐自己。希望能在贵院的发展中尽自己的一份绵薄之力。给我一个机会，我将还您一份惊喜。

在收笔之余，祝贵院前程似锦！

此致

敬礼

二O一四年二月二十一日

求职者：刘静

2. 比较下面两份求职简历，说说哪一份好，为什么？

其一

姓　名	刘　强	性　别	男	民　族	汉	
出生年月	1988.6.6	政治面貌	党　员	籍　贯	北京海淀	
毕业院校	××大学	学　历	本　科	婚姻状况	未　婚	
身份证号	略	联系电话	139…	家庭住址	略	
社会实践	1）2006年寒假与同学一起在花市卖花 2）2007年在学校科技节与同学一起为学校拉赞助5000元					
所学专业知识	……					
获奖情况	……					
证书情况	……					

续表

兴趣爱好	喜欢打篮球
求职意向	希望找与企业管理专业相关的工作
自我评价	本人性格开朗自信，做事情谨慎细心，具有高度的责任感，善于处理人际关系，专业知识扎实，有较强的分析问题解决问题的能力，能顾全大局，具备团队合作精神

其二

<table>
<tr><td>姓　名</td><td>刘　强</td><td>性　别</td><td>男</td><td>民　族</td><td>汉</td><td rowspan="3">照片</td></tr>
<tr><td>出生年月</td><td>1988.6.6</td><td>政治面貌</td><td>党　员</td><td>籍　贯</td><td>北京海淀</td></tr>
<tr><td>毕业院校</td><td>××大学</td><td>学　历</td><td>本　科</td><td>婚姻状况</td><td>未　婚</td></tr>
<tr><td>身份证号</td><td>略</td><td>联系电话</td><td>139…</td><td>家庭住址</td><td colspan="2">略</td></tr>
<tr><td>相　关
工　作
经　验</td><td colspan="6">1）2005 年新生入校后，我发现同学们都需要买电话卡，便联络了一家电话卡供应商来学校直接销售，因为减少了中间环节，结果同学们都买到了便宜的电话卡。我因此得到了同学们的信任，之后同学们有什么需要都会找我来商量，我成了同学们心中的“商务通”。
2）2006 年春节，我们几个同学决定这个寒假开展一次创业活动，我们在花市租了一个临时小摊位，从购花到卖花做好分工，非常辛苦，但这年的春节太冷了，最后还下了雨，我们辛苦了两周，却没有赚到一分钱，还好保了本。从这件事上我明白了赚钱不容易，不只是吃苦就能行，还必须懂得思考、分析和学习。
3）2007 年 11 月，学校举办科技节，我和几个同学为了给学校拉赞助，跑到一个科技大厦，我们把在大厦办公的公司一家家全都拜访了，最后终于为学校拉到了 5000 元的赞助费，非常自豪。
4）2008 年 1 月，我开始在电脑城××代理处从事销售电脑的工作。</td></tr>
<tr><td>所学专业知识</td><td colspan="6">商务管理……</td></tr>
<tr><td>获奖情况</td><td colspan="6">……</td></tr>
<tr><td>证书情况</td><td colspan="6">……</td></tr>
<tr><td>兴趣爱好</td><td colspan="6">喜欢打篮球、踢足球和所有班集体的活动，热爱集体生活，性格开朗，乐于助人，特别喜欢和人分享和交流，热爱与人打交道。</td></tr>
<tr><td>求职意向</td><td colspan="6">我非常喜欢从事销售工作，尤其是电脑行业的销售。
我喜欢研究电脑，业余时间常常为同学们组装电脑，具备电脑专业知识。
21 世纪是网络世界，人们离开了电脑几乎就无法生活，我愿意为人们有更高的生活品质而努力。</td></tr>
<tr><td>自我评价</td><td colspan="6">我是对未来事业有追求的人，我喜欢集体生活，乐于与人交往，我最喜欢和最擅长的工作就是与人打交道，我认真分析了我的特点、特长和兴趣，我认为我未来的职业理想就是成为一个优秀的电脑销售员，我一直为此努力学习所有与之相关的知识和技能。我相信机会永远留给有准备的人。</td></tr>
</table>

（节选自王雩《赢在路上》）

3. 下面是一位同学在院学生会干部竞聘会上的竞职演讲稿，请指出不足并在其基础上重写一份。

竞职演讲稿

大家好：

自我介绍一下，我叫×××，来自机电学院应电专业0901班，现任团支部书记。

拿破仑有句名言，不想当将军的士兵不是好士兵，凭着团支书的工作经验，我来竞选院学生会干部。

我要对各位说："我没有什么值得夸耀，有的，是热血、辛劳和汗水。"

我认为，学生会主席不只是个称号，不只是个光环，它背后有实质性的内容，与数千位校友息息相关。所以，假若我当选，我不会让这个"主席"成为一个虚名。

此刻，在我面前的是高手如林的竞争，在各位参与竞选者身后的是一万多位校友的校园生活。我，正是为丰富我们的校园生活而来。有人问："你的施政纲领是什么？"我要说："我的施政纲领就是用我全部的能力，用各位给我的全力支持，用我所具有的所有力量来改善、丰富我们的校园生活；集合各位的愿望与要求，组织开展一系列富有年青一代个性与特色的文体活动。"有人问："你的目标是什么？"我可以用五个字回答："你们的认可－－不惜付出，去赢得你们的认可；无论多么困难，无论付出多少努力和汗水，也要赢得你们的认可！"

我没有拖沓繁复的规划，我的所有计划都会从实际着手。我承诺得不多，但是我所说的一切，我都会尽力去做。我可以许诺：此刻，我所说的一切永远都不会只是一张空头支票。

此时此刻，我觉得我可以要求各位的支持，我要说："来吧，让我们并肩携手，一同努力！"

如果您觉得×××值得信赖，请投出您明智的一票。

4. 请指出下列职业生涯规划书的错误之处，提出改正方案。

大学生职业生涯规划书

人生无处不青山，考入大学的我们，我们手握通知书，背上新囊进入了理想中的大学生活。在如今人才济济的社会，想要在工作中得心应手。就必须给自己做好计划。特别是像我这样刚进入大学的应该对自己的未来生活有个好的规划，因此，我给自己制定了一个大学生职业生涯规划书，认真设计自己的未来。

一、自我分析

（一）基本情况

姓名：×××　性别：女　血型：A/B型　气质：胆汁质兼抑郁质

职业价值观：志愿型　出生地：云南省曲靖市会泽县

出生年月：1994年8月　学历：高中　专业：临床医学

（二）SWOT分析

优势：1、具有较强的沟通能力，喜欢交友。

2、做事情较为稳重，宽以待人。

劣势：1、缺乏自信心，对身边的事物较为敏感。

2、胆子较小。

机会与威胁：目前医务专业人才比较紧缺，但是三年之后人才市场趋于饱和，更何况对一个专科生来说。

（三）家庭状况

出生于农村，家庭并不富裕，父母在外打工，知道了父母的辛苦，知道了以后的生活必须靠自己的双手努力，所以必须好好学习。

二、职业分析

以现在的行业来看，医学专业的就业是太困难，但随着社会的发展学医的人越来越多，医学专业的就业将会更困难，因此，对我所学专业进行了调查。

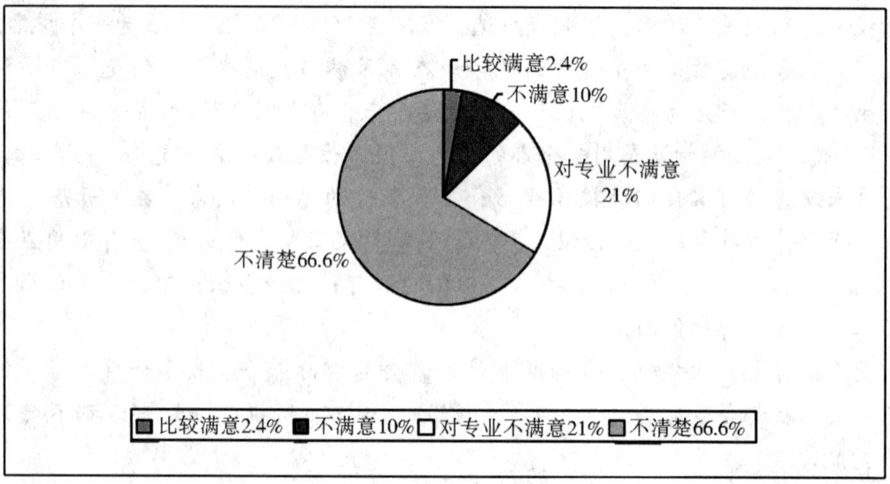

三、未来职业规划

1. 2013～2014 年努力学习，争取在期末考试的时候每个科目都顺利过关，为今后的学习打下扎实的基础。

2. 2014～2015 年多考几个其他专业的证书，话说多拿证，不犯罪。

3. 2015 年出去实习能做个好的医生，做一个能让病人满意的医生，并顺利拿到毕业证。

4. 2016 年毕业后能顺利找到一份工作，并随时充电，争取向我的下一个目标奋斗。

四、结束语

每个人都说大学是我们享受时光的生活，可我就想问把大学的美好时光享受了，你未来的时光你怎么去享受，难道你愿意用三年的美好时光换取你一生的幸福吗？

三、写作训练

1. 某三甲医院近期想招聘 3 名护士，很多应届毕业生都想应聘进入！请你写一份求职信和制作一篇求职简历去报名。

2. 三天后，你很荣幸地看到了医院笔试结果的公示，你通过了医院笔试，但是医院同时通知你，为了录取到他们真正满意的人才，现在初步录取了 6 名应聘者，这 6 人要通过医院安排的面试，才能最后确定是否被录取，相信你有这个自信力，不会错过这个良机吧？那就赶快准备一篇竞职演讲稿吧！成功一定属于你！

3. 请结合你自己的专业为自己做一份未来十年的职业生涯规划书，要求格式完整，规划合理。

第五章　党政公文类文书

第一节　概　述

一、党政机关公文的概念

党政机关公文，简称公文，即公务文书。国务院、中共中央办公厅 2012 年 6 月发布的《党政机关公文处理工作条例》（以下简称条例）中指出党政机关公文“是党政机关实施领导、履行职能、处理公务的具有特定效力和规范体式的文书，是传达贯彻党和国家方针政策，公布法规和规章，指导、布置和商洽工作，请示和答复问题，报告、通报和交流情况等的重要工具。”

党政机关公文其种类、格式、行文规则都有法定规定，即必须遵照国务院、中共中央办公厅《条例》及中华人民共和国国家质量监督检验检疫总局、中国国家标准化管理委员会 2012 年 6 月 29 日发布的《党政机关公文格式》（GB/T 9704－2012）执行。

二、党政机关公文的特点

（一）作者的法定性

公文不是任何单位或组织都能制发的，必须是具有法定资格的，即法定的作者。所谓法定的作者是指依据宪法和其他有关法律、章程、决定成立的并能以自己的名义行使法定的职能权力和担负一定的任务、义务的机关、组织或代表机关组织的领导人。在我国，各级党政机关、社会团体、企事业单位，只要是依据宪法和其他有关法律、条例的规定并经过一定的审批程序建立和存在的，它们都是法定的作者，这些法定的组织可以在自己的职权范围内制发相应的公文。

（二）效力的权威性

公文是由法定作者制发的，法定的作者具有一定的权威性，这就决定了公文可以代表发文机关发言，并代表了机关的法定职权和权威。

（三）现实的执行性

这是公文的本质属性，公文的制发总是为反映一定的现象，解决一定的问题而产生的。现实执行性有两方面含义，一是执行性。在有关职权范围内，公文一旦制发，就要贯彻执行；二是在一定时间内具有执行性。没有一份文书是永久有效的，旧的公文会被新的文公替代，旧的法律法规会被废止、修改，还有的公文一旦办理完毕，其执行性也就完结了。

（四）体式的规范性

为维护公文的严肃性和便于公文的处理，公文从形成、处理到管理需要遵守一系列的格式。如公文专用词语表开头："根据"、"依据"、"按照"、"为了（为）"、"由于"、"兹有"等等；表称谓的"我"、"本"、"贵"、"你"、"该"等等。

三、党政机关公文的种类

按照党政机关公文处理工作条例（中办发〔2012〕14号）规定，党政机关公文主要有15种，即决议、决定、命令（令）、公报、公告、通告、意见、通知、通报、报告、请示、批复、议案、函、纪要。具体适用范围如下表5－1。

表5－1　党政机关公文的种类及适用范围

序号	文种	适用范围
1	决议	适用于会议讨论通过的重大决策事项
2	决定	适用于对重要事项做出决策和部署、奖惩有关单位和人员、变更或者撤销下级机关不适当的决定事项
3	命令（令）	适用于公布行政法规和规章、宣布施行重大强制性措施、批准授予和晋升衔级、嘉奖有关单位和人员
4	公报	适用于公布重要决定或者重大事项
5	公告	适用于向国内外宣布重要事项或者法定事项
6	通告	适用于在一定范围内公布应当遵守或者周知的事项
7	意见	适用于对重要问题提出见解和处理办法
8	通知	适用于发布、传达要求下级机关执行和有关单位周知或者执行的事项，批转、转发公文
9	通报	适用于表彰先进、批评错误、传达重要精神和告知重要情况
10	报告	适用于向上级机关汇报工作、反映情况，回复上级机关的询问
11	请示	适用于向上级机关请求指示、批准
12	批复	适用于答复下级机关请示事项
13	议案	适用于各级人民政府按照法律程序向同级人民代表大会或者人民代表大会常务委员会提请审议事项
14	函	适用于不相隶属机关之间商洽工作、询问和答复问题、请求批准和答复审批事项
15	纪要	适用于记载会议主要情况和议定事项

按照不同的标准，又可以将公文划分为不同的类型。

（一）按行文方向，分为上行文、下行文、平行文

上行文是指下级机关向上级机关报送的公文，如请示、报告等。

下行文是指上级机关向所属下级机关的行文，如命令、指令、决定、指示、公告、通知、通告、通报、批复等。

平行文是指同级机关或不同隶属机关之间的行文，如函等。意见根据其内容也可作为平行文。

（二）按时限要求，分为特急公文、急办公文、常规公文

特急公文是指内容事关重大而紧急，必须以最快的速度制发处理。公文文面注明“特急件”。

急办公文是指涉及重要工作和需要急速形成和处理的公文。较之特急件处理时限稍缓。文面注明“急件”。

常规（见）公文是指按常规时间和程序办理的公文。文面不须注明。

特急及急办公文，应随到随办，时限要求越高，传递、办理的速度也就要求越快，但要“快中求准”。随着社会的发展，对公文的时效要求越来越高，即使常规公文，也应随到随办，以提高办文效率。

（三）按机密程度，分为绝密公文、机密公文、秘密公文、普通公文

绝密公文通常是党和国家的核心机密，一旦泄密会对党和国家造成特别重大损失。

机密公文通常是党和国家的重要秘密，一旦泄密会对党和国家造成重大损失。

秘密公文通常是党和国家的一般秘密，其内容也不允许泄密。

普通公文也称非保密文件。但普通文件并非任何人都可以传阅。

四、党政机关公文格式

（一）通用格式

按照公文格式各要素将其划分为版头、主体、版记三部分（具体如下表5－2）。公文首页红色分隔线以上的部分称为版头；公文首页红色分隔线（不含）以下、公文末页首条分隔线（不含）以上的部分称为主体；公文末页首条分隔线以下、末条分隔线以上的部分称为版记。

表5－2 公文格式的要素

名称	位置	包含要素
版头	置于公文首页红色反线以上	公文份数序号、秘密等级和保密期限、紧急程度、发文机关标识、发文字号、签发人、红色反线
主体	公文首页红色分隔线（不含）以下、公文末页首条分隔线（不含）以上	标题、主送机关名称、正文、附件、成文日期、公文生效标识（印章）、附注
版记	公文末页首条分隔线以下	抄送机关、印发机关和印发日期、版记中的反线

1. 版头部分 公文首页红色分割线（包括）以上的各要素统称为版头。包括份号、秘密等级和保密期限、紧急程度、发文机关标志、发文字号、签发人等要素。

（1）份号 公文印制份数的顺序号。份号的标注一般用6位3号阿拉伯数字，顶格编排在版心左上角第一行。如第一份标为000001。

（2）密级和保密期限 涉密公文依据保密法的规定按涉密程度明确标注“绝密”、“机密”、“秘密”和保密期限。如需标注密级和保密期限，一般用3号黑体字，顶格编排在版心左上角第二行；保密期限中的数字用阿拉伯数字标注。

（3）紧急程度 是对公文送达和办理的时限要求。如需标注紧急程度，一般用3

号黑体字，顶格编排在版心左上角；如需同时标注份号、密级和保密期限、紧急程度，按照份号、密级和保密期限、紧急程度的顺序自上而下分行排列。

（4）发文机关标志　发文机关标志是公文版头部分的核心，由发文机关全称或者规范化简称加“文件”二字组成，也可以使用发文机关全称或者规范化简称。如中共中央文件、云南省人民政府文件等。

发文机关标志居中排布，上边缘至版心上边缘为35mm，推荐使用小标宋体字，颜色标识为红色，以醒目、美观、庄重为原则。

联合行文时，一般应当将主办机关名称排列在前；如有“文件”二字，应当置于发文机关名称右侧，以联署发文机关名称为准上下居中排布。

（5）发文字号　是党政机关制发公文的编号，由发文机关代字、年份、发文顺序号组成。如教育部2016年发布的第1号文件的发文字号为“教发〔2016〕1号”。

发文字号编排在发文机关标志下空二行位置，居中排布。年份、发文顺序号用阿拉伯数字标注；年份应标全称，用六角括号“〔〕”括入；发文顺序号不加“第”字，不编虚位（即1不编为01），在阿拉伯数字后加“号”字。

上行文的发文字号红色分割线上居左空一字编排，与最后一个签发人姓名处在同一行。

（6）签发人　上行文应当标注签发人姓名，体现机关负责人应对所签发的公文负责。

签发人的标注由“签发人”三字加全角冒号和签发人姓名组成（如签发人：张三），居右空一字，编排在发文机关标志下空二行位置。“签发人”三字用3号仿宋体字，签发人姓名用3号楷体字。

如有多个签发人，签发人姓名按照发文机关的排列顺序从左到右、自上而下依次均匀编排，一般每行排两个姓名，回行时与上一行第一个签发人姓名对齐。

（7）版头中的分隔线　位于发文字号之下4mm处居中印一条与版心等宽的红色分隔线。

2. 主体部分　公文首页红色分割线（不含）以下至公文末页首条分割线（不含）之间的要素为主体部分。包含标题、主送机关、正文、附件说明、发文机关署名、成文日期、印章、附注等要素。

（1）标题　由发文机关名称、事由、文种组成，称为标题三要素。如《国务院关于加快发展现代职业教育的决定》一文，发文机关是“国务院”，事由是“加快发展现代职业教育”，文种是“决定”。标题一般用2号小标宋体字，编排于红色分隔线下空二行位置，分一行或多行居中排布；回行时，要做到词意完整，排列对称，长短适宜，间距恰当，标题排列应当使用梯形或菱形，不应使用上下长度一样的长方形或上下长、中间短的沙漏行。

（2）主送机关　公文的主要受理机关，应当使用机关全称、规范化简称或者同类型机关统称。编排于标题下空一行位置，居左顶格，回行时仍需顶格，最后一个机关名称后标全角冒号。如主送机关名称过多导致公文首页不能显示正文时，应当将主送机关名称移至版记。

（3）正文　公文的主体，用来表述公文的内容。公文首页必须显示正文。一般用3号仿宋体字，编排于主送机关名称下一行，每个自然段左空二字，回行顶格。文中结构层次序数依次可以用“一、”“（一）”“1.”“（1）”标注；一般第一层用黑体字、第二层用楷体字、第三层和第四层用仿宋体字标注。

（4）附件说明　公文附件的顺序号和名称。如有附件，在正文下空一行左空二字编排“附件”二字，后标全角冒号和附件名称。如有多个附件，使用阿拉伯数字标注附件顺序号（如“附件：1. ×××××”）；附件名称后不加标点符号。附件名称较长需回行时，应当与上一行附件名称的首字对齐。

（5）发文机关署名、成文日期和印章

1）加盖印章的公文　成文日期一般右空四字编排，印章用红色，不得出现空白印章。单一机关行文时，一般在成文日期之上、以成文日期为准居中编排发文机关署名，印章端正、居中下压发文机关署名和成文日期，使发文机关署名和成文日期居印章中心偏下位置，印章顶端应当上距正文（或附件说明）一行之内。联合行文时，一般将各发文机关署名按照发文机关顺序整齐排列在相应位置，并将印章一一对应、端正、居中下压发文机关署名，最后一个印章端正、居中下压发文机关署名和成文日期，印章之间排列整齐、互不相交或相切，每排印章两端不得超出版心，首排印章顶端应当上距正文（或附件说明）一行之内。

2）不加盖印章的公文　单一机关行文时，在正文（或附件说明）下空一行右空二字编排发文机关署名，在发文机关署名下一行编排成文日期，首字比发文机关署名首字右移二字，如成文日期长于发文机关署名，应当使成文日期右空二字编排，并相应增加发文机关署名右空字数。联合行文时，应当先编排主办机关署名，其余发文机关署名依次向下编排。

3）加盖签发人签名章的公文　单一机关制发的公文加盖签发人签名章时，在正文（或附件说明）下空二行右空四字加盖签发人签名章，签名章左空二字标注签发人职务，以签名章为准上下居中排布。在签发人签名章下空一行右空四字编排成文日期。联合行文时，应当先编排主办机关签发人职务、签名章，其余机关签发人职务、签名章依次向下编排，与主办机关签发人职务、签名章上下对齐；每行只编排一个机关的签发人职务、签名章；签发人职务应当标注全称。签名章一般用红色。

4）成文日期　用阿拉伯数字将年、月、日标全，年份应标全称，月、日不编虚位（即1不编为01）。

（6）附注　公文印发传达范围等需要说明的事项。如有附注，居左空二字加圆括号编排在成文日期下一行。

（7）附件　公文正文的说明补充或者参考资料，附件应当另面编排，并在版记之前，与公文正文一起装订。“附件”二字及附件顺序号用3号黑体字顶格编排在版心左上角第一行。附件标题居中编排在版心第三行。附件顺序号和附件标题应当与附件说明的表述一致。附件格式要求同正文。

如附件与正文不能一起装订，应当在附件左上角第一行顶格编排公文的发文字号并在其后标注“附件”二字及附件顺序号。

3. 版记部分 公文末页首条分割线与末条分割线之间的各要素为版记部分，包括抄送机关、印发机关、印发日期等要素组成。

版记应置于公文最后一面，版记的最后一个要素置于最后一行。也就是说版记一定要放在公文的最后即公文的最后一面的最下面位置。

（1）版记中的分隔线 分隔线与版心等宽，首条分隔线和末条分隔线用粗线（推荐高度为0.35mm），中间的分隔线用细线（推荐高度为0.25mm）。首条分隔线位于版记中第一个要素之上，末条分隔线与公文最后一面的版心下边缘重合。

（2）抄送机关 除主送机关外需要执行或者知晓公文内容的其他机关。如有抄送机关，一般用4号仿宋体字，在印发机关和印发日期之上一行、左右各空一字编排。“抄送”二字后加全角冒号和抄送机关名称，回行时与冒号后的首字对齐，最后一个抄送机关名称后标句号。

如需把主送机关移至版记，除将“抄送”二字改为“主送”外，编排方法同抄送机关。既有主送机关又有抄送机关时，应当将主送机关置于抄送机关之上一行，之间不加分隔线。

（3）印发机关和印发日期 印发机关和印发日期一般用4号仿宋体字，编排在末条分隔线之上，印发机关左空一字，印发日期右空一字，用阿拉伯数字将年、月、日标全，年份应标全称，月、日不编虚位（即1不编为01），后加“印发”二字。

版记中如有其他要素，应当将其与印发机关和印发日期用一条细分隔线隔开。

（4）页码 一般用4号半角宋体阿拉伯数字，编排在公文版心下边缘之下，数字左右各放一条一字线；一字线上距版心下边缘7mm。单页码居右空一字，双页码居左空一字。公文的版记页前有空白页的，空白页和版记页均不编排页码。公文的附件与正文一起装订时，页码应当连续编排。

（二）公文的特定格式

1. 信函格式 发文机关标志使用发文机关全称或者规范化简称，居中排布，上边缘至上页边为30mm，推荐使用红色小标宋体字。联合行文时，使用主办机关标志。

发文机关标志下4mm处印一条红色双线（上粗下细），距下页边20mm处印一条红色双线（上细下粗），线长均为170mm，居中排布。

如需标注份号、密级和保密期限、紧急程度，应当顶格居版心左边缘编排在第一条红色双线下，按照份号、密级和保密期限、紧急程度的顺序自上而下分行排列，第一个要素与该线的距离为3号汉字高度的7/8。

发文字号顶格居版心右边缘编排在第一条红色双线下，与该线的距离为3号汉字高度的7/8。

标题居中编排，与其上最后一个要素相距二行。

第二条红色双线上一行如有文字，与该线的距离为3号汉字高度的7/8。

首页不显示页码。

版记不加印发机关和印发日期、分隔线，位于公文最后一面版心内最下方。

2. 命令（令）格式 发文机关标志由发文机关全称加“命令”或“令”字组成，居中排布，上边缘至版心上边缘为20mm，推荐使用红色小标宋体字。

发文机关标志下空二行居中编排令号，令号下空二行编排正文。

签发人职务、签名章和成文日期的编排与前同。

3. 纪要格式 纪要标志由“×××××纪要”组成，居中排布，上边缘至版心上边缘为35mm，推荐使用红色小标宋体字。

标注出席人员名单，一般用3号黑体字，在正文或附件说明下空一行左空二字编排“出席”二字，后标全角冒号，冒号后用3号仿宋体字标注出席人单位、姓名，回行时与冒号后的首字对齐。

标注请假和列席人员名单，除依次另起一行并将“出席”二字改为“请假”或“列席”外，编排方法同出席人员名单。

纪要格式可以根据实际制定。

第二节 通 知

一、概念与特点

通知“适用于发布、传达要求下级机关执行和有关单位周知或者执行的事项，批转、转发公文。”通知具有使用范围的广泛性、执行的指导性、一定的时效性。

二、类别

根据适用范围的不同，可以分为以下几种类型。

（1）印发规章性通知。这类通知用于告知有关单位，某一规章制度、方案等已经批准，予以印发。如《国家卫生计生委关于印发中国癌症防治三年行动计划（2015－2017年）的通知》、《全国爱卫会关于印发2015年全国爱国卫生工作要点的通知》。

（2）贯彻执行性通知。这类通知是用于上级机关指导下级机关开展工作，要求下级机关严格贯彻执行有关精神，或者结合本地区、本单位实际情况提出具体执行意见。如《教育部办公厅关于开展第三届“礼敬中华优秀传统文化”系列活动的通知》、《国家卫生计生委办公厅关于印发人感染H7N9禽流感疫情防控方案（第三版）的通知》。

（3）事务性通知。这类通知主要用于处理日常工作中带事务性的事情，一般是下级机关执行和了解某些事项时使用。如机构成立、合并、撤销、启用新印章等都需要用到这类通知，会议通知也属于这类通知，用于告知有关人员参会的时间、地点及参会要求等。如《国家卫生计生委关于建立社会组织参与艾滋病防治基金的通知》、《中共教育部党组关于张振刚同志免职的通知》。

（4）批转性通知。用于上级机关批转下级机关的公文，体现的是领导与被领导关系。如《国务院批转国家发展改革委关于2016年深化经济体制改革重点工作意见的通知》。

（5）转发性通知。用于转发上级机关和不相隶属的机关的公文给所属人员，让他们周知或执行。如《国务院办公厅关于转发卫生计生委等部门全国精神卫生工作规划（2015－2020年）的通知》。

三、写作的一般格式

通知一般由标题、主送机关、正文、落款组成。

（一）标题

（1）由发文机关 + 事由 + 文种三要素构成。重要的通知必须具备这三个要素。如《中共中央办公厅、国务院办公厅关于严禁用公费变相出国（境）旅游的通知》，

（2）事由 + 文种。如《关于张 × × 等职务任免的通知》

（3）直接用文种为标题。用于日常生活和工作中的一些非重大事项的通知。

（二）主送机关

通知的主送机关可以是一个或者多个，这种时候可以将所有主送机关名称全部写上，如果是普发文件，可以概括为各部门、各有关单位。

（三）正文

1. 开头 用来交代通知的缘由、一般应交代发布通知的背景、目的、理由等，既要提出准备“干什么”，又要讲清“为什么”或“凭什么”。在行文时应写的简明扼要，为下文提出通知事项做好铺垫，精练概括。

2. 主体 阐明需要受文单位完成的任务或应当办理的事项，以及在办理过程中应把握的原则、重点、政策界限、注意事项等。在行文时，要力求明确具体，让有关单位知晓“要求干什么”、“应该怎么干”、“干成什么样”。具体段落层次根据文章内容多少来设定。

发布性通知通常是用一两句话引出发布的法规或者规章名称，通常采用“现将……”，然后提出贯彻执行的要求，通常采用“请认真贯彻执行”、“请照此执行”。

贯彻执行性通知要明确、具体地交代应知和应办的事项，要做到条理清晰、便于领会、理解和执行。

事务性通知要把应知和应办的事项写清楚，讲清目的、要求、措施、办法等，主要的、重要的事项写在前面。

转发、批转性通知，所转发的文件内容要出现在标题中，但不一定要使用书名号。批转、转发类公文有两种结构形式：单一的“转发、批转通知”，由转发、批转依据、通知的具体内容和执行要求三部分组成。如“经 × × 研究同意，现将《 × × 》（通知的具体内容）批转/转发给你们，请认真贯彻执行（执行要求）。由“转发/批转通知”和“转发/批转指示”构成，第一部分如上述，“转发/批转指示”指被转发/批转公文的基本精神提要、强调和补充，请受文单位重视。这部分一般包括三方面内容：一是写明被批转、转发或印发的文件；二是指明通知事项的意义；三是提出具体的贯彻执行的意见或要求。

3. 结尾 常用“特此通知”或“请遵照（参照）执行”等作为结语，贯彻执行性通知可以在结尾处提出需要贯彻执行的有关要求。篇幅短小的通知一般不需要专门结尾部分。

（四）落款

由发文机关和成文日期组成，一般写在正文之后右下方。

四、写作的注意事项

（一）行文及时，语言简洁

有些通知时效强，如果不及时办理就会延误工作。无论哪类通知都要求语言简洁明了，批转、转发性通知不必在正文中复述转发文件的内容，提出执行要求即可。

（二）重点突出，措施具体

通知是要求受文单位周知或者执行的公文，因此写作中要明确重点，讲清道理，措施具体可行。

例文评析

（批转性通知）

国务院批转国家发展改革委关于

2016 年深化经济体制改革重点工作意见的通知

国发【2016】21 号

各省、自治区、直辖市人民政府，国务院各部委、各直属机构：

国务院同意国家发展改革委《关于 2016 年深化经济体制改革重点工作的意见》，现转发给你们，请认真贯彻执行。

国务院

2016 年 3 月 25 日

【评析】这是国务院批转国家发展改革委的一份文件，标题由批转文件机关名称、主要内容和文种三要素构成，正文部分载明了三层内容：一是表明对批转文件《关于 2016 年深化经济体制改革重点工作的意见》的态度；二是提出了贯彻执行的要求。全文内容集中明确，是批转或转发通知的一般写法。

（转发性通知）

国务院办公厅关于转发卫生计生委等部门

全国精神卫生工作规划（2015—2020 年）的通知

国办发【2015】44 号

各省、自治区、直辖市人民政府，国务院各部委、各直属机构：

卫生计生委、中央综治办、发展改革委、教育部、公安部、民政部、司法部、财政部、人力资源社会保障部、中国残联《全国精神卫生工作规划（2015—2020 年）》已经国务院同意，现转发给你们，请结合实际认真贯彻执行。

国务院办公厅

2015 年 6 月 4 日

【评析】这是一篇转发性通知。正文先指出转发文件，然后表明态度，提出要求。

（印发性通知）

国家卫生计生委关于印发卫生计生行业经济管理后备领军人才培养计划的通知

国卫财务函【2015】421号

各省、自治区、直辖市卫生计生委，新疆生产建设兵团卫生局、人口计生委：

为促进我国卫生计生行业经济管理人员整体素质全面提升，着力培养一批卫生计生行业骨干经济管理人才，经研究，我委计划从2016年开始，启动实施卫生计生行业经济管理后备领军人才培养工作。现将我委制定的《卫生计生行业经济管理后备领军人才培养计划实施方案》（详见附件1）印发给你们（可从 http：//www. nhfpc. gov. cn/下载），请遵照执行，并就做好2016年首批后备领军人才培养选拔工作的有关事项通知如下：

一、培养学员确定方式

培养学员由省级卫生计生行政部门在我委下达的名额内（详见附件2），通过必要的审核、筛选、选拔、公示等程序予以确定，报经我委财务司审核后，提请国家卫生计生委卫生计生行业经济管理领军人才培养工作领导小组审定。

二、集中培训时间与地点

2016年首批卫生计生行业经济管理后备领军人才培养开班及第一次集中培训时间初步定于2016年4月上旬，地点在北京国家会计学院。具体开学时间和有关要求由北京国家会计学院书面通知培训学员。

三、其他事项

请各省级卫生计生行政部门于2016年3月15日前，将本地区选拔确定培训学员的方式方法、程序流程、审核公示等详细情况、人员名单汇总表（需加盖公章，详见附件3）以及职称、学历、外语水平、科研能力等人员基本情况的证明，以正式文件形式报送我委财务司。同时将人员名单汇总表电子版发送至 cwscwc123@ 126. com。逾期视为自动放弃。

附件：1. 卫生计生行业经济管理后备领军人才培养计划实施方案（略）
2. 卫生计生行业经济管理后备领军人才名额指标表（略）
3. 卫生计生行业经济管理后备领军人才报名汇总表（略）

国家卫生计生委

2015年12月29日

【评析】这是一篇发布性通知，国家卫生计生委用于公布卫生计生行业经济管理后备领军人才培养计划的通知。标题由发文机关、发布的事项、文种构成。正文层次分明、言简意赅的围绕培养计划将有关事项交代清楚。

第三节 请 示

一、概念与特点

请示“适用于向上级机关请求指示、批准”，是下级向上级机关针对有关问题请求给予指示或者批准的上行文。简单来说，就是下级针对自己无权解决或者不知道该如何解决的问题向上级请示。

请示具有权限明确性。请示必须向自己的直属上级主管部门请示，一般情况不得越级请示，也不能像自己的同级机关或者不相隶属机关请示。

请示具有单一性。单一性体现在两个方面，一是只能有一个主送机关，不能多头报送。二是一文一事，一份请示只写一件事情。机关部门有各自职能分工，一文多事必然涉及多个部门，给公文的办理带来困难。因此，多头报送或者一文多事都涉及了多个主管部门，容易形成相互推诿现象，影响行文效果。

请示具有时效性。请示必须是事前请示，请示涉及的事项往往是比较紧急或者重要的事情，应及时上报，等上级机关批复之后才能办理。

二、类别

根据请示的适用范围，将请示分为两类。

（一）请求指示类

请求指示类是工作中遇到了不易解决的难题，需要像上级机关说明情况，请求给予明确的指示。如对有关政策方针存有疑问、工作中无章可循的新问题或者由于意见分歧无法统一执行等均可用“请示”行文。

（二）请求批准类

请求批准类的请示是工作中遇到了超出本机关职权范围，因情况特殊需要变通处理或者法定程序上必须上级机关批准的请示。如关于机构的设置，人员编制，工资审批等事项。

三、写作的一般格式

请示一般由标题、主送机关、正文、落款组成。

（一）标题

（1）由发文机关 + 事由 + 文种构成的完整标题，如《× ×医院关于医疗仪器设备招标采购的请示》；

（2）由事由 + 文种构成，如《关于调整函授学员培训费标准的请示》。

（二）主送机关

请示的主送机关就是负责受理和答复请示的机关。请示的主送机关只能有一个，不得越级，不能送给领导个人。

（三）正文

1. 开头 开头一般写请示问题或事项的原因、背景、理由。这部分要求事实清楚，理由充足，因它是上级机关批准的依据，只有把缘由讲清楚，再写请示的事项才具有说服力。

2. 主体 主体为请示事项，这是请示的核心，就是要将请示上级机关给予指示、批准或批转的具体问题及事情全盘托出，请求上级机关做出答复。提出请示事项要详细，阐述说明道理要充分。如需要上级机关审核、批准的事项，要进行具体细致地分析，还可提出处理意见和倾向性意见，供领导参考。提出的请示，要符合有关方针、政策，切实可行。

3. 结尾 请示的结语部分，为了使请示的事项得到答复，发文机关应明确提出要求解决问题的方法或途径。一般是另起一行空两字书写。请示结语语气要谦恭，常用的结语有："妥否（当否），请批示（指示）"、"如无不妥，请批准"、"以上请求，请批复"等等。

（四）落款

由发文机关和成文日期组成，一般写在正文之后右下方。

四、写作的注意事项

（一）一文一事

请示必须一事一文，不能一文数事，以免上级机关不好批文而贻误工作。

（二）避免多头请示

请示只能有一个主送机关，以免出现单位之间互相推诿的情况，延误工作。如是受双重领导的机关，可以根据请示内容，主送一处上级机关，同时抄送另一上级机关。

（三）不得越级请示

请示应根据隶属关系和职权范围逐级进行请示，除战争、自然灾害、特大事故或上级交办并指定直接越级上报等特殊紧急情况外，不得越级请示，如果因情况特殊或事项紧急必须越级请示时，要同时抄送越过的上级机关。

（四）语言谦和有礼

下级机关制发请示，语气必须谦恭，要尊重上级，不要有要挟、命令、催促的口吻。在写请示事项时，只能写"拟"怎么办，不能写"决定"怎么办。

例文评析

（请求批准的请示）

××市市级粮食储备库

关于组织部分人员到加拿大进行培训的请示

××市粮食局：

自2013年开展仓储管理年以来，在经历了标准化、规范化等几个阶段以后，我库仓储管理水平明显提高，仓储面貌发生了根本性的变化。但在硬件建设达到一流的同时，存在着软件与硬件建设发展不相配套的问题。为切实提高我库仓储职工的业务技术素质，全面解决软硬件建设不相配套的问题，经库党委研究，我库拟组织选派部分人员到加拿大进行培训。现将有关事宜请示如下：

一、培训人员及费用

拟从库全体职工中选拔仓储业务骨干20人参加培训学习。培训费用为1000元/人。

二、时间安排

培训时间初步定于2016年5月6日至20日。

三、拟培训内容

（一）国内外储粮新技术的应用

（二）储粮害虫防治

（三）储粮四项新技术的应用

（四）粮食物流方面的业务知识

（五）储粮生态系统知识

四、其他相关问题

为切实组织好此次培训，我库准备安排库副主任某某同志带队参加培训，全面负责解决培训过程的问题。

当否，请批复。

××市级粮食储备库

2016年5月4日

【评析】这是一篇请求批准的请示，这类请示发文的根本目的都是在于说服上级，从而使有关事项获得批准。正文以理由和目的开头，具体陈述此次培训的目的、学习内容及具体安排，以使请示内容体现出难以拒绝的说服力。

第四节　报　告

一、概念与特点

报告“适用于向上级机关汇报工作、反映情况，回复上级机关的询问”，是下级向上级机关呈送的陈述性公文，是上级机关了解和掌握下级机关工作及情况的一种常用文种，起到了下情上达，指导沟通的作用。报告具有沟通性和陈述性，是下级向上级陈述本单位做了什么工作、怎样做的、取得了哪些成绩、还存在哪些不足。

二、类别

按照报告的适用范围，将报告分为三类。

（一）工作报告

工作报告经常是下级用来向上级汇报自己的工作。又可以按照工作过程分为事前报告、事中报告、事后报告。事前报告通常是为了向上级汇报某一拟开展工作的情况，目的在于获得上级支持。事中报告用于向上级反映某项工作的进展情况，以便领导掌握工作进程。事后报告是工作结束后向上级写出的总结报告。

（二）情况报告

情况报告用于某些新问题、新事物或者突发事件的发生。如火情、灾情发生时向上级汇报情况。

（三）答询报告

答询报告用于上级机关询问、督办事项时做出回复所使用的一种报告。通常要做到“有问必答”，领导问什么答什么，紧紧围绕上级所关注的主要问题，说明情况，回答问题。

三、写作的一般格式

报告一般由标题、主送机关、正文、落款组成。

（一）标题

报告的标题由发文机关 + 事由 + 文种三部分组成。如《国家计划革命委员会、财政部关于开展清产核资工作的报告》。

（二）主送机关

报告的主送机关要尽量少，一般送一个上级机关即可，但单位受双重领导的情况比较多见，有时候主送机关可以不止一个。

（三）正文

1. 开头　交代报告的起因、缘由或说明报告的目的、主旨、意义。要能概括说明全文主旨，开门见山，起名立意。一般用“现将有关情况报告如下”承启下文。答复报告开头要先引述来函文号及询问的问题，然后过渡到下文，答复上级的询问。

2. 主体　主体交代报告事项，是正文的核心。要准确简要、条理清晰地将有关工作的主要情况、措施与结果，成效与存在的问题等分段加以表述，要以数据和材料说话，内容力求既翔实又概括。

不同类型的报告，内容上各有不同的侧重点。

工作报告一般以成绩、做法、经验、体会、打算、安排为主，在叙述基本情况的同时，有所分析、归纳，找出规律性认识。这类报告相对篇幅较长，一般可标出序数，分条分项陈述。

情况报告一是采用“情况——问题——意见”，这种适用于反映情况为主的报告；二是“情况——做法（经验）——不足”，这种适用于总结经验为主的报告。

答询报告一般写答复的意见或处理结果，行文目的是回答上级机关的询问，要依据上级要求回答的问题进行写作，所以要写得周全而有针对性。这种报告内容针对性最强，上级询问什么，就答复什么，不能答非所问。这类报告往往还具有很强的时效性，必须在上级规定的时限内办结。

3. 结尾 报告的结尾比较简单，可以重申意义，展望未来，也可以采用程式化结语，工作报告和情况报告的结束语常用“特此报告”、“请审阅”、“以上报告，请审查”；答复报告多用“专此报告”。报告属于陈述性公文，避免出现“以上报告当否，请批示”的结束语。

（四）落款

若标题下方已标明发文单位和日期的，正文之后不用标注。若标题下方没有标明发文单位和日期，则需在正文之后右下方写上发文机关和成文日期。

四、写作的注意事项

（一）不要夹带请示事项

报告属于陈述性公文，在日常工作中报告与请示不能混用。报告事项不得夹带请示事项，否则会因报告不需批复而影响请示事项的处理和解决。

（二）重点要突出

一般来说，报告的材料都很丰富，但不能面面俱到，要根据主题的要求来安排，分清主次轻重。要注意处理好点和面的关系，既要有典型的事例，又要有面上的综合性的情况，条理清楚，逻辑严密。

（三）语言要精练

报告是下级用来向上级机关汇报工作的材料，通常报告涉及的事项都比较多，在汇报中应该本着语言精练、实事求是的态度，充分运用概述和突出重点的表达方式，做到避繁就简，善于归纳综合、寻求规律、讲究提炼。

例文评析

（工作报告）

政府工作报告（节选）

——××年×月×日在××全国人民代表大会第×次会议上×××

各位代表：

现在，我代表国务院，向大会报告政府工作，请予审议，并请全国政协各位委员提出意见。

一、2015年工作回顾

过去一年，我国发展面临多重困难和严峻挑战。在以习近平同志为总书记的党中央坚强领导下，全国各族人民以坚定的信心和非凡的勇气，攻坚克难，开拓进取，经济社会发展稳中有进、稳中有好，完成了全年主要目标任务，改革开放和社会主义现代化建设取得新的重大成就。

——经济运行保持在合理区间。国内生产总值达到67.7万亿元，增长6.9%，在世界主要经济体中位居前列。粮食产量实现“十二连增”，居民消费价格涨幅保持较低水平。特别是就业形势总体稳定，城镇新增就业1312万人，超过全年预期目标，成为经济运行的一大亮点。

——结构调整取得积极进展。服务业在国内生产总值中的比重上升到50.5%，首次占据“半壁江山”。消费对经济增长的贡献率达到66.4%。高技术产业和装备制造业增速快于一般工业。单位国内生产总值能耗下降5.6%。

——发展新动能加快成长。创新驱动发展战略持续推进，互联网与各行业加速融合，新兴产业快速增长。大众创业、万众创新蓬勃发展，全年新登记注册企业增长21.6%，平均每天新增1.2万户。新动能对稳就业、促升级发挥了突出作用，正在推动经济社会发生深刻变革。

——人民生活进一步改善。全国居民人均可支配收入实际增长7.4%，快于经济增速。去年末居民储蓄存款余额增长8.5%，新增4万多亿元。又解决6434万农村人口饮水安全问题。扶贫攻坚力度加大，农村贫困人口减少1442万人。

科技领域一批创新成果达到国际先进水平，第三代核电技术取得重大进展，国产C919大型客机总装下线，屠呦呦获得诺贝尔生理学或医学奖。对我国发展取得的成就，全国各族人民倍感振奋和自豪！

回顾过去一年，成绩来之不易

一年来，我们主要做了以下工作：

一是着力稳增长调结构防风险，创新宏观调控方式……

二是围绕激发市场活力，加大改革开放力度……

三是聚焦提质增效，推动产业创新升级……

四是着眼开拓发展空间，促进区域协调发展和新型城镇化……

五是紧扣增进民生福祉，推动社会事业改革发展……

六是促进社会和谐稳定，推动依法行政和治理方式创新……

二、“十三五”时期主要目标任务和重大举措

——保持经济中高速增长，推动产业迈向中高端水平……

——强化创新引领作用，为发展注入强大动力……

——推进新型城镇化和农业现代化，促进城乡区域协调发展……

——推动形成绿色生产生活方式，加快改善生态环境……

——深化改革开放，构建发展新体制……

——持续增进民生福祉，使全体人民共享发展成果……

三、2016年重点工作

今年要重点做好八个方面工作。

（一）稳定和完善宏观经济政策，保持经济运行在合理区间……

（二）加强供给侧结构性改革，增强持续增长动力……

（三）深挖国内需求潜力，开拓发展更大空间……

（四）加快发展现代农业，促进农民持续增收……

（五）推进新一轮高水平对外开放，着力实现合作共赢……

（六）加大环境治理力度，推动绿色发展取得新突破……

（七）切实保障改善民生，加强社会建设。为政之道，民生为本……

（八）加强政府自身建设，提高施政能力和服务水平……

各位代表！

奋斗才能赢得未来。让我们更加紧密地团结在以习近平同志为总书记的党中央周围，凝心聚力，奋发进取，努力完成今年经济社会发展目标任务，确保全面建成小康社会决胜阶段良好开局，为建成富强民主文明和谐的社会主义现代化国家、实现中华民族伟大复兴的中国梦做出新的贡献！

【评析】这是一篇综合性的工作报告。每年人大、政协召开大会时，各级有关领导就要作这样的报告。报告主体分为三部分：第一部分是“2015 年工作回顾”，第二部分是“十三五时期主要目标任务和重大举措”，第三部分是“2016 年重点工作”。从过去一年工作的开展情况，面临的困难及取得的成绩、“十三五”时期打算及 2016 年的重点工作等写清楚，内容虽多，但层次清楚，有条有理。

（情况报告）

××县人民政府办公室

关于进一步清理兑现农民工工资工作情况的报告

市政府办公室：

根据你办2005 年1 月16 日《关于进一步加大清欠工作力度确保农民工工资按时兑现的紧急通知》（×府办发〔2005〕1 号）精神，现将我县近期进一步清理兑现农民工工资的有关情况报告如下：

1. 我县高度重视农民工工资按时兑现工作……

2. 进一步排查农民工工资和工程款拖欠底数……

3. 落实清欠责任，抓好专项督办……

四、突出清欠重点，优先支付农民工工资……

五、政府带头清欠，清欠工作取得较大进展……

六、进一步建立和完善长效机制防止新的拖欠……

（印章）

2012 年11 月27 日

【评析】这是一篇情况报告，文章采用“情况——问题——意见”的结构，针对清理兑现农民工工资工作一是深入自查，二是说明存在问题，三是说明下一步打算。整篇报告内容集中，主题突出。

（答询报告）

关于张××同志职称评定问题的答复报告

××市人民政府办公室：

接市办5 月20 日查询我单位张××同志有关职称评定情况的通知后，我们立即进行了调查。现将有关情况报告如下：

××同志是我集团公司二分厂工程师。该同志1962 年起曾在××工学院受过四年函授教育，学习了有关课程。由于“文革”而未能取得学历证明。因缺乏学历证明，在今年上半年职称评定时，根据上级有关文件精神，我单位职称评委会决定暂缓向上一级职称评委会推荐评定他的高级工程师职称，待取得学历证明后补办。该同志认为这是刁难，因而向市政府提出了申诉。

接到市政府办公厅查询通知后，我们专程派人去××工程学院查核有关材料，得到××工学院的支持，正式出具了该同志的学历证明。现在，我集团公司职称评委会已为××同志专门补办了有关评定高级工程师的推荐手续，并向该同志说明了情况。对此，他本人已表示满意。

特此报告。

××集团公司

××年×月×日

【评析】这是一篇回复上级机关询问的报告。正文开门见山写接到市办查询通知并进行了调查，这是行文的背景。接着以文种承启语导出主体。主体写张××一事的原由、调查和处理的情况，有理有据。报告处理结果，尤其是张××本人对处理结果的态度，是上级最关心也是本文的关键一笔，简洁明白，可令上级满意。

五、请示与报告的区别与联系

历史上曾经将请示报告作为同一个文种使用，故至今仍有人将两者混用，现将两者进行比较，如下表5－3。

表5－3　请示与报告的区别与联系

	联系	区别					
		内容要求	行文时间	行文目的	处理结果	正文篇幅	报送要求
请示	都是上行文都具有反映情况、提出建议的功用	一文一事	必须事前	批准或者解决问题	办件，上级需要答复	行文简洁，篇幅一般较短	只送一个主送机关
报告		一文一事也可一文数事	事前、事中、事后	了解下情，掌握情况	阅件，上级可答复，亦可不答复	涉及面较广，篇幅一般较长	可以报送一个或多个上级机关

第五节　函

一、概念与特点

函"适用于不相隶属机关之间商洽工作、询问和答复问题、请求批准和答复审批事项"。函通常指信件，这里是作为国家法定文种之一，反映平行关系的书信性质的公文，与其他文种一样具有制发机关权限决定范围内的法定效力。函具有平等性，体现的是不相隶属双方平等沟通的关系；具有广泛性，机关公务往来中使用范围广、使用频率高；具有单一性，内容单纯，一份函只能写一件事情。

二、类别

函按照不同角度有多种分类方法。

（一）按照发文目的，分为发函和复函

主动制发的函称为发函，回复对方的来函称为复函。如：××省人民政府报给国家林业局的《关于××市建设中国森林博览城的函》这是发函，国家林业局回复给××省人民政府的《关于××市建设中国森林博览城的复函》就是复函。

（二）按照适用范围，分为商洽函、问答函、请批函

1. 商洽函　商洽函用于不相隶属机关之间商洽工作的函，这类函在机关交流中使用最多，如参观交流、联系业务等。

2. 问答函　问答函包括了询问函和答复函，用于不相隶属机关之间询问和答复问题。

3. 请批函　请批函包括请求函和批准函，是用于向不相隶属机关请求批准和答复审批事项时使用的函，如减免税收、申请办理补助等。

此外，按照行文方向可以分为上行函、平行函、下行函。按照性质分为公函和便函。

三、写作的一般格式

函由标题、主送机关、正文、落款组成。

（一）标题

（1）由发文机关+事由+文种三部分组成。如《国务院办公厅关于四川攀枝花三线建设博物馆冠名问题的函》、《国务院办公厅关于云南大理经济开发区升级为国家级经济技术开发区的复函》。

（2）由事由+文种，如《关于毕业生分配问题的函》。

（二）主送机关

函的主送机关一般只有一个，但有时内容涉及多个部门也可以排列多个主送机关。

（三）正文

1. 开头　发函的开头一般概括交代商洽、请求、询问或告知事项的目的、依据、背景、原因等；如果是复函则首先引述来函的日期、发文字号、标题等，如“你单位×年×月×日××〔2014〕×号函收悉”或“×年×月×日《关于……的函》收悉”，接着简要复述对方提出的问题和要求，然后用“现将有关问题说明如下”或“现将有关事项函复如下”等过渡语转入下文。

2. 主体　这是函的核心部分，需要写清楚商洽、请求、询问或告知事项的主要内容。其中商洽函写明商洽事项及行文人意见；请批函要写清请求批准的事项内容及原因，并向对方提出希望或要求、或请求批准、或请求指示；问答函要写明询问问题或者对所询问发表意见；复函要有针对性地写答复事项，即针对发函所提出的商洽、请求、询问等问题做出具体明确的答复。

3. 结尾　结尾是向对方提出希望或者请求，或希望对方给予支持，或请求对方批准等等。发函，按是否要回复的要求用不同的惯用语，如要对方回复，一般用“特此函询，请函复”“即请函复”“敬请大力支持为盼”；如无须对方回复，一般用“特此函达”“特此函告”等。复函的结束语一般用“此复”“特此函复”等。

（四）落款

正文之后右下方写上发文机关和成文日期。

四、写作的注意事项

（一）一函一事，行文简洁

为保证文件的时效性，函的主体部分内容单一，一函一事，切忌一函多事。行文不必详叙过程，不必大发议论，要字约意丰，直陈其事。

（二）用语得体，把握分寸

函是平行文，行文中要注意礼貌，用语要谦和诚恳，平实得体，既不谦卑恭敬、曲意客套，也不强人所难、盛气凌人。

五、函与请示的联系与区别

见表5－4。

表5－4　函与请示的联系与区别

<table>
<tr><td rowspan="2"></td><td rowspan="2">联系</td><td colspan="4">区　别</td></tr>
<tr><td>行文时间</td><td>行文方向</td><td>行文作用</td><td>行文结果</td></tr>
<tr><td>函</td><td rowspan="2">适用范围中都有请求批准的作用</td><td>必须事前</td><td>用于平行文</td><td>除共同点外还可以商洽工作、询问和答复问题</td><td>用“函”回复</td></tr>
<tr><td>请示</td><td>可事前、事中、事后</td><td>用于上行文</td><td>请示只能用来请求指示、批准</td><td>用“批复”回复</td></tr>
</table>

例文评析

（问答函）

关于征求对《室内空气质量标准》意见的函

卫办法监函【2002】178号

各省、自治区、直辖市卫生厅局、环保局，国务院有关部委，各有关单位：

为保障人体健康，预防和控制室内空气污染，卫生部和国家环保总局正在组织制订《室内空气质量标准》。现将该标准的征求意见稿及编制说明印发给你们，请研究并提出修改意见，于2002年6月20日前将书面意见反馈给我们。

联系人：卫生部卫生法制与监督司　段冬梅、涂俊

地址：北京市西直门外南路1号　邮编：100044

电话：010－68792386、68792399　传真：68792387

国家环保总局科技标准司　冯波

地址：北京市西直门内南小街115号

邮编：100035　电话兼传真：010－66153181

附件：室内空气质量标准（征求意见稿）及编制说明（略）

卫生部办公厅　国家环保总局办公厅

二OO二年六月四日

【评析】这是一篇问答函，正文开篇表明行文的目的“为保障人体健康，预防和控制室内空气污染，卫生部和国家环保总局正在组织制订《室内空气质量标准》。”提出了具体要求，文章内容具体明确，使对方一看便懂。落款日期为2012年前的文件，故为大写日期。

（复函）

国务院办公厅关于云南大理经济开发区升级为国家级经济技术开发区的复函

国办函【2014】25号

云南省人民政府、商务部：

你们关于云南大理经济开发区升级为国家级经济技术开发区的请示收悉。经国务院批准，现函复如下：

一、国务院同意云南大理经济开发区升级为国家级经济技术开发区，定名为大理经济技术开发区，实行现行国家级经济技术开发区的政策。

二、大理经济技术开发区规划面积仍为5.93平方公里，区域范围为国务院有关部门公布的开发区审核公告确定的四至范围。

三、要深入贯彻落实科学发展观，加快转变经济发展方式，深化改革、扩大开放，按照先进制造业与现代服务业并重、利用外资与境内投资并重、经济发展与社会和谐并重的要求，致力于提高发展质量和水平，致力于增强体制机制活力，促进国家级经济技术开发区向以产业为主导的多功能综合性区域转变，充分发挥窗口、示范、辐射和带动作用。

四、必须严格实施土地利用总体规划和城市总体规划，按规定程序履行具体用地报批手续；必须依法供地，以产业用地为主，严禁房地产开发，合理、集约、高效利用土地资源。

五、商务部要会同有关部门加强指导和服务，促进大理经济技术开发区健康发展。

国务院办公厅

2014年2月18日

【评析】这是一篇国务院办公厅回复云南省人民政府、商务部关于云南大理经济开发区升级为国家级经济技术开发区的函，这类函的内容一般包括三部分：一是告知情况，说明来函收悉，并简要复述对方询问问题，用“经……研究，现函复如下”作为承上启下的过渡。二是答复意见。针对来函给予明确具体的答复。三是结尾，以“此复”、“特此函复”等作结语，有时也可不用结语（例如此文）。

需要注意的是，此文中对方来函是“请示”，国务院办公厅在国务院授权情况下可以给予答复，但国务院办公厅与省政府在级别上是平级，不能使用“批复”，只能用“函”。

（请批函）

××省人民政府法制办公室关于在规定时段切断互联网上网服务营业场所接入服务问题的函

国务院法制办公室：

我省在加强互联网上网服务营业场所管理方面，对涉及电信业务经营者在规定时段切断互联网经营服务场所接入服务问题，电信业务主管部门和文化市场管理部门有不同的意见。电信业务主管部门认为，《电信管理条例》第三十八条第二款规定：“未经批准，电信业务经营者不得擅自中断接入服务。”电信业务主管部门规定要求各电信业务经营者定时切断服务不合法。文化市场管理部门认为，依据《互联网上网服务营业场所管理条例》第二十二条规定：“互联网上网服务营业场所每日营业时间限于8时至24时。”各单位应在每日的零时起上午八时停止对所有互联网上网服务营业场所接入服务。

我们认为，《电信管理条例》第三十八条第二款规定的，未经批准应是未经电信业务主管部门批准。《电信管理条例》和《互联网上网服务营业场所管理条例》的规定并不冲突。作为省级电信业务主管部门可以要求全省的电信业务经营者在规定时段切断互联网上网服务场所的接入服务。

特此函询，盼复。

××省人民政府法制办公室

二〇〇三年五月九日（印章）

【评析】这是一份针对工作中的有关不明确的政策问题向有关主管部门询问的函，主要表明针对不同部门的不同意见，表明自己的态度，让有关主管部门界定是否可行并给予答复。

第六节　纪　要

一、概念与特点

纪要“适用于记载会议主要情况和议定事项”。纪要具有内容的纪实性，要如实反映会议内容及会议精神，传达会议议定的事项和形成的决议。称谓的特殊性，一般采用第三人称写法，常以“会议”作为表达主体，“会议认为”、“会议指出”、“会议决定”等。作用的指导性，纪要一经下发，将产生约束力，起着类似于指示、决定等指挥性公文的作用。

二、纪要类别

从纪要范围分，可以分为三种。

（一）例会和办公会议纪要

这是机关单位研究处理日常行政事务的会议，常常有固定的时间和出席人，召开一次就做一次会议纪要。

（二）综合性和专题性会议纪要

有的会议召开涉及问题较广，内容繁多，把这种会议的内容和结果写成纪要就是综合会议纪要。有的会议是专门为研究某一问题召开的，任务集中，内容单一，这种会议纪要就是专题性会议纪要。

（三）决议性会议纪要和情况信息性会议纪要

召开的会议具有决定和决议的性质，反映的事情往往具有政治性和政策性形成的是决议性会议纪要。反映某一会议基本情况或者报道会议消息的纪要是情况信息性会议纪要。

三、写作的一般格式

纪要在结构格式上与其他公文有所不同，有的纪要可以省略眉首、主送机关、署名及印章。通常由标题和正文两部分组成。

（一）标题

（1）会议事项＋文种，如《继续医学教育工作座谈会纪要》。

（2）会议主持单位＋事由＋文种，如《××市人民政府第×次常务会议纪要》。

（二）正文

纪要的正文一般由开头、主体、结尾三部分组成。

1. 开头 开头一般介绍会议概况，包括会议召开背景、原因、名称、目的、时间、地点、参加人员、规模、主持人、议程、主要成果以及对会议的总体评价等等。具体有两种写法：一是分列式，适合办公会、例会或小型会议。二是概括式，适合专题会议或者大中型会议。这部分表述完毕后，可用“会议纪要如下”或“会议确定了如下事项”等惯用语为过渡，转入主体部分。

2. 主体 这部分是纪要的核心部分，一般包括会议的主要精神、会议议定的事项、会议上达成的共识、对今后工作的安排、会议上各种主要观点及争鸣情况等。常用的写法一般有三种。

一是条文式，即把会议的主要内容分条列项的表述，把会议分成几个大问题，然后加上标号或小标题，分项来写。工作纪要多用此种写法，便于理解、执行。

二是综述式，就是把讨论研究的主要问题、与会人员的认识、议定的有关事项，进行整体的阐述和说明。大型会议多采用这种方式，这种写法有利于概括丰富的内容，有利于从原则高度把问题说深讲透。

三是记录式，就是按照会上发言顺序或不同内容的有关发言顺序，把与会人员的发言要点记录下来。这种写法能比较如实地反映与会人员的意见。

纪要多用“会议认为”、“会议指出”、“会议提出”、“会议听取了”、“会议讨论了”、等惯用语作为各层意思的开头语，以体现内容的层次感。

3. 结尾 结尾通常用来强调会议的意义、提出希望和要求、发出号召等，也可省略结尾。

四、写作的注意事项

（一）要突出会议中心

纪要写作要围绕会议解决的主要问题，抓住中心来写。纪要不必有言必录、面面俱到，而应根据会议的宗旨分析综合各种意见，集中反映多数人的意见。

（二）要忠实会议内容

纪要需要概括、提炼，但不能离开会议讨论情况，不得随意割舍，会议讨论是什么样就是什么样，忠实反映会议情况，如实体现会议决策、决定和领导的思想、意图。

（三）要进行提炼加工

会议记录是写好纪要的基础，但纪要是在会议记录的基础上对会议讨论的意见要给予理论上的概括，提纲挈领画龙点睛，总结提炼的过程。

例文评析

（办公会议纪要）

××县人民政府第六次常务会议纪要

时　间：××××年×月×日×点至×点

地　点：县政府常务会议室

主　持：县长×××

出　席：副县长×××、××、××、×××办公室主任×××

请　假：×××（出差）

列　席：×××、×××、×××

记　录：×××

现将会议讨论及决定的主要事项纪要如下：

一、会议听取了副县长×××关于召开经济工作会议准备的情况汇报，讨论了扩大县属企业自主权的十条规定。会议同意县经济工作会准备情况汇报，并决定于×月×日召开全县经济工作会议。今年各项经济工作指标，要以市经委下达的为准，不再调整县原各公司的主要经济指标。在县经济工作会议上，由县经委与县原各公司签订经济责任书。

二、会议原则同意县民政局关于民政事业费管理使用办法的修订意见。

三、会议同意将县政府办公室提出的转交机关工作作风的规定意见（讨论方案）

印发各部门，广泛征求意见，作进一步修改后，以县政府文件印发。

××县人民政府办公室

××××年×月×日

【评析】这篇纪要首先把会议基本情况，包括时间、地点、主持人、出席人等一一写明，然后把讨论的主要问题，与会人员议定的事项用概括叙述方法说明，结构清晰。

（专题性会议纪要）

继续医学教育工作座谈会会议纪要

为了进一步加强继续医学教育工作的管理，适应卫生事业发展和改革的需要，保证继续医学教育工作的健康发展，全国继续医学教育委员会办公室于2010年2月1日在北京召开了“继续医学教育工作座谈会”。部分省市卫生厅局科教处、医学院校、医院、中华医学会负责继续医学教育工作的同志参加了会议。卫生部科技教育司孟群副司长出席座谈会并做讲话。

会议主要内容：讨论研究2010年继续医学教育相关工作及证书的发放与管理工作；研究制定《继续医学教育“十二五”规划》有关事宜。

卫生部科教司孟群副司长在讲话中充分肯定继续医学教育在卫生事业发展与人才培养中所发挥的重要作用，同时指出了目前继续医学教育工作中亟待解决的问题。孟司长强调，今年是“十一五”的最后一年，我们要认真总结继续医学教育工作，在总结评估的基础上，制定继续医学教育“十二五”规划。今年国家财政拨款100万元，作为全国继续医学教育管理工作专项资金，因此今年国家级继续医学教育项目学分证书费和项目评审收费将不再收费，但目前面临财政拨款经费有限，不能满足工作的实际需求，如何加强证书的管理和发放问题迫切需要妥善解决。

会议经过讨论，提出以下建议并达成共识：

一、关于国家级继续医学教育项目学分证书管理

1. 今年，首先在已经和即将使用“继续医学教育学分信息化管理系统”的北京、天津、新疆、湖北、广东、云南、吉林、重庆、广西、新疆生产建设兵团和中华医学会进行试点，按继续医学教育管理的相关规定以电子化授予学分的形式取代纸质学分证书。

2. 已经实施自行发放的省市江苏、浙江、湖南、山东、上海按照国家级继续医学教育项目学分证书管理有关规定，继续做好国家级证书的管理和发放。

3. 陕西、山西、内蒙古、四川、辽宁、黑龙江、江西、河北、青海、宁夏、安徽、海南、甘肃、福建、贵州、河南、西藏和有关学术团体（中华预防医学会、中华护理学会、中华口腔医学会、中国医师协会、中国医院协会、中国执业药师协会）及部直属单位按2010年已获准的国家级继续医学教育项目培训的人数，向全继委申领学分证书。

4. 为保证各地有效利用“继续医学教育学分信息化管理系统”，加快继续医学教育信息化建设的步伐，由中华医学会牵头，组织制定继续医学教育学分信息化管理相

关的技术标准和业务标准，标准出台后，各地要按着标准的统一要求，推进继续医学教育学分信息化管理工作的开展，逐步实现“电子证书”信息化管理。

二、关于继续医学教育“十二五”规划

针对继续医学教育“十二五”规划的讨论稿，与会代表重点讨论并提出《继续医学教育“十二五”规划》应在目标设定、指导思想、基本原则、工作重点以及措施的内容方面，要适应卫生事业的发展和医改的需要及卫生人才培养的规律。对总体目标中继续医学教育对象获取学分的达标率偏高、经费投入机制、保障政策和措施部分，尚需调整和充实内容等问题提出了很好的建议。

三、其他有关继续医学教育的建议

1. 建议加强与相关部门（如人事、医政等部门）的沟通与合作，强化继续医学教育的作用，推进继续医学教育工作的发展。

2. 针对基层医疗机构的实际情况，建议可根据农村或社区的具体情况，将在岗培训有机地纳入继续医学教育管理，有针对性的拓宽继续医学教育的涵盖面，促进基层医务人员素质的不断提高。

3. 配合医改，加强对基层的继续医学教育工作，强化项目执行的监管，提高继续医学教育质量。项目内容上不仅关注临床医学，同样也应关注公共卫生、职业道德和社会人文等方面的内容，以适应医疗卫生人员的不同需求。

【评析】这是专题性会议纪要，开头先交代会议时间、地点、参会人员、会议议题和会议简况，接着对会议精神进行总结。采用了“会议主要内容”、“会议经过讨论”等句式结构情绪，概括准确。

综合练习

一、填空

1. 现行的《党政机关公文处理办法》从________（时间）起施行。

2. 发文字号一般由________、________、和________、三个要素构成。

3. 公文的标题中除________、________名称加书名号外，一般不加标点符号。

4. 需要领导作批复、指示时，应该使用________行文。只是向领导汇报工作，不需要领导回复意见，使用________行文。

5. 公文的作者指的是________，公文结尾的落款时间指的是________时间。

6. 按照行文方向可将公文分为________、________、________。

7. 报告中不得夹带________事项。

8. 除了主送机关外需要执行或知晓公文内容的其他机关叫________。

9. 函按照适用范围分为________、________、________。

10. 用于记载会议主要情况和议定事项的文种是________。

11. 请给下面公文加上标题中的事由、文种，并在括号内填上适当的词。

（　　　　　　　　　　　）

市××局：

我司为了逐步实现仓库装卸操作机械化，现（　　）于江口仓库区内修建机械化码头、月台。（　　）项工程计划共（　　）钢材10（　　），水泥60（　　），木材50（　　），人民币40万（　　）。

（　　）

××市储运公司
××年×月×日

二、病文改错

1.

关于转发推进家庭医生签约服务指导意见的通知

国医改办发〔2016〕01号

各省、自治区、直辖市、新疆生产建设兵团医改办，卫生计生委（卫生局），发展改革委，民政厅（局），财政（务）厅（局），人力资源社会保障厅（局），中医药管理局：

国务院医改办、国家卫生计生委、国家发展改革委、民政部、财政部、人力资源社会保障部和国家中医药管理局制定的《关于推进家庭医生签约服务的指导意见》已通过中央全面深化改革领导小组审议。经国务院同意，现印发给你们，请各地认真贯彻落实。

国务院医改办　国家卫生计生委
国家发展改革委　民政部
财政部　人力资源社会保障部
国家中医药管理局
二〇一六年五月二十五日

2.

××市工业局关于印发“关于节减行政经费的几项规定”的通知

××字（2012）××号

我局同意××市财政局“关于节减行政经费的几项规定”中提出的意见，认为切实可行，请结合本单位的情况参照执行。

附：××市财政局文件

2012.10.16

3.

霞光里社区关于请求增设便民早餐店的请示报告

星湖街道办事处、××主任：

根据《青山区人民政府关于推动社区“早餐工程”建设的决定》（青政〔2003〕68号），我区打算便民早餐店在二〇〇六年十二月一日开业，产权归霞光里社区所有，聘请社区内的下岗职工承包经营。便民早餐店预算建设资金共计一百二十五万元，现已筹集资金八十五万元，还有四十万元资金没有着落，为此，要求街道给予支持解决。

另外，社区活动中心室外健身器械数量严重不足，难以满足居民健身需要，居民意见很大，故请顺便追加拨款十五万元用于购置健身器械。

此事关系到社区居民的切身利益，务必批准。

霞光北里社区

××年×月×日

4.

关于要求解决学生宿舍拥挤等问题的请示

市教育局、市人民政府：

我校今年由于住宿生急剧增加，已有的学生宿舍已无法容纳，现在住宿生基本上是一个床位两个人睡，严重影响学生的身心健康。为解决这一困难，我校决定再建一栋学生宿舍楼。另外，我校图书馆也尚未达到省“两基”标准，望上级部门给予适当支持。

特此请示，请回复。

××市二职

2013年12月15日

5.

关于申请拨给灾区贷款专项指标的报告

省行：

×月×日，××地区遭受了一场历史上罕见的洪水袭击，×江两岸乡、村同时发生洪水，灾情严重。经初步不完全统计，农田受灾总面积达38000多亩，各种农作物损失达100多万元，农民个人损失也很大。灾后，我们立即深入灾区了解灾情，并发动干部群众积极开展生产自救。同时，为帮助受灾农民及时恢复生产，我们采取了下列措施：

一、对恢复生产所需的资金，以自筹为主。确有困难的，先从现有农贷指标中贷款支持。

二、对受灾严重的困难户，优先适当贷款，先帮助他们解决生活问题。到×月×日止，此项贷款已达××万元。

由于这次灾情过于严重，集体和个人的损失都很大，短期内恢复生产有一定的困难，仅靠正常农贷指标难以解决问题。为此，请省行下达专项救灾贷款指标××万元，以便支持灾区迅速恢复生产。

以上报告当否，请批示。

××银行××市支行

一九九八年×月×日

6.

公　函

××大学校长：

首先，我们以××省财经学校的名义，向贵校致以亲切的问候。我们以崇敬和迫切的心情，冒昧地请求贵校帮助解决我校当前面临的一个难题。

事情是这样的：最近，我们经与某某学院磋商，决定派×位老师到该院进修学习。只因该院正在大兴土木改造扩建，以致本院职工的住房和学生的宿舍及教室破旧拥挤。

我校几位进修教师的住宿问题，虽几经协商，仍得不到解决。然而举国上下，与时俱进，培养人才，时不我待，我校几位教师出省进修学习机会难得，时间紧迫，任务繁重，要使他们有效地学习，则住宿问题是亟待解决的。

为此，我们在进退维谷的情况下，情急生智，深晓贵校府高庭阔，物实人齐，且具有宽大为怀，救人之危的美德。于是，我们抱着一线希望，与贵校商洽，能否为我校进修教师的住宿问题提供方便条件。但不知贵校是否有其他困难，如有另外的要求和条件，我校则尽力相助。若贵校对于住宿一事能够解决，我校进修教师在住宿期间可为贵校教学事务做些义务工作，如辅导和批改作业等，这样可以从中相得益彰。我们以校方的名义向贵校表示深深的恩谢。

以上区区小事，不值得惊搅贵校，实为无奈，望谅解。并希望尽快得到贵校的答复。

××省财经学校（印章）

二〇一四年×月×日

7.

关于食品安全国家标准有关问题的复函

国卫办食品函〔16〕34号

质检总局办公厅：

你厅《关于请对食品安全国家标准范围进行解释的函》（质检办食函〔2015〕1300号）收悉。现回复如下：

按照国务院工作部署，国家卫生计生委正在开展食品标准清理整合工作。根据2015年12月3日全国人大常委会法制工作委员会协调会议精神，在相关食品安全国家标准发布实施前，现行食用农产品质量安全标准、食品卫生标准、食品质量标准和有关食品的行业标准仍然有效，食品生产经营活动及其监督管理应当按照现行相关标准执行。

此致

敬礼

国家卫生计生委办公厅　食品药品监管总局办公厅

2016年1月12日

三、写作训练

1. ××市人民医院为推动医院发展，拟组织“为推进医院精细化管理做贡献”为主题的演讲比赛，请你代该医院宣传处、工会拟一个通知，请医院各科室及部门积极组织，并通过开展此次活动正面弘扬党员干部职工勤奋工作、默默奉献的精神。

2. 根据下面提供的材料，请以永清县人民医院的名义向永清县人民政府起草一份报告。

（1）2015年12月18日，河北永清县人民医院发生医疗纠纷事件。

（2）事件经过：18日死者家属曾对3名医生高声谩骂，死者大儿子唐某两次欲动手打医生，死者女儿唐某某哭喊着让医生给死者下跪，均被民警及时制止。其间，死者孙子唐某某趁人不备踢了医生盛某一脚。19日早晨8时许，县医院70余名医务人员拉起写有“伤人违法，拘禁违法”“还我尊严，严惩凶手”的横幅到县政府上访。

（3）发生原因：12 月 17 日 16 时许，永清县后奕镇白雁口村 67 岁患者赵某某到县人民医院内一科就诊，入院诊断为患者患有慢性支气管炎急性发作、阻塞性肺气肿、肺源性心脏病、冠状动脉粥样硬化性心脏病等多种疾病，院方向家属交代了病情，家属签字，赵某某住院治疗。12 月 18 日 16 时许，患者病情突然加重，发生猝死，县医院医务人员立即投入抢救，但终因抢救无效宣布死亡。

（4）处理结果：县公安局依法传唤了相关人员，调查取证后，依据《治安管理处罚法》对 4 名涉案死者家属予以行政拘留；县卫计局、医院开展了思想引导和法律教育，医务人员思想平稳，医院秩序正常；成立了专项工作组，做好死者家属、亲属思想稳定工作；卫计局对死者医疗病历进行了封存，并按程序委托廊坊市医疗事故鉴定委员会进行医学鉴定。

3. 根据材料，拟写一份请示。

××省人民医院拟于××年 12 月 10 日派组（院长×××等 5 人）到美国麻省理工总医院学习交流，在美考察时间需 15 天，此事需向省政府请示。

4. ××医院因发展需要，拟从××大学挑选 5 名应届毕业生充实管理队伍。请以该医院名义，拟一份致××大学商洽此事的函。具体内容（如对毕业生的要求、报名方法等）可作合理想象。

5. 根据下面材料，以××县人民政府办公室的名义写一份会议纪要。

××县人民政府召开第六次常务会议，时间：××××年×月×日上午八点半至十二点；地点：县政府常务会议室；主持：县长×××；出席：副县长×××、××、××、×××，办公室主任×××；请假：×××（出差）；列席：×××、×××、×××；记录：×××。

副县长×××汇报经济工作会议准备的情况。会议讨论了扩大县属企业自主权的十条规定。会议同意县经济工作会准备情况汇报，并决定于×月×日召开全县经济工作会议。今年各项经济工作指标，要以市经委下达的为准，不再调整县原各公司的主要经济指标。在县经济工作会议上，由县经委与县原各公司签订经济责任书。会议原则同意县民政局关于民政事业费管理使用办法的修订意见。会议同意将县政府办公室提出的转变机关工作作风的规定意见（讨论方案）印发各部门，广泛征求意见，作进一步修改后，以县政府文件印发。

第六章　新闻传媒文书

新闻传媒文书主要指以报纸杂志、广播、电视与网络媒体为载体，及时有效地向公众传播信息的文书。本章主要介绍新闻文书写作的基础理论，讨论消息、通讯以及新媒体文书的写作和医疗类新闻写作的特点和要求。

第一节　概　述

一、新闻概述

（一）新闻定义

在我国新闻学术界，最权威的新闻定义，是1943年陆定一提出的："新闻就是新近发生事实的报道。"

新闻有狭义与广义之分。狭义的新闻指消息。广义的新闻指传媒常用的各种新闻报道体裁，包括消息、通讯、新闻特写、新闻评论和报道文学等。

新闻所包含的要素可概括为"5W1H"。5W是指when（何时），where（何地），who（何人），what（何事），why（为何）；1H是指how（结果怎样）。

（二）新闻的特点

1. 真实准确　事实是新闻的本源，真实是新闻的生命。真实，就是事实真实，所写的人物、时间、地点、事情发生发展的经过不能虚构。准确，就是每个事实，包括细节在内都准确无误。如果一条消息失真或有差误，不仅会减低其新闻价值，失信于民，而且还会损害党和人民的事业。

2. 快速及时　新闻贵在新，对新人、新事、新情况、新问题，要敏锐地发现，尽快地了解，迅速及时地反映。只有这样，才能引起读者的注意，先睹为快。新闻报道速度迟缓便会降低消息的价值，"新闻"变成了"旧闻"。

3. 广泛传播　新闻是由新闻机构发布的，它是面向全社会，对广大群众传播最为广泛的信息形式。正因为新闻具有这样的广泛性，所以新闻一经发布就会引起全社会广泛的关注，产生广泛的影响。

（三）新闻价值

新闻不是有闻必录。遇到新近发生的事实，需要判断它能否成为新闻，是否值得传播，要看事实是否具有新闻价值。新闻价值的要素包括时新性、重要性、显著性、接近性和趣味性。新闻事实所包含的价值要素越丰富，级数越高，新闻价值就越大。

1. 时新性　事件发生和公开报道之间的时间差越短，新闻价值越大；内容越新鲜，新闻价值越大。

2. 重要性 事实影响的人数越多，影响的时间越长，影响的空间范围越广，就越重要，新闻价值也越大。

3. 显著性 新闻报道对象（包括人物、团体、地点等）的知名度越高，事实发生的时间、空间显著性越强，新闻价值越大。

4. 接近性 事实从地理位置上，利害关系上和感情、心理上与受众越接近，新闻价值越大。

5. 趣味性 事实与人们利益的相关性越高，事实越离奇，人情味、情趣性越强，新闻价值越大。

二、新闻写作要求

（一）主题选择

新闻主题是新闻的"灵魂"，是指新闻报道的中心思想和基本观点。主题在新闻中起主导作用，贯穿全文、支配写作，是新闻构思、选材、表达和运用语言的依据，是选择和组织材料的主要依据，也是贯穿新闻写作过程的主要线索。

要善于提炼新闻主题，从认识事实入手，通过比较鉴别，提炼出兼具思想性和针对性，鲜明、深刻的主题。

（二）材料筛选

新闻材料是新闻的"血肉"，是指新闻报道中记者通过各种途径搜集的用以认识和表述新闻事实的各种情况和记录的总称。它是新闻主题的重要支撑。

新闻材料可分为言论性材料、背景性材料和事实材料。在选择材料时，要注意去伪存真、去粗取精，区别主次，选取最典型的、生动新鲜的材料来体现主题。

（三）语言要求

新闻的语言要准确具体、简练鲜明、通俗生动，具有时代感。为体现新闻写作的真实客观性，在写作中要多用叙述、描述等方式，少议论、少感叹。在选词上，多用名词和动词，多用中性词；少用形容词和副词，慎用带有强烈褒义或贬义的形容词和副词。

例文评析

苏尼特牧民：赶着羊群上天猫

12 月 18 日上午 9 时正，随着天猫商城鼠标点击，拥有地理标志认证和溯源认证的内蒙古苏尼特左旗羊肉，创造了在 48 小时之内摆上全国各地消费者餐桌的奇迹。

世世代代逐水草而居、祖祖辈辈在草原天然牧场放牧的苏尼特左旗赛汗戈壁苏木乌日根呼格吉乐嘎查牧民道·巴特尔，坐在自家电脑前时刻关注着开业情况。当他了解到，消费者当天就在北京火锅店品尝到他家牧场苏尼特羊新鲜肉时，他兴奋不已地对记者说："我们家羊肉营养丰富、口感柔滑、无膻味、味美多汁，一定会受到首都人民青睐。"

羊肉销路越广，卖得越多，牧民的收入就越高，牧民都知道这个理儿。在网上买卖东西，道·巴特尔以前只是听说。他从没想到，这么好的事儿竟然和牧民及他们的苏尼特羊肉扯上关系。“天猫商城销售的苏尼特羊肉产品，必须具备地理标志认证和溯源认证，两者缺一不可。”参与推进网络销售平台建设的苏尼特左旗财政局副局长陈晓刚说。

今年春天，在苏尼特左旗，有15万只小羊羔出生1个多月就被打上了耳标，有了可追溯身份证，约占苏尼特左旗羊总出栏数的五分之一。羊戴上耳标，其产品就拥有了溯源认证。“品名：手工肉馅；重量：2.5kg；养殖户：格·孟克；品种：苏尼特羊；地理标志：锡林郭勒盟苏尼特左旗；水质：河流2条，大小湖泊1363个，其中淡水湖672个；饲草种类：饲用植物671种……”在满都拉肉食品有限公司，记者拿起一袋冷冻饺子馅，用手机扫描一下二维码，产品的信息便一览无余。

独特的地理环境，赋予了苏尼特羊肉“肉中人参”的美誉。“全国羊肉看内蒙古，内蒙古羊肉看锡盟，锡盟羊肉数苏尼特。”在苏尼特左旗，每个牧民对自己的羊肉都有这样的自信。道·巴特尔说：“咱们苏尼特羊是幸福的，从小就有了身份证，每天在辽阔的草原上散步。它们的身价也比普通羊高。”打了耳标的苏尼特羊肉，在品种、产地等各方面都有了保障，企业收购时每公斤比市场价高出2元。今年，道·巴特尔卖了400只羔羊，在羊肉价格整体下跌的形势下，他却得到了不少补偿。他说：“一只羊能多卖二三十块钱，这样过冬的草料钱就基本解决了。”

目前，该旗已与顺丰速运公司达成合作协议，天猫商城销售的羊肉产品，在苏尼特左旗、锡林浩特、呼和浩特、北京、上海、成都等地区实现同城配送，外地48小时内到货。

12月18日上午9点，苏尼特羊肉在天猫商城的“放心食品专营店”刚一亮相，就引起不少网民关注，截至当天17点，点击量达到1800多人次。

【评析】该作品是第二十五届中国新闻奖文字消息类二等奖获奖作品，标题醒目，主题突出，结构严谨，语言流畅，阐述到位，事实数据权威，具有很高的新闻感染力、传播力、公信力和影响力。

知识拓展

如何发现新闻？——新闻敏感与新闻来源

思考：为什么一样的事件发生后有的记者能发现其中的新闻价值，写出独家新闻？

一、新闻敏感

新闻敏感，又叫新闻眼、新闻鼻，是新闻工作者迅速而准确地的捕捉客观世界的变动信息，并衡量其新闻价值大小的职业反应能力。是新闻工作者在长期的新闻实践中将新闻职业意识内化而成的本能反应。

（一）新闻敏感的主要内涵有：

1. 迅速判断某一新闻事实对当前工作的指导意义（政治敏感）。

2. 迅速判断某一新闻事实能否吸引较多读者。

3. 透过一般现象挖掘出隐藏着的有价值的新闻事实。

4. 在同一事物的诸多事实中，迅速判断，鉴别出最具有价值的新闻事实。

5. 在对事物进展过程充分调查分析的基础上，预见有可能出现的新闻。

（二）一名记者要具备新闻敏感必须做到如下几点。

1. 要认真学习党的方针政策。

2. 要认真深入生活，仔细观察生活。

3. 要认真思索。

4. 要反复练习，不断实践。

5. 要有高度的政治热情。

二、新闻来源

新闻来源在新闻工作中有两种含义：一是指新闻稿的来源；二是指新闻所依据的事实来源和新闻转发来源。

获取新闻来源的途径主要有以下几种。

一是由当事人、知情人、“新闻线人”“报料”。目前很多媒体都设有新闻热线，通过新闻热线获得新闻线索，进行判断，决定是否进一步采访。

二是通过记者观察生活获取。需要记者有深厚的积累和生活经验，有较强的观察能力，具备较高的新闻敏感性。

三是从媒体上获取。记者可以从媒体已有报道中获取线索，进而进行深入采访和了解，挖掘新闻价值。

四是关注重大节日、纪念日等。在我国，一年当中需要注意的重要节日：元旦、春节、清明、五四、端午、六一、七一、八一、教师节、中秋、十一等；需要注意的纪念日：国家建交、领袖诞辰、战争结束、国难日、自然灾难纪念日（如5·12）、抗战胜利日等；其他重要时间：3月上旬“两会”、10月中旬党的代表大会等。

第二节　消　息

消息是狭义的新闻，是使用最为广泛的新闻体裁。

一、消息的分类及特点

按照新闻事实发生的地域和范围，可分为国际消息、国内消息和地方消息。

按照报道的题材和内容分，可分为政治消息、经济消息、科技消息、文教消息、社会消息、军事消息、娱乐消息和体育消息等。

按照传播媒体分，可以分为报纸消息、广播消息、电视消息和网络消息等。

我们新闻界的习惯分法，一般是按照消息的写作特点和表达形式来分，将消息分为动态消息、综合消息、经验消息和述评消息四种。

（一）动态消息

动态消息是对新近发生的具有新闻价值的事实发生、发展和进行状态进行及时报道的消息，是消息体裁中的一种重要类型，使用频率最高、最常用。它常常内容较单一，文字较精简，一般以一地一事、一人一事为对象，篇幅短小，文字简洁。有短到几十字，两三句话的，称简讯或简明新闻。

（二）综合消息

综合消息就是围绕一个主题，把发生在不同时间、不同空间的，具有类似性质又各有特点的，诸多事实及情况综合起来报道的消息。它涉及的面较广，声势较大，能给人较为完整的印象，注重点面结合、多角度地反映客观事物和人物的面貌。

（三）经验消息

经验消息，就是报道某一单位、部门、行业在工作、生产和学习中的经验或取得成果的典型做法的消息。经验消息的特点是具有明显的典型性、概括性和指导性。

经验消息应着眼政策，不宜贪大求全，不能写成工作总结，要把经验当成新闻写，用事实表述经验，表述经验要交代出效果。注意其针对性，

（四）人物消息

人物消息是报道新闻人物、反映人物思想和事迹的一种消息形式。人物消息的特点主要有：篇幅短小，叙事单一；以事显人，着重写人；内容、主题集中；时效性强，要求快速采写，及时报道。

人物消息要求抓住人物的本质特征、选取新鲜、典型的事实材料来表现人物的思想和精神面貌，写出人物最重要的贡献、最主要的事迹、最光辉的思想和最高尚的情操或者最新的动向。

（五）述评消息

述评消息又称新闻述评，是以报道事实为主、夹杂作者评论的消息形式。它以报道事实为主，以评述事实为目的，述评结合，夹叙夹议，针对性强，富有思想性。

二、消息的结构

消息的结构大体上由标题、导语、主体、结尾和背景材料等部分组成。

（一）标题

消息的标题是交代新闻事实，吸引读者的重要部分，要能够“一语破的”——点出新闻的核心价值；“一目了然”——受众一看就基本明白；“一见钟情”——新颖、奇特、有趣，第一时间抓住受众；“变化多端”——采用多种形式、多种写作方法等。

标题从内容构成上，可以分为引题、正题和副题。引题用于强调意义、渲染气氛、交代背景、说明来源。正题用于表达消息的主题思想和核心内容，在标题中地位最为重要。副题是位于正题后，对正题内容进行补充说明的标题。

消息的标题可以是单行式、双行式和多行式。

单行式即只有一个正题，如，《我国加快实施以火星探测为重点的深空探测工程》（2016 年 5 月 28 日《人民日报》第 1 版）揭示了新闻事件，简洁明了、点明主旨。

双行式即“引题 + 正题”或“正题 + 副题”式的标题。如：

生产总值年均增两成　审批效能全国领先（引题）

滨海新区　十年创业不寻常（正题）

（《人民日报》2015年5月26日1版）

多行式即“引题+正题+副题”式的标题。如：

经中央军委批准

《习近平关于深化国防和军队改革重要论述摘编》印发部队

中央军委政治工作部通知要求全军和武装部队认真学习

（《人民日报》2015年5月30日1版）

在标题写作中，具体采用哪一种标题形式，需要作者根据消息内容和报道的需要来确定。值得一提的是，许多标题在写作时采用了多样的修辞手法，用以吸引读者，增添阅读兴味。如：

运用拟人手法：

征地造房为啥等煞人

一道公文背着39颗印章旅行

运用排比手法：

供给新路子　改革新抓手　产业新升级

沈阳　振兴好戏在后头

运用双关手法：

开封何时能开封

（二）导语

一般情况下，导语是消息的第一段或第一句话。一条消息能否抓住读者，往往取决于导语。消息的导语必须有实质内容，不能言之无物，不知所以然；要将最具新闻价值、最有吸引力的事实写进导语；要炼字炼句，力求简短；要力求优美生动。常见的导语写法主要有以下几种。

1. 概述式　概述式导语就是概述主要事实，将新闻事件内容择其精粹，高度浓缩，让读者了解全篇消息的梗概。如新闻界经典的几条导语：

约翰·肯尼迪总统今天遭枪击身亡。（1963年11月22日《纽约时报》）

美联社7月20日电　人类今天登上月球，日期是1969年7月20日，星期三。

2. 描写式　描写式导语是简练、生动地描写富有特色的事实或最有意义的一个侧面、场景，使读者身临其境。如《新华每日电讯报》2016年6月4日第3版《穷困潦倒变领头致富，螳螂村“兔子王”养成记》的导语：

铁笼里有一个用稻草和绒毛铺成的“鸟窝”，蜷缩在“鸟窝”里不时蠕动着的，却是十二三只还没有长毛的兔崽儿。在贵州省盘县大山镇螳螂村村民唐红的兔舍中，这样的“鸟窝”有不少。

3. 提问式　提问式导语是先将与主要事实有关的问题提出来，引起读者注意和思考，提高读者阅读兴趣，然后再用事实加以解答。如《人民日报》2016年6月3日第一版头条消息《福建把创新“放”出来》的导语：

考考你：今天的鞋，是怎么做出来的？

缝出来的？粘出来的？也对，只不过那是在一般的企业里。在福建莆田华峰公司，它是印出来的，而且有专利、成规模、有品牌。“目前只有我这一家。”华峰副总经理邱建新说。

4. 引用式 引用式导语采用引用的修辞手法，通过引用人物语言、名言警句、古文经典渲染意境，阐明事实的意义和影响。如《人民日报》2016 年 6 月 4 日第 1 版消息《农房可以抵押贷款了》的导语：

“有了这 8 万块钱，我就能买一台挖掘机，不用外出打工了。”5 月 27 日，湖北宜城黄冲村村民肖龙接到银行的电话高兴不已，他用宅基地作为抵押贷的 8 万元当天就能到账。“这次能成功贷款，多亏有了这个‘红本本’。”

肖龙所说的“红本本”，是他家宅基地的《不动产权证书》。……

5. 评议式 评议式导语是运用议论的表达方式揭示新闻事实的意义，引发读者思考，引起共鸣。如《新华每日电讯报》2016 年 6 月 1 日第 8 版《容克访俄罗，欧俄关系“止跌回升?”》的导语：

欧盟委员会主席让－克劳德·容克 5 月 30 日宣布，将于 6 月访问俄罗斯。这是两年来欧盟最高级别领导人首次访问俄罗斯。自乌克兰危机以来，欧盟与俄罗斯关系跌至冰点。容克访俄之际，正逢欧盟考虑是否继续执行对俄经济制裁，双方关系走向耐人寻味。

（三）主体

消息的主体，也叫正文，位于导语之后，主体提供消息的详细内容，是消息的本体和主干，是消息最重要的组成部分。主体的作用主要是：展开导语，使主体具体化；补充导语，令主体更丰满；回答问题，为读者解疑惑；增加“佐料”，替读者添兴味。

根据新闻事实的不同特点，主体可以按照不同的顺序进行写作。

（1）如果重在对整个新闻事件过程或者事物演变过程揭示，通常采用以时间顺序的方式来报道事实。按照时间先后顺序安排段落层次，先发生的放在前面，后发生的放在后面；事件的开头就是消息的开头，事件的结尾就是消息的结尾。

（2）如果重在对事件发生不同场景情况的揭示，则可采用空间顺序。这种方式特别适合综合消息的结构安排。如 2016 年 6 月 16 日《贵州日报》消息《黔南州多地举行各种庆祝活动迎接建州 60 周年》：

2016 年是黔南布依族苗族自治州建州 60 周年。端午节期间，都匀、平塘、龙里、长顺、惠水等地开展系列活动，迎接即将到来的周庆。

在都匀经济开发区茶博园，毛泽东主席命名“都匀毛尖茶”60 周年纪念碑揭牌。

在都匀，“水上芭蕾激情三江堰”系列活动精彩上演。空中滑翔伞、水上摩托艇、水上游行、美食大比拼等一系列展演，让游客感受到了都匀的魅力。

在惠水县，来自省内外的游客和当地群众聚集涟江两岸，为精彩的龙舟赛加油助威，品尝风味独特的粽子，聆听古老动听的布依山歌，并参加当地民俗活动“游百病”。

在长顺县，游客过了一个“舌尖上的端午”。“品长顺·寻找夜郎美食”烹饪大赛上，经过厨师们的精心烹制，以长顺绿壳蛋鸡、敦操黑色生猪等特色食材加工出来的精美菜肴纷纷呈现在大家面前，主办方还举行了参赛菜品现场认购活动，不到半个小时，现场几十桌的菜肴便被认购一空。

在平塘县，市民们用耍水龙、赛龙舟等活动庆祝黔南州建州60周年。

（3）如果从事实材料本身的重要性和受众认知心理揭示事实，则可按照倒金字塔顺序来安排主体中的材料。倒金字塔结构的特点是：先简说，再详述；先精说，再详说；先说核心事实，再说整个事实；先说最重要、最新鲜的事实，再说次重要或次要的事实。如中国新闻网2016年06月12日16：55发布的消息《美国奥兰多再发枪击事件致多人伤嫌犯或劫持人质》：

中新网6月12日电　据英国广播公司（BBC）报道，美国佛罗里达州奥兰多市一家同性恋酒吧12日凌晨发生枪击事件，警方确认枪击案已导致多人受伤。另据报道，枪击者携带炸弹并劫持了人质。

事件发生在当地时间12日凌晨2点多。事发时，Pulse酒吧内的人纷纷逃出酒吧。法新社和BBC报道称，当地警方确认有多人在枪击事件中受伤，并警告民众远离事发地点。警方目前尚不清楚是否有人丧生。

当地媒体称，奥兰多警方已经对枪击事件做出应对，派遣大批警力赶到事发现场。当地一家电视台记者称，至少20人被枪手击中，枪手随后躲藏在建筑内并设了壁垒。枪手据称携带了炸弹，并劫持了人质。

俄罗斯卫星网援引媒体报道称，初步统计，可能有25人受伤。

社交媒体上的图片显示，急救车已经抵达现场，有伤者正在接受治疗。

据悉，在24小时内，奥兰多市连续发生两起枪击事件。11日，22岁的美国年轻女歌手克里斯蒂娜在奥兰多市举办演唱会后遭枪手枪击身亡。

对于一些突发性、灾难性事件，受众对于信息的获取需求十分迫切，这类消息多用倒金字塔结构。这种结构方式有三个优点：一是有利于阅读，二是有利于编辑安排版面，三是有利于写稿。

（四）结尾

结尾，是指能够深化报道主题的消息的最后一部分。结尾对于消息有着重要作用：一是使形式完美，主题升华；二是补充事实，使报道立体化；三是展示问题，引人思考。当然，有的消息在主题内容叙述完之后，可以戛然而止，略去结尾。

消息的结尾有以下几种形式。

1. 评论式　在消息结尾处通过简练的语言，将新闻事实所隐含的道理或意义点出来，可以直接发表议论，也可以借别人之口进行评议，或者转述有关的评价。如《新华每日电讯》2016年6月3日第3版《中央巡视组：首次回头看，“看出”一些新问题》的结尾：

被巡视单位普遍反映，本轮巡视反馈突出问题导向，指出问题一针见血，使党员干部受到深刻教育和警醒。

2. 总结式　一些新闻事件比较复杂、新闻要素较为全面的新闻，可以在结尾处进行概括总结，使受众在消息结尾处对整个新闻事件有一个较为整体的理解。如：2016年6月10日《人民日报》第1版《全国小麦收获过半》的结尾：

今年受厄尔尼诺现象影响，近期长江中下游以及河南等地先后出现较大范围降雨，一度影响了全国小麦收获进度。河南、安徽等地利用天气转晴的有利时机，通过“农机直通车”等信息化平台24小时不间断监测和调度，农机局昼夜组织联合收割机投入小麦抢收。

3. 展望式 在新闻事实表达完毕后，对其发展方向和结果做出预测，或给人鼓舞，或给人警示。如《新华每日电讯》2016年6月3日第1版《中国军队工作组乘军机赶赴马里》的结尾：

中国将继续坚定支持联合国维和行动，坚定反对一切形式的恐怖主义，坚定维护世界和平。

总之，结尾的写作要紧扣主题；力求简洁，不重复；以叙事为主，切忌空谈，喊空口号；要富于哲理，富于幽默感的语言收尾，可为新闻作品最后添彩。

（五）背景材料

消息的背景是指新闻事实发生的历史条件和现实环境。背景在新闻中具有重要作用，它可以突出主题，阐述意义；补充情况，事实充分；提供知识，引发兴趣；借用背景，表明观点。背景形式多样，可以是句子成分、句子或段落。背景在消息中的位置十分灵活，可以穿插于标题、导语、主体和结尾各部分。常见的背景材料主要有以下三种。

1. 对比性背景材料 对比性背景材料是指对事物进行前后、左右、正反的对比衬托，以突出新闻事件的意义，或阐明一定的主题、表明某种观点的背景材料。

2. 说明性背景材料 说明性背景材料是用来说明和解释新闻事实产生的原因、条件、环境、历史演变以及新闻人物的出身、经历、身份、特点等。

3. 注释性背景材料 注释性背景材料是用来帮助读者看懂新闻内容，增长知识和见闻的背景材料。

三、消息的写作要求

（一）真实准确

真实是新闻的生命，必须坚决杜绝假新闻。要注意处理好微观真实与宏观真实、静态真实与动态真实、事实真实与观点真实的关系。

学会“用事实说话”，不直接阐述观点和看法，而是通过细节描写、修辞手法和材料的筛选，委婉而微妙地表达作者的主观看法。学会借别人之口说话，不显露自己身份，假借别人发话，如“分析家认为”、“专家认为”等，或者引述别人的原话或援引大意。

（二）快速及时

“快”是新闻的传统。要做到快速及时，需要记者事前做好充分准备，及时采访，快速成文，熟练运用信息技术手段将消息迅速传递出去。

（三）简明扼要

对于事实较为简单的事件，做到一事一报，即一篇新闻只报道一件事实，把事件发生的时间、地点、原因、结果和人物言简意赅地报道出来。

对于复杂纷繁的事件，不必面面俱到，只需选取事件的一个局部，加以强调，以短小的篇幅突出报道，更能吸引读者。

（四）生动新鲜

新闻要做到生动，要善于挖掘细节，巧妙构思，笔法幽默。新，有两层意思：一是指刚发生的新鲜事；二是指老事情新角度，由这个角度所揭示出来的新内容。

例文评析

首例“绿色通道”转运人体器官成功

《北京日报》2016年5月10日

上周日，一场与时间赛跑的战役在民航系统上演，只用了2小时15分钟，一颗供体心脏就从杭州运送到了武汉。

在国家卫生计生委等六部门联合下发《关于建立人体捐献器官转运绿色通道的通知》两天后，我国民航系统迎来首例活体器官运输。5月8日，航空公司、机场、空管等相关单位联手，开通空中“绿色通道”，仅用5分钟就完成医生和活体器官的值机和安检手续，全程用时2小时15分成功保障一例活体心脏器官从杭州机场快速转运至武汉，为抢救生命争取了宝贵的时间。

“5月8日杭州武汉CZ3542航班会有活体器官（心脏）运输。”5月7日21：05，南航湖北分公司相关负责人周芸在“协和南航顺心”微信群里收到这样一条信息。浙江大学医学院附属第一医院一位患者无偿捐献心脏，该心脏器官经国家器官分配与共享系统匹配给武汉一名患者。她马上与医院方面联系确认，该航班运输活体器官的医生团队有3人。第二天10点10分，他们到达武汉天河机场，紧急飞往杭州，取一颗救命的心脏。

其实在去年10月，为了配合医院活体心脏运输的需求，南航湖北分公司与武汉协和医院心外科就专门建立了微信群——“协和南航顺心”。一旦医院有运输任务，会首先在这个群里发起通知，全程通报保障情况。从2015年11月至2016年5月8日，南航已成功保障协和医院活体心脏运输18次，保障医生46人次。

一样的战役也在近千公里外的杭州打响。同一时间，南航杭州营业部机场站站长李惠敏带着自己的团队早早来到机场忙活起来。返回的CZ3542航班计划于晚上19：20从杭州起飞。先联系机场指挥中心、安检部门，让医生能以最快速度坐上飞机；再联系地面服务、行李装卸等单位，保障旅客上客、行李货物装载；又联系塔台，请空管部门优先放行。

18：00，医生来电，他们已经完成手术，带着供体心脏赶往机场，警车开道的救护车仅用25分钟就到达机场，三位医生接过事先备好的登机牌，迅速办理了行李托运手续。

18：30，医生带着供体心脏通过安检绿色通道，登上摆渡车，直奔登机口。从下救护车到办理值机、托运行李，完成安检手续，仅用时5分钟，节约近30分钟时间。

10 分钟后，医生带着器官保存箱登上飞机。机上，为了确保供体心脏在飞行过程中安全不受损伤，乘务长细心地为箱子系好了安全带；在机下，他们的两件托运行李被拴挂上“优先”行李牌，确保航班落地后能第一时间交付给旅客。

19：18，飞机比计划时间提前 2 分钟优先起飞。20：23，航班比计划时间提前 26 分钟落地武汉机场，急救车早已等候在飞机下。20：38，舱门打开，医生优先下机。两分钟后，警车开道，急救车驶离机场。

终于，杭州、武汉，天上、地下，民航、医院，悬着的心在当晚 9 点放下，供体心脏抵达医院，开始手术。昨天凌晨 1 点，手术顺利完成。

记者了解到，6 日国家卫生计生委等部门联合印发《关于建立人体捐献器官转运绿色通道的通知》，决定建立人体捐献器官转运绿色通道，确保捐献人体器官转运流程的通畅，将器官转运环节对器官移植患者质量安全的影响减少到最低程度。这是《通知》印发后，首例经由绿色通道转运的人体器官。

【评析】本消息是动态消息，以精确的时间点为线索，简单精练的场景描写，展现了紧张的器官运转过程。新闻所报道事件是《关于器官转运建立人体捐献器官转运绿色通道的通知》印发后的首个案例，具有很高的新闻价值。器官转运流程规范、畅通，转运效率大大提高，绿色通道在此次事件中初见成效。

“忠”放首位绝对听指挥 “武”当第一随时上战场

祖国强祖国昌：“忠勇孪生兄弟”10 年演绎血性军人精武传奇

●双双入选军区“猎人”集训队，练就 30 多种作战技能，熟练操作 10 多种信息化侦察装备，能飞行机降，能狙击格斗，能操舟潜水。哥哥祖国强取得山地战术、山地逃生、轻潜水、特种驾驶、特种救护 5 个单项第一，弟弟祖国昌取得步枪速射、意志障碍、攀崖 3 个单项第一，双双荣获军区“优秀猎人”勋章；

●双双被评为军区“何祥美式爱军精武标兵”，分别两次荣立三等功，先后被评为“十佳新兵”、优秀士兵、“全能班长”、军事训练标兵、“特级战斗员”，荣获全军士官优秀人才奖，数十次参加重大演训任务，次次带“尖刀班”、“突击队”；

●双双被评为优秀“四会”教练员、“优秀带兵骨干”，被特聘为“猎人教官”、“特战武教头”。兄弟俩从入伍第三年起，先后担任“钢七连”9 个步兵战斗班中的 8 个班班长，3 次代理排长，带出 26 名班长骨干、200 多名优秀新兵。

本报讯“打仗亲兄弟，上阵龙虎兵”。1 月下旬，记者在驻闽某团“钢七连”采访到这样一对孪生兄弟：同样的身高、同样的长相，同样的忠诚、同样的勇猛，演绎同样的精武传奇。四班长祖国强、一班长祖国昌，“忠”放首位绝对听指挥，“武”当第一随时上战场，好一对“忠勇孪生兄弟”！

铁心跟党，忠诚报国，他们的信念坚如磐石！

祖国强、祖国昌原名祖自强、祖自昌，出生在沂蒙革命老区一个农民家庭，听着《沂蒙山小调》和“沂蒙红嫂”的故事长大。兄弟俩的祖爷爷为报八路军救命之恩，让子孙参军报国；爷爷参加民兵团，一干就是 27 年；父亲 3 次报名参军，因身体不合格终未如愿。1989 年 1 月 15 日，弥留之际的爷爷含泪叮嘱儿子：“大孙子自强改名国强，小二自昌改名国昌……长大都当兵去！”

2004年12月，兄弟俩承载着四代人的梦想，入伍来到英雄的“钢七连”。光荣的战史、铁血的英雄、忠诚的誓言，不断擦亮兄弟俩铁心跟党、精忠报国的忠诚底色，更加坚定上战场、打胜仗、当英雄的信念决心。当兵10年，面对进退走留、父母生病、大龄未婚、身体受伤、生死考验等许多困难挫折，兄弟俩始终没有动摇强军报国的坚定信念，以个人牺牲奉献演绎血性军人忠诚无敌，被大家公认是干部的帮手、训练的能手、比武的高手、带兵的好手。

精武为战，勇必胜敌，他们的追求义无反顾！

在“钢七连”，官兵们最佩服兄弟俩“且把今生磨一剑”的定力、壮士“视死忽如归”的勇气、“功名只向马上取”的豪情。刚入伍时，兄弟俩的军事素质全连倒数。“只要练不死，就往死里练。”兄弟俩每天除了睡觉连续3年腿上始终绑着负重沙袋，训练投弹一个月拉断两根背包带，练习单杠胳膊肿得赶上小腿粗，不断挑战卓越、自我超越、实现跨越。当兵第三年，兄弟俩双双入选军区“猎人”集训队，哥哥祖国强跑掉了脚趾盖，弟弟祖国昌严重摔伤腰部，他俩仍以顽强意志捍卫军人荣誉，双双以全优成绩荣获“优秀猎人”勋章。当兵10年，兄弟俩数十次参加重大演训任务和比武考核，所带班次次都是“尖刀班”，多次折桂夺魁。

“训练是唯一乐趣，打仗是唯一专业，打赢是唯一追求。”某师政委陈登铝告诉记者，当兵10年，兄弟俩在步兵连队服役，却早把目光聚焦在未来战场，练就一身“三栖”特战本领。记者采访时，“钢七连”被团里确定为“步兵特战化”试点单位，刚刚被师考评为“特级战斗员”的兄弟俩，当仁不让地入选“特战武教头”。

【评析】本消息是第二十五届中国新闻奖二等奖获奖作品，是比较典型的人物消息。消息突出宣传部队官兵践行强军目标的重大时代主题，立意深远，导向鲜明；整个报道准确生动，重点突出，从内容到形式都让人读罢记得住、有回味。

知识拓展

新闻材料从哪里来？——新闻采访

采访是记者获得新闻材料的重要途径。通过采访，记者可以在新闻现场获得最具价值的一手材料。只有掌握精心设计采访的程序，掌握采访技巧，才能达到事半功倍的效果。

一、采访前充分准备

（一）材料准备

包括事件背景材料、人物传记、相关报道等。

（二）工具准备

包括笔记本、笔、录音笔、相机、摄影机、电池的准备等。

（三）制定采访计划

包括确定采访对象、采访时间、采访地点、采访内容、拟定的问题等。采访计划中的提问要尽可能多拟些。

此外，要从实际出发，实事求是，学会根据新情况、新变动及时对计划加以调整、补充和修改。

二、选择适当的采访时机

合适的时机，能够促成一次成功的采访。在下列情况下记者不宜急于访问：一是采访对象正在专心致志地准备投入"战斗"的时候。比如，运动员即将进入比赛，演员即将上台表演，学生即将进入考场，战士即将进入前沿阵地等；二是采访对象正在连续性很强的工作中，不宜、甚至是不能随便打断时；三是采访对象的思想情绪或精神状态出现异常的时候，比如，对方遭到重大打击或心理压力的时候，或身体遭受巨大伤痛的时候。选择这样的时机去采访，是不会有好结果的。

三、选择恰当的采访场所

美联社记者休·马利根认为："假如让你选择访问的场所，要设法做到在后台约见演员，在车站约见侦探，在会议室约见法官，在室外竞选讲台约见政治家，在栏圈约见野牛骑士，这样，如果没有恰当的话可供引用的话，你至少也可以从他所在的自然环境中找到主题。首要的是，要避免在旅馆的房间里约见被访问的人。"

总之，要到受访对象最熟悉和自在的地方，到最能令他"触景生情"处，具有特殊意义的地方进行采访。

四、创造美好的第一次见面

记者要尽量了解采访对象，善于观察、灵活应变，在第一次见面时从情感和心理上接近采访对象，通过多种话题来调动被采访者的兴致，获取有用的信息。

五、掌握提问技巧

（一）精心设计问题

采访中拟定的问题一定要具体、要有特点，把大问题化成一些具体问题，然后抓住其中最关键的提问，将开放式问题与闭合式问题相结合。

（二）讲究提问方式

要问得自然。这是提问的态度和气氛问题。如果问得十分唐突、生硬，会破坏采访的气氛，甚至破坏了记者和被采访对象之间的关系。

要问得简洁。想好再问，提问的语言要简洁明了，不要啰嗦堆砌。

（三）学会刨根问底

提问要有逻辑性，适应一般人的谈话思路，要善于倾听，善于在谈话中捕捉新信息，对于有新闻价值的内容要进行追问，弄清来龙去脉。

六、核实信息，保持联系

采访结束后，记者要整理、复述被访者观点、立场，与采访对象核实采访内容细节，并且留下对方联络方式，方便补访和再联络。

第三节　通　讯

一、通讯的分类及特点

通讯，是运用叙述、描写、抒情、议论等多种手法，具体、生动、形象地反映新闻事件或典型人物的一种新闻报道形式。

（一）通讯的分类

通讯按照报道内容划分，可分为人物通讯、事件通讯、工作通讯、风貌通讯等。按报道形式划分，可分为访问记、新闻小故事、集纳、侧记、巡礼等。下面就第一种分类做详细介绍。

1. 人物通讯 人物通讯是以人物为报道的中心，以报道新闻人物的事迹或活动，展示人物精神面貌为主要内容的通讯，是以人为对象、专门写人的通讯。人物通讯可以写先进人物，着重反映人物的新思想、新作风、新成就和新品质；也可以写反面人物，起到反衬和警示作用。

2. 事件通讯 事件通讯就是以现实生活中具有典型意义的新闻事件为主要报道对象，是详细、具体、形象报道新闻事件发生、发展、结果以及影响、意义的通讯。

3. 工作通讯 工作通讯是指反映某一地区、单位或行业工作中的经验或问题，从中找出某些规律性的东西，以此指导，推动实际工作的报道。它依托事实，通过对工作开展情况的叙述，展现工作成绩、经验，或总结教训、发现新问题并探讨解决方法，具有较强的针对性和指导性。

4. 风貌通讯 风貌通讯是指以某一地区、某一行业、某一单位变化发展情况与风貌、风土人情、自然风光为内容的通讯形式，又称旅行通讯、概貌通讯。风貌通讯常见的形式有见闻、纪行、散记、巡礼、随笔等。

（二）通讯的文体特点

通过与消息的比较，可以发现通讯具有鲜明的特点（表6－1）。

表6－1 消息与通讯的区别

	消 息	通 讯
主题	主要是为了突出报道的新闻事实	有鲜明的主题和思想倾向
选材	重事件，纵然是人物消息，也主要是写人做的事，以事显人。偶尔有细节（纵剖面）	注重写人或写事中之人，即使重在写事，也是力图展现事件全貌。重细节（纵剖面）
表达方式	以叙述为主，较少出现直接的抒情或议论	融叙述、描写、议论和抒情于一体
结构	一般采用“倒金字塔”结构，突出主要事实	结构灵活，类似于散文，有纵式结构、横式结构、层层递进式
语言	客观、冷静，简洁明快	生动形象，富有文采
时效性	讲究传播的时效	较消息时效性差些
篇幅	短小，容量有限	较长，容量大

二、通讯的写作要求

通讯的写作可以从标题、开头、主体、结尾几部分的写作进行分析。

（一）标题

从形式上看，通讯一般是单行标题，如果用双行标题，一般是“正题＋副题”的形式，副题用于交代报道的对象和新闻的来源。从内容上看，通讯的标题与消息有所区别，消息标题要直接揭示新闻事实，点出“新闻眼”，且大多是一个结构完整的句子；而通讯的标题可以直接点明新闻事实，也可以曲笔达意，语义不必完整。从写法上看，通讯的标题可虚可实，可直可曲、可庄可谐，比较灵活。如第二十五届中国新闻奖通讯类获奖作品《一水激活万水流——吉林省“河湖连通”工程走笔》，标题正题虚写，副题直接体现报道的新闻事实。

（二）开头

通讯的开头写作上十分灵活，不拘一格，常见的形式主要有以下几种。

1. 直入情节式 直入式是指开头直接就叙述新闻事件和人物，开门见山，抓住读者注意。

2. 刻画描写式 描写式是指对新闻的某一个场景、某一个侧面或新闻人物的形象进行详尽描述，给读者留下深刻印象，调动阅读兴趣。

3. 简要介绍式 介绍式是在开头简单介绍新闻事件的发生、发展或新闻人物的生平、事迹等基本情况，使读者从整体上对事件或人物有一个大致的了解，为主体展开起到总领和铺垫作用。

4. 评论抒情式 评论抒情式是指开篇就对新闻事件或新闻人物的价值、意义、影响等做出评论，或抒发一番感情，引发受众思想上的触动或情感上的共鸣。

5. 引经据典式 引经据典式是指在开头引用典故、诗词、谚语、名人名言增强文化意味，或者引用新闻事件中人物个性化的语言吸引受众关注。

（三）主体

主体是通讯的主干部分，是对事件或事实进行报道的核心。从内部结构的组织上看，主要有以下几种。

1. 纵式结构 纵式结构是按照新闻事实发生、发展的时间顺序组合和编排事实材料的一种结构形式。在这种结构里，时间发展的顺序、情节展开的顺序、记者采访的顺序、认识事物的顺序成为行文的线索。

2. 横式结构 横式结构是按照新闻事实的内容性质的区别和联系，以多侧面拼接的形式来安排新闻素材。常见的组织方式是异地同时结构和多侧面组合结构。

3. 纵横结合式结构 纵横结合式结构是指把时间顺序与空间顺序结合起来安排材料。此结构多用于事件复杂而时间跨度大、空间跨度大的通讯。如 2008 年黑龙江新闻网上的一篇通讯《中国激荡 30 年：从衣食住行看生活变化》就采用纵横结合式结构。通讯第一部分标题为“中国服装 30 年变奏曲”，下面按时间顺序分为“20 世纪 70 年代：一个大变革的年代”、“20 世纪 80 年代：色彩缤纷的时代”、“20 世纪 90 年代：这个世界变化太快”和“21 世纪：个性才是王道”四个内容；第二部分“餐桌上的变化”、第三部分“房屋的变迁”、第四部分“我们在靠它们代步”也都是根据时间顺序进行叙述。整篇文章把“衣食住行”四个方面与 30 年时间跨度相结合，写出了改革开放 30 年人民群众生活的新变化。

（四）结尾

1. 直抒胸臆式 通常以总结性的议论点明新闻事件的主题思想、意义影响，或是自然而然地抒发感情，增强感染力。如 2016 年 6 月 17 日《新华每日电讯》第 2 版《赵亚夫：把生命嵌入乡村大地》的结尾：

全心全意，奉献为本——入党 50 年的赵亚夫始终铭记党旗下的誓言，一路走来。

2. 引用式 在通讯结尾，可以引经据典，也可以引用新闻当事人的语言，借他人之口表明观点意见。如 2016 年 6 月 17 日《新华每日电讯》第 1 版《“度过神奇的一天”——上海迪士尼首日见闻》的结尾：

同样备受刘明和同伴喜欢的还有“宝藏湾”，刘明觉得在这个真实还原的“海盗世界”内感受海盗们探险生活的项目也很不错。“身临其境，很炫，很酷，回味无穷。”一同前来的 22 岁小伙杨海峰说。

3. 展望式 在通讯结尾针对一些动态的新闻事件做出前瞻性的预测、憧憬和展望。如 2016 年 6 月 3 日《新华每日电讯》第 1 版《勠力同心决战全面小康》的结尾：

全面小康决胜阶段开局之际，中国共产党迎来 95 周年华诞。在经过 5 年奋斗，在中国共产党成立百年之际，中华民族必将迎来全面建成小康社会的崭新时代。

4. 补充式 根据内容表达的需要，在结尾处把与主要事实材料相关的非重要性材料进行交代和补充。如 2016 年 6 月 16 日《新华每日电讯》第 5 版《涉案金额动辄百万 有人被骗毕生积蓄》报道了网络关键词诈骗的新手段和对群众的危害，结尾如下：

宋振宇表示，公众还应注意保护个人隐私。据了解，很多被害人的信息都是被告人从其他网络公司购买或者置换的，应避免在陌生网页上输入个人信息，含有个人信息的票据、包裹等要及时销毁，避免信息外泄。

5. 自然式 随着对新闻事件或人物事迹叙述的结束，文章自然结束。好处是戛然而止，干净利落。

（五）材料

通讯中的材料是记者通过各种途径搜集的用以认识和表述新闻事实的各种情况的记载。材料是提炼主题、表现主题的基础，写入通讯的材料可分为以下几类。

1. 骨干事例 所谓骨干事例，就是那些事实过程比较完整、事实意义比较突出又有代表性，能够说明主题的事例。

2. 细节材料 细节材料是指细致地描绘人物个性、事件发展、社会环境或自然景物的字、词、句。在通讯中起到感染作用的材料主要是细节材料，细节材料分为三种：详细的情节事实；片断性情节事实；语言情节事实。

通讯的选材必须紧紧围绕主题，必须具有典型性、代表性，说明同一问题、同一侧面的事例，例举一个即可，不必连续用几个意义相同的事例来强调。事例最好大小搭配，各个事例之间或有差别，或有递进。

例文评析

车轮上的幸福

——福泉市陆坪镇福兴村吴成德家换车记

在我国的行政体系里，福兴村是一个小得不能再小的单位。改革开放以来，激情澎湃的大时代脉搏，始终牵动着这个地处西南的偏远小山村。

从自行车、摩托车到汽车，吴成德家的车轮丈量着时代变迁的年轮。

今年50岁的吴成德上有老下有小，一家四世同堂。他说："一辈子忙忙碌碌，辛苦但觉得充实，日子一天比一天好，就是幸福。"

自行车

1992年，上海永久牌，价值308元

在上世纪七十年代末、八十年代初的年轮刻度上，我国实施了"家庭联产承包责任制"。突破了集体主义"大锅饭"的束缚，农村经济的精灵被释放了：农民生产积极性高涨，家庭收入大幅增加，农村出现了生机勃勃的新景象。

1981年，吴成德家分到9亩多土地。从此，种烤烟和油菜成为吴家30多年操持不辍的家业。

1982年，吴成德初中毕业后，成为村小学的代课教师。"清早下地，十点上课，下午四点放学，回到地里忙活到天黑，晚上备课"成为吴成德的基本生活轨迹。

一晃10年，吴成德的工资从19.5元涨到110元。

1992年村委换届，吴成德当选为福兴村支书。

因为要经常到镇上开会，为方便开展工作，吴成德花308元钱买了一辆上海"永久牌"自行车。

到镇上7公里多山路，原来步行要走1小时40分钟，骑自行车40分钟就能到。吴成德说："那个时候在崎岖的乡村路上能骑上自行车，真的觉得很幸福。"

在镇里的支持下，吴成德带领村民们忙活开了，修路、架设电杆电线、兴修引水管……一年多的时间，他骑坏了两辆自行车。

很快，村里通了电，通了水，通了能走汽车的公路。

摩托车

1994年，本田125型，价值1950元

1992年，邓小平南巡，新一轮改革开放启动，发展的春风吹遍神州大地，欢欣鼓舞的人们传唱起脍炙人口的《春天的故事》。在地处西南的贵州山区，摩托车越来越多地出现在乡村公路上。

1994年，一次到镇上开会，吴成德弄丢了自行车。

骑惯了车，他嫌走路太麻烦，心里暗自琢磨着买辆摩托车，吃饭睡觉冷不丁就会冒出来一句："没车上街不方便。"

当时要买一辆摩托车可不容易。多方打听，终于托朋友在都匀寻到一辆二手日本产本田125型摩托车，价格都谈好了，最终因为吴成德不会骑而作罢。几经周折，1994年年底，吴成德终于如愿以偿，花1950元买到了一辆梦寐以求的二手本田125型摩托车。

当时他感觉"洋气惨了"。

初次骑摩托车，吴成德就闯了祸。车冲进了竹林，手指粗的竹子压倒一大片。"我就想这东西咋这么凶，不敢骑了，第二天才找人骑回家。"那以后，吴成德用这辆"125"在家学了一年多。

后来，吴成德骑摩托车到镇上只要20分钟。

车越跑越快，日子越过越好。吴成德家的烤烟和油菜越种越好，收成好的时候每年能收油菜籽500多公斤，养几头猪和牛。

之后的20年里，吴成德先后换了4辆摩托车。现在骑的一辆“钱江”牌，是2001年花5800元买的。他说，时间一长和车也有感情了，舍不得换。

汽车

2012年，五菱宏光，价值80000元

2005年12月，十届全国人大常委会第十九次会议决定，自2006年1月1日起废止农业税条例。农村经济社会发展迎来又一个新的春天。

随着青壮年劳动力纷纷外出打工，福兴村大量土地闲置。2010年，当地政府鼓励流转土地实行农业产业化、规模化经营。吴成德一家看准时机，流转村里200亩土地种植烤烟，当年收成不错。接下来的两年，烤烟收购价格一路看涨，吴家的收入连年增加。

2012年，吴家添置了一辆“五菱红光”加长版9座面包车，价值将近80000元；2013年，又花60000元购买了一辆同品牌的7座面包车，吴成德的两个儿子一人开一辆。

党的十八届三中全会刚过，吴成德又开始谋划新的发展路子了。

“国家鼓励农村土地改革，三农政策越来越好，我们的机会也越来越多。现在全世界都在提倡戒烟、禁烟，种烤烟不是长久之计，我们得想办法寻找一个替代产业。”吴成德把眼光瞄准了葡萄和茶叶种植，“这些都是健康产业喔。我想带领大家把我们村的葡萄和茶叶种植搞上规模，发展农业观光，让大家都富起来。”

2013年冬天，吴成德发起成立“福泉市成德种植养殖专业合作社”，从外地购买了3000多株葡萄苗。刚一开春，3000株葡萄苗就全部种上了。

回忆几十年的奋斗时光，吴成德说时间过得太快，每天都忙忙碌碌地过，酸甜苦辣尝了个遍。他说，只要能吃苦，总觉得过得充实、幸福。吴成德乐呵呵地说：“我50岁了，还想学个汽车驾照，到那时再换个好车亲自开。”

【评析】本篇通讯获得第二十五届中国新闻奖二等奖。作品选取改革开放后的三个时间节点，通过吴成德一家三次换车的故事，讲述大时代背景下普通人的生活变迁，折射出人民生活水平的提高、交通条件的改善、产业的更新发展，反映了时代的大变迁，具有强烈的时代感。

坚守刀锋行走30载　单腿书写人生传奇

何谓生死一线？现年52岁的省十里丰监狱医院医师陈忠良曾亲身经历3次：

10岁，他溺水衢江，居然被不知情的下游渔民用渔网意外捞起，活了下来；

19岁，他遭遇车祸，同行两名战友牺牲，他被撞飞30多米，竟重伤幸存；

50岁，他确诊肝癌，一起手术的病友均已去世，他术后一个月就奇迹出院。

与这些惊心动魄的生死考验相比，陈忠良的28年狱医生涯，看似平静，但风险系数并不逊色，因为他接触的病人，大都是患肺结核、艾滋病的服刑人员。

张海迪写来鼓励信

“忠良弟弟，希望你鼓起勇气，战胜伤残，用健全的双手好好为人民服务……”

这是张海迪写给陈忠良的一封亲笔信。陈忠良时年20岁，距他因公受伤成为国家二等甲级伤残军人不到一年。

“这是我至今仍感到非常遗憾的事，张海迪寄来的笔记本、钢笔和那封亲笔信，因时间久远现在都找不到了，但信的内容我还记得一清二梦。”说着说着，陈忠良仿佛回到了那段尘封已久的难忘岁月。

那是1982年5月7日，在江苏沭阳当兵第二年的陈忠良，和战友一起外出执行任务，谁知军车在过一个铁路小道口时，竟与呼啸而至的列车发生碰撞，其他两名战士壮烈牺牲，他被撞飞。经抢救，他的性命虽然保住了，但因伤势过重，左腿不得不实施高位截肢。

昏迷10多天后醒来的陈忠良，面对这一残酷事实，情绪十分低落。更让他不愿面对的是，一个个战友都在生龙活虎地训练，随时准备上前线，而同样写血书表过决心的他，只能拄着拐杖，在一旁看着。

当时的泗阳农村很穷，很多村民没钱让孩子经常理发。参军前就是一名理发师的陈忠良，终于找到了自己的“新任务”：一边学医，一边义务理发。于是，只要一有空，他就拄着拐杖，前往周边的学校、工厂、村庄，免费为学生、工人和村民理发。刚伤愈不久的他，站立时间一长，伤口处就如钻骨般痛，但看看排着长队翘首以待的人们，他总是咬咬牙坚持。

这个没有左腿的战士，很快就成了当地干部群众交口相传的活雷锋，泗阳县政府还专门提出“远学张海迪，近学陈忠良”的口号，授予他“军民共建文明标兵”荣誉称号，所在部队还为其记三等功一次。

而今，他虽然收入不高，但他仍然坚守和践行当年的从军誓言，积极参加监狱组织的向四川地震灾区捐款等有关社会公益活动。就在今年2月，当他得知监狱团委举办“关爱农村留守儿童，实现孩子微心愿”主题活动后，他在第一时间第一个坐着轮椅来到监狱安排的“心愿墙”前，取下孩子们亲手写下的心愿卡，如“我想要一个粉色的书包”、“我的心愿是想要一个足球”、“我的愿望是想要一双球鞋”等，并主动要求与同事一起奔赴农村山区走访留守儿童，与许愿的留守儿童结对子、面对面交流，详细询问孩子的生活学习情况，为孩子们送上心愿礼物，至今已帮助多名留守儿童圆了一个个微小的梦想。

拿到化验报告，他哭了

省十里丰监狱是全省HIV阳性（艾滋病）男性服刑人员集中关押地，监狱医院检验科是名副其实的高风险、高强度、高压力岗位。而就在这个岗位上，陈忠良已坚守了近10年。

28年前退伍分配到省十里丰监狱医院工作后，陈忠良专门负责与患肺结核的服刑人员打交道，应对各种高风险的传染性疾病很有心得，自然也不畏惧。不过，令他万万想不到的是，尽管每次化验时都异常小心，但意外还是发生了。

2009年10月的一天，陈忠良像往常一样戴着橡皮手套，小心翼翼地打开存放服刑人员 HIV 血样的玻璃试管橡皮塞，没想到玻璃试管意外破碎，尖锐的玻璃碎片一下就刺入他左手大拇指。

“当时，拔出碎片，脑袋‘嗡’的一下，头脑里一片空白。”陈忠良心里最明白这种意外可能产生的严重后果，同事立刻帮他脱掉手套，拼命挤压污血，反复清洗伤口。

一连几天，等待初次化验报告的陈忠良，在痛苦的煎熬中度过，吃不下饭，睡不着觉，人一下子憔悴许多。

那天，拿到阴性的抗体初筛结果后，陈忠良这位从不在他人面前掉眼泪的老兵，抱着妻子和女儿痛痛快快地哭了一场。

总得爬起来，继续往前走

“不论是面对生死考验，还是面对利益得失，他始终坦然以待。”监狱医院院长王辉告诉记者，陈忠良的业务能力与工作表现，在医院里有口皆碑。虽然只是一名普通职工，可他一直很乐观、很投入地对待工作，几乎年年都是先进。

不计名利，对工作的投入近乎固执，是所有熟悉陈忠良的人的共同感受。即使前年 4 月，他在医院例行体检时不幸确诊患上肝癌，但他依然乐观面对，手术后仅过了一个月，他又回到了岗位上。

“我曾遭遇很多不幸，但我看到更多的是幸运一面：活着真好。”一瘸一拐地走在路上，看着来来往往的车流，陈忠良向记者坦言，他的内心反而对人生充满感恩，“如果没有那个不肯留下姓名的渔民相救，如果没有张海迪和战友在我最艰难时的激励，如果没有理解支持我的家人、同事，我就不可能走到今天。”

与陈忠良同事 20 多年的狱医周金雄对记者说，陈忠良对工作的认真劲儿，很少有人能比。医院经常半夜有急诊，不论刮风下雨，陈忠良都会在 10 分钟内从家里赶到。有一次下大雨，他赶到医院，假肢里全部灌满了水，真不知道他是怎么走过来的。”

陈忠良还说了一件事：“有个病人在大雪夜需要急诊，我一路上都不知道摔了多少跤，才及时赶到医院。当时，我没有觉察到痛，反而悟出了一个道理：人的一生，就像走路难免会摔几次跤，不能躺着不动，总得爬起来，继续往前走……”

（浙江省文明办 2014 年 1 月）

【评析】这篇人物通讯讲述了伤残军人陈忠良顽强生活，从医后不畏高危风险为服刑人员提供医疗服务，面对生死考验依然乐观面对。整篇通讯事件典型、材料翔实，通过对人物语言、行为和动作细节的描写，突出人物性格特点和思想品质，具有很强的感染力。

知识拓展

如何挖掘新闻事实？——深度报道

深度报道是一种系统反映重大新闻事件和社会问题，深入挖掘和阐明事件的因果关系以揭示其实质和意义，追踪和探索其发展趋向的报道方式。深度报道概念诞生于 20 世纪 30 年代，是报纸为应对电子传媒竞争发展而来的。

深度报道从文体形式上，可以分为独立文体和组合文体两种。

一、独立文体

（一）解释性报道

解释性报道又称解释性新闻、分析性报道。是运用背景材料来分析一个新闻事件发生的原因、意义、影响或预示发展趋势的一种新闻报道。侧重于说明新闻事实的来龙去脉，阐述事实发生的原因、结果以及相关事物之间的联系。

（二）调查性报道

调查性报道是报道者通过自己比较长期而完整的亲自积累、观察与最近的调查研究，对某一或某类社会事实或社会现象所进行的深入、系统或深入详细的报道。

（三）预测性报道

预测性报道是对将会发生而未发生的事件所作的前瞻性报道，它着重对新闻事实的发展变化趋势或前景进行科学预测，其价值取向表现为准确性、科学性和权威性。

二、组合文体

（一）系列报道

系列报道是围绕同一主题从不同侧面、不同角度作多次、成组的报道。组成系列报道的多个报道都是独立的，它们没有外在的联系，却有内在的联系，它们因此集合在同一主题思想之下，实现对新闻事实比较系统、全面、有一定深度的报道。

（二）连续报道

连续报道是指对正在发生并持续发展的新闻事件在一段时间内进行多次、连续的报道。从事件发生到追踪、跟踪一直到结束，是用多篇报道较为完整地揭示新闻事件发生、发展经过、结果的一种形式。它以时间为顺序，随着事件的发生、发展的进程而展开，在事态进展过程中进行报道，各篇报道之间的顺序不能任意变动。

连续报道面对的是同一新闻事件的不同发展阶段；系列报道面对的是同一主题之下的多侧面事实。

第四节 新媒体文书

一、新媒体文书概述

新媒体是相对于传统媒体而言，是利用数字技术，网络技术，移动技术，通过互联网，无线通信网，有线网络等渠道以及电脑、手机、数字电视机等终端，向用户提供信息和娱乐的传播形态和媒体形态。新媒体文书是指基于这些载体的文本信息。典型的新媒体文书是指在博客、微博、微信、短信息等信息交流平台上形成的信息文本。

（一）新媒体文书的写作特点

新媒体具有交互性与即时性，海量性与共享性，多媒体与超文本，个性化与社群化。

新媒体文书是短文本，呈碎片化；具有多媒体融合的特点，可以用文字、图片、视频、音频多种形式混合编排的形式来呈现内容；具有很强的时效性，即时撰文，即时传播。因此，新媒体文书的写作具有以下特点。

一是即时性写作：打破时间空间限制，随时随地可以进行写作，显示无法比拟的快捷性和时效性。

二是超文本写作：运用超链接的方法，层层添加信息，从而使原先单一文本变成无限延伸扩展的超级文本，增强对深度的挖掘。

三是多形态写作：可以将文本、图片、音频、视频各种信息形态结合起来，满足受众多种感官的信息需求。

四是交互性写作：充分利用网络媒体互动性的优势，打破封闭性，在互动交流中完成写作。

（二）新闻媒体文书写作要求

1. 标题要醒目 标题是吸引读者的第一个“招牌”，要精心设计标题，引发读者的兴趣。标题写作要简洁明了，甚至可以是“不完全信息量标题”，例如这样的标题《××的正确打开方式》、《一生必看的10本书》等。结合社会焦点、网络热点，用具有显著性的词语赢取读者关注，如《一张图教你读懂××》、《一口气看完××》

2. 编排要合理 在进行新媒体写作前，要做好设计，从受众的阅读和心理需求出发，精心写好文字、挑选图片、搭配好音视频材料，实现立体传播，达到较好的效果。

3. 思考要理性 新媒体文书传播是建立在交流与分享基础之上的，而即时成文、快速成文往往导致理性思考时间不足，容易因一时激情造成观点的偏颇。因此在成文时要注重理解、尊重和包容，转载、分享和发文时要理性思考，谨慎发文。

4. 语言要冷静 新媒体写作虽然具有很强的个性化特点，但在写作时要注意语言词汇的选择，合理使用网络热词，多选用具有正面意义、鲜活、生动、有趣的网络语言，如“给力”、“Hold住”、“好滴”、“女神”、“童鞋”、“点赞”、“互联网+”等，而要慎用甚至摈弃一些低俗、无聊、生造的词语，如“SB”、“TMD”等。

二、微博

微博（Weibo），即微型博客（MicroBlog）的简称，也即是博客的一种。微博是一个基于用户关系信息分享、传播以及获取的平台。用户可以通过WEB、WAP等各种客户端组建个人社区，以140字（包括标点符号）的文字更新信息，并实现即时分享。微博的关注机制分为可单向、可双向两种。微博一般分为个人微博、专家微博、企业微博（官方微博）几类。

（一）微博的特点

1. 时效性强 微博传播具有即时、快速的特点，可以不受时间、空间的限制，随时随地发布信息。这点在突发事件的传播中尤为突出。例如2016年6月18日中国地震台微博发布的信息，事发2分钟后就传播出去。

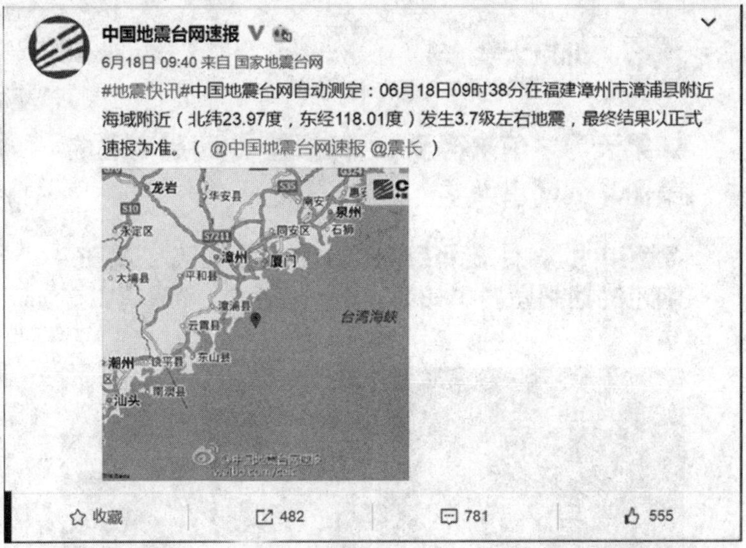

2. 互动性好　任何微博用户都可以发布信息，也可以与微博网站的其他用户对话。2016 年 1 月，一场由国内顶尖学府之间高标准、有文化的“秀恩爱”引发的微博互动引发了网络热议。2015 年 11 月 6 日，北京迎来了初雪，南京却“任性”地过着夏天。当天下午 2：46，南京大学的官方微博引用流行歌曲《南山南》歌词发布了一条消息：“你在北京的寒夜里大雪纷飞，我在南京的艳阳里四季如春”，并@ 北京大学和清华大学，还配上了南大仙林校区的晴朗天气和飘雪的北京两张图片。

5 个小时后，北京大学的官方微博转发回复：如果天黑之前来得及，我会记住这跨越南北的美丽。

对于北大和南大这种隔空“秀恩爱”的做法，引起网友们评论热议，更有清华大学、武汉大学、厦门大学等纷纷参与互动，引发了一场高校版的《南山南》的歌词接龙。

3. 实用性强 微博传播的快速性和广泛性，能较好承担起信息分享、扩散和交流平台的作用。“有困难，找微博”正在成为越来越多人的选择，很多网民发挥微博的力量进行寻人、求助等活动。截至 2014 年 12 月 31 日，新浪微博平台认证的政务微博达到 130103 个，其中政务机构官方微博 94164 个，公务人员微博 35939 个，国家政府机关、企事业单位通过政务微博“发声”，与民众进行交流、提供服务也逐渐形成常态。

4. 文本碎片化 所谓碎片化，是指完整的内容被切割成许多零碎的小块。微博对于字数的限制使得新闻文本不能保障信息的完整性。一条信息往往需要经过传者多次发布才可可完成，这其中，既包括一位传者多次的发布，也包括多位传者的发布。特别是遇到突发事件或重大事件时，一位博主很难依靠自己的力量将事件完整地表述出来。读者往往需要阅读更多微博内容才能将这些碎片化信息拼凑出完整的事件。

（二）微博的写作要求

1. 遵守法规 言论自由是公民享有的宪法权利，但是在行使自己的言论表达权、参政议政权时，必须遵守国家的相关法律法规和社会道德的一般约定。发布的微博要保证传播信息的真实性，不造谣、传谣；所传播的内容不能泄露国家秘密、侵害集体和其他公民的合法权益等。

2. 精心策划 在进行微博写作时，要进行思考和策划，设置议程，想清楚要说什么，要对谁说，要采用哪些表现元素（文字、图片、视频等）怎样的叙述角度和语气才能获得更好的传播效果。例如：

这样的微博涉及的人物很显著，观点具有奇异性，文字与视频结合，能够引起读者较大关注。

3. 写好评论 微博影响力可以通过观察微博粉丝数、关注数、收藏数、转发数、阅读量、点赞数量、评论数、评论内容、粉丝质量、微博活跃度等情况来进行评价。好的评论能获得更多的认可，提升影响力。

三、微信

微信（WeChat）是腾讯公司于 2011 年 1 月 21 日推出的一个为智能终端提供即时通讯服务的免费应用程序，微信支持跨通信运营商、跨操作系统平台通过网络快速发送免费（需消耗少量网络流量）语音短信、视频、图片和文字，同时，也可以使用通过共享流媒体内容的资料和基于位置的社交插件"摇一摇"、"漂流瓶"、"朋友圈"、"语音记事本"等服务插件。值得一提的是，为了占领信息传播和宣传阵地，很多个人或企业都在微信公众平台注册了账号，有的通过认证，利用公众账号平台进行自媒体活动，向固定的关注群体推送信息。

腾讯 2016 年第一季度业绩报告显示，2016 年第一季度微信活跃账户打 7.62 亿。目前用户能够通过手机网络给好友发送语音、文字消息、表情、图片和视频，还可以分享照片、视频到朋友圈；通过摇一摇、查看附近的人，可以认识新的朋友；使用扫一扫，可以扫描二维码、条码、图书和街景；可以在游戏中心玩游戏，也可以使用微信支付；可以与公众号互动，还能够听明星唱歌、看新闻、设提醒……

（一）微信的传播特点

1. 传播精准 微信发布平台一对一（对单人或单个圈子）的沟通方式，填补了微博一对多（面向全体微博用户，任何有微博账号用户都可以查看资料）传播的沟通空白，传播针对性强，更加精准。传者和受众的特殊关系，使得微信聊天、朋友圈、订阅号、公众号等消息发的互动内容更具私人化。尤其在朋友圈中，只有用户的好友可以看到其发布的状态信息，只有相互加为好友的用户才可以看到针对同一条信息发出的评论。用户的隐私得到了保护，恶意骚扰、垃圾广告难以介入。

2. 社交功能突出 微信是以关系为核心的具有高度私密性的社交工具，高度的私密性使得那些真正的需求得到满足以及个性化内容的信息得到传播，同时也能够让微信用户放心的使用。一般的即时通讯软件大部分都是使用文字符号来进行信息传播的，其缺点是人与人之间的信息交流只能通过文本的形式，无法看到、也很难感受到彼此的情绪、表情、语气、语调等附加信息，缺乏对信息的直观感受，传播的质量会受到影响。而微信集文字、音频、视频、图片、表情等多种媒介为一体，并能进行即时、快速地互动交流，传播双方可以充分的表达自我，从而达到预期的人际传播的效果。

3. 实用性强 微信最初的受众往往是自己的好朋友或者是自己的熟人。对于好朋友或者是熟人，已经形成相对成熟稳定的社交圈，由好朋友或者是熟人所形成的社交圈，也就是最为经常性交流的熟人交际圈，我们可以通过微信中的熟人交际圈，进行求助、解答问题、情感倾诉，甚至发布广告信息、推荐产品等等。微信订阅号、公众号等平台也是针对特定用户群，推送较为专业和实用的信息。如下面的“医学界”公众号：

（二）微信的写作要求

1. 要有针对性 不论是一对一的聊天交流，一对多的群体聊天，还是朋友圈中的分享，都要以对方能够接受、乐于交流为原则，针对朋友的信息需求、品味和爱好写作、发送微信，尽量少发垃圾信息，不发骚扰信息。

2. 要增强原创性 在互联网上最有价值的内容，就是原创内容，人们更愿意花自己宝贵的时间来阅读原创，高质量的内容，而不是抄袭的内容，因为大多数人排斥抄袭的行为，认为抄袭内容没有价值，自然也不会花时间去阅读了。无论是微信用户，还是微信公众平台的管理员，在发送微信时都要尽量发送原创作品，以新鲜的内容、独特的个性和风格吸引读者。

3. 要平等互动 微信用户之间是平等的对话关系，大家在人格上是平等的。在微信上发言的时候要和朋友们平等地进行交流，有利于微信积极向上、健康环境的营造，也有利于促进朋友之间的情感沟通。

例文评析

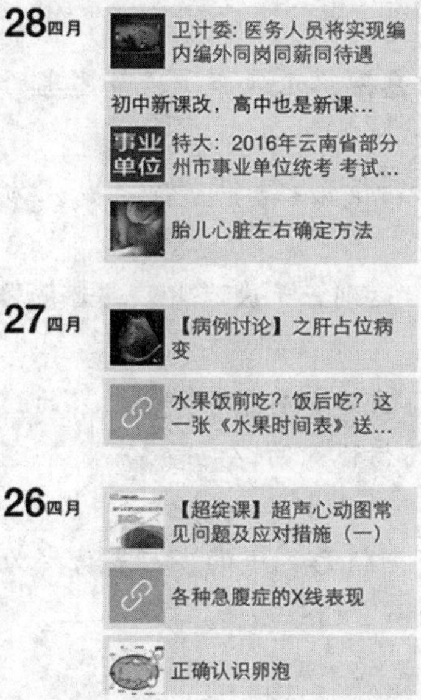

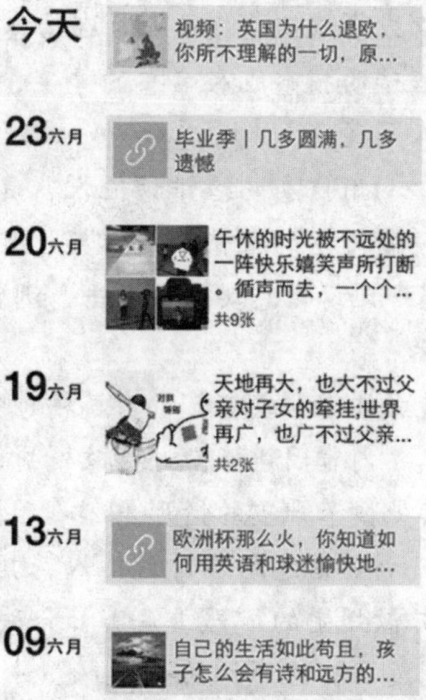

【评析】 两个微信用户把具有价值的专业知识和社会热点问题在朋友圈进行分享，把朋友圈作为学习交流和拓展视野的平台。这样的微信内容体现了用户的品格，丰富了微信平台的内容。

知识拓展

如何不触碰底线？——网络言行要谨慎

关于办理利用信息网络实施诽谤等刑事案件适用法律若干问题的解释

（法释〔2013〕21号，2013年9月5日最高人民法院审判委员会第1589次会议、2013年9月2日最高人民检察院第十二届检察委员会第9次会议通过）

为保护公民、法人和其他组织的合法权益，维护社会秩序，根据《中华人民共和国刑法》《全国人民代表大会常务委员会关于维护互联网安全的决定》等规定，对办理利用信息网络实施诽谤、寻衅滋事、敲诈勒索、非法经营等刑事案件适用法律的若干问题解释如下：

第一条　具有下列情形之一的，应当认定为刑法第二百四十六条第一款规定的“捏造事实诽谤他人”：

（一）捏造损害他人名誉的事实，在信息网络上散布，或者组织、指使人员在信息网络上散布的；

（二）将信息网络上涉及他人的原始信息内容篡改为损害他人名誉的事实，在信息网络上散布，或者组织、指使人员在信息网络上散布的；

明知是捏造的损害他人名誉的事实，在信息网络上散布，情节恶劣的，以“捏造事实诽谤他人”论。

第二条　利用信息网络诽谤他人，具有下列情形之一的，应当认定为刑法第二百四十六条第一款规定的“情节严重”：

（一）同一诽谤信息实际被点击、浏览次数达到五千次以上，或者被转发次数达到五百次以上的；

（二）造成被害人或者其近亲属精神失常、自残、自杀等严重后果的；

（三）二年内曾因诽谤受过行政处罚，又诽谤他人的；

（四）其他情节严重的情形。

第三条　利用信息网络诽谤他人，具有下列情形之一的，应当认定为刑法第二百四十六条第二款规定的“严重危害社会秩序和国家利益”：

（一）引发群体性事件的；

（二）引发公共秩序混乱的；

（三）引发民族、宗教冲突的；

（四）诽谤多人，造成恶劣社会影响的；

（五）损害国家形象，严重危害国家利益的；

（六）造成恶劣国际影响的；

（七）其他严重危害社会秩序和国家利益的情形。

第四条　一年内多次实施利用信息网络诽谤他人行为未经处理，诽谤信息实际被点击、浏览、转发次数累计计算构成犯罪的，应当依法定罪处罚。

第五条　利用信息网络辱骂、恐吓他人，情节恶劣，破坏社会秩序的，依照刑法

第二百九十三条第一款第（二）项的规定，以寻衅滋事罪定罪处罚。

编造虚假信息，或者明知是编造的虚假信息，在信息网络上散布，或者组织、指使人员在信息网络上散布，起哄闹事，造成公共秩序严重混乱的，依照刑法第二百九十三条第一款第（四）项的规定，以寻衅滋事罪定罪处罚。

第六条 以在信息网络上发布、删除等方式处理网络信息为由，威胁、要挟他人，索取公私财物，数额较大，或者多次实施上述行为的，依照刑法第二百七十四条的规定，以敲诈勒索罪定罪处罚。

第七条 违反国家规定，以营利为目的，通过信息网络有偿提供删除信息服务，或者明知是虚假信息，通过信息网络有偿提供发布信息等服务，扰乱市场秩序，具有下列情形之一的，属于非法经营行为"情节严重"，依照刑法第二百二十五条第（四）项的规定，以非法经营罪定罪处罚：

（一）个人非法经营数额在五万元以上，或者违法所得数额在二万元以上的；

（二）单位非法经营数额在十五万元以上，或者违法所得数额在五万元以上的。

实施前款规定的行为，数额达到前款规定的数额五倍以上的，应当认定为刑法第二百二十五条规定的"情节特别严重"。

第八条 明知他人利用信息网络实施诽谤、寻衅滋事、敲诈勒索、非法经营等犯罪，为其提供资金、场所、技术支持等帮助的，以共同犯罪论处。

第九条 利用信息网络实施诽谤、寻衅滋事、敲诈勒索、非法经营犯罪，同时又构成刑法第二百二十一条规定的损害商业信誉、商品声誉罪，第二百七十八条规定的煽动暴力抗拒法律实施罪，第二百九十一条之一规定的编造、故意传播虚假恐怖信息罪等犯罪的，依照处罚较重的规定定罪处罚。

第十条 本解释所称信息网络，包括以计算机、电视机、固定电话机、移动电话机等电子设备为终端的计算机互联网、广播电视网、固定通信网、移动通信网等信息网络，以及向公众开放的局域网络。

第五节 医学科技新闻

医疗事业是一项民生事业，越来越受到公众的关注和媒体的重视。医学科技发展的政策和规划，医学新成果、新发明、新知识、新发现、新问题等都是人们关注的内容，以这些内容为报道对象的新闻叫做医学科技新闻。

一、医学科技新闻的特点

（一）高度的专业性

医学科技新闻是专业性很强的一类新闻，专有名词、专业术语的准确使用，专业原理的严谨阐述，都是这种专业性的体现。专业的医学科技新闻能够得到医疗科技行业专家的认可，也能更科学、准确的引导读者从中获得医学知识，提高健康素养，不专业、不准确的报道常常会导致新闻整体的失实甚至虚假，会误导读者，危害人们的生命和健康。

（二）严格的科学性

医学科技新闻必须用医学科学事实来说话，所报道、传播的内容必须是真实的，符合客观实际，要求报道中用到的概念、定义、论点正确，有科学根据，能经得起检验。

（三）强烈的责任感

医学是自然科学，可医学依然承担着重要的人文、社会责任。医学涉及人的生命，处理一切与医学相关的工作都必须要严谨。医学科技新闻的传播对象是广大民众，是对医疗、医药科技信息有需求的人群，因此，医学科技新闻越来越强调关注人、贴近人、服务人，体现出解除人民的疾苦，保障人民的健康，改进人类的生活的责任感。

二、医学科技新闻的写作要求

（一）要有科学谨慎的态度

医疗新闻的报道者，不一定都具有专业的医学知识，在医疗事件的报道中，一定要慎之又慎，在对医学科技新闻进行报道、传播时，要用科学事实来说话，所报道、传播的内容必须是真实的、有科学根据的，所报道的科技成果要经历时间的考验，并需经过专家鉴定。对于涉及保密内容的科技成果还需有关部门审查和批准。

作者对采访过程中得到的专业术语和数据，一定要结合当时事件的具体场景进行使用，不能随意截取只言片语，让数据和术语脱离了事件的语境，造成报道失实和公众对事实真相的误解。新闻报道用语也应该谨慎，一旦用语失误或不严谨，很容易给医疗事件的报道带来致命伤害。

（二）要突出贴近性，通俗易懂

医疗科技事件的报道，往往会涉及一些医学专业性比较强的术语或现象。这些术语或现象对于新闻受众来说，不一定能够知晓其具体所指。新闻从业者，不能仅仅依靠自身的知识经验，而忽略受众的理解接受能力，要及时地对专业性比较强的语言进行解释，保证信息的顺利传递。专业领域事件报道语言上要易读，做到“以受众为本”、贴近群众，客观、准确、顺利地传递新闻事件信息。

作为媒体人，其实只要稍下点力气，弄懂这些东西并向受众进行正确传播其实并不难。在用到专业术语时，可以采取以下几种方法将专业术语通俗化。

1. 定义加解释　在写作中，如果涉及医疗科技专业术语，可在术语出现时对该定义或概念进行简单解释，让受众了解其含义。例如下文：

“我们看见你了，你能听得到我们的声音吗？爸爸，你今天觉得怎样？你看，你的小孙女和儿媳妇也来看你了。”这是昨日上海市第一人民医院松江南部重症监护室（ICU）家属视频探视区上演的一幕。

通过轻触平板电脑上的“通话”键，躺在ICU的患者和他的儿子“见”到了对方。上海市第一人民医院院长助理万小平教授昨日介绍，重症监护病房视频探视系统今年9月在市一松江南部启用，使重症病人家属能够利用电脑终端，视频探视病人。

这一全新尝试拥有几大特点，即分时段探视；多家属同时探视；配有独立视频通话亭，以确保相对独立私密的交流空间；载体新颖，使用最新型的平板电脑设备，画面感强，可以清晰看到家属和患者的细微表情；此外，探视中心分成探视区和等候区两个区域，等候区可供家属24小时等候休息。

诸如ICU这样的医学专有名词，也是英文缩略词，首次在新闻中出现时，需要进行必要的解释，帮助读者理解。

2. 比喻法 运用打比方的手法，用受众熟悉的事物或事物运行过程对一些较为专业、难懂的医学科技术语或运行原理进行解释，让受众在对比中推此即彼，获得认知，更好地理解。例如2014年10月17日的《京华时报》对2014年诺贝尔医学奖的3名获得者约翰·奥基夫、梅·布莱特·莫索尔、爱德华·莫索尔的研究成果《发现构成大脑定位系统的细胞》进行了介绍，其中写道：

……

1971年，奥基夫发现一种特定神经细胞。当一只老鼠在房间的某个特定位置时，其大脑特定区域中被称之为“海马”的神经细胞总处于激活状态；当老鼠移动到其他位置时，其他神经细胞则被激活。奥基夫总结，这些“位置细胞”在大脑中形成关于房间的“地图”，而不是简单地留下视觉记录。

大约34年后，挪威科技大学的神经系统学教授梅－布里特·莫泽和爱德华·莫泽于2005年发现另一种神经细胞。这一细胞被称作“网格细胞”，能在大脑中形成一个“坐标系统”，其原理类似卫星定位系统中的经纬度，用以帮助大脑做出更精确的定位和导航。“位置细胞”和“网格细胞”则有机形成了大脑的定位系统。

“我们如何知道自己在哪里？我们如何从一个地方到另一个地方？我们如何在大脑中储存信息以便于下一次能够找到相同的路径？”诺贝尔奖评选委员会在声明中说，“今年的获奖者发现了大脑的定位系统，即‘内部的GPS’，使人类能够在空间中定位自我。”

文中将3位医学家发现的神经细胞的作用比喻为“坐标”、“GPS”，让受众对这些细胞的作用有较为直观的认识，也能体会到这些发现和研究成果的重要意义。

3. 举例法 对于受众不太熟知，理解上有困难的医学定义或原理，可以借用具体的，相对来说较容易理解的实例进行阐述，可以提高新闻的可读性，也能为受众提供实用的医疗帮助。

“胸腔镜下治疗手汗症”这一技术在浙江医疗界始于20世纪90年代中，当时就受到媒体报道，1988年媒体再次报道。但这一医疗技术开展近10年，病人仅有200例。直到2004年，一名30岁妇女治愈后，《钱江晚报》以“30年双手汗淋漓，病因胸内一根筋”为题写就新闻，刊出不到3个月，全国就有近10个省市150多名患者到杭州治疗。通俗易懂的医疗科技新闻作用可见一斑。可以想见，之前的媒体报道并没有完全从受众角度出发，把这一技术的针对病症写清楚，或许有患者看到过，但没能理解明白，没有能把自身症状认识为“手汗症”而忽略了重要的医疗信息。《钱江晚报》记者，把“手汗症”症状中最易感知和判断的“双手汗淋漓”列举出来，通俗易懂，让患者能“对号入座”，及时进行诊疗。

例文评析

俄首例换脸手术成功毁容士兵终于变回“普通人”

“脸”也称“面”，是一个人区别于另一人的重要标志相比人体的其他器官，脸具有独特的社会属性。没有“脸”除了不能完成各种表情外，还会失去人的特性，甚至影响人际关系与社会地位，因此，“换脸”必将带来社会、道德、法律和伦理等诸多方面的问题。

随着整形手术在世界范围内的流行，换脸术在近年受到广泛重视，它是一种对人脸进行置换的器官移植手术，初级是局部换脸，高级是换全脸。这类手术一般针对因意外事故而面部损毁的人，使参加手术的受者大变脸，重归普通人的日常生活。尽管它的本意在于提供帮助，但前途不明，对人类而言是个巨大挑战。

手术仅历时 18 小时　未来这项技术将在军事医学中普遍使用

据俄罗斯电视台第五频道 11 月 27 日报道，俄国宣布国内首例换脸手术成功，士兵尼古拉在接受换脸手术半年后状况良好。面对镜头，他说：“感谢这次手术，让我能像正常人一样逛街了，也能和其他人聊天了，总之，我感觉很好。”

尼古拉曾是俄罗斯导弹部队的一名战士，2012 年他在一次执行任务的过程中不幸遭遇意外电击，虽保住了性命，但面部却几乎全被烧毁。此后他无法再像正常人那样出门，度过了无数个隔绝外界的孤单日子。为了让尼古拉重新融入社会，主治医生决定为他“换脸”！

这项“换脸”手术首先要选择一个在血型等方面能够与尼古拉匹配的遗体捐献者，当然捐献者在肤色、肤质、脸形、面部肌肉上也与尼古拉相似。然后将捐献者的整个面部器官，包括皮肤、肌肉、软骨等全部取下，同时剥离尼古拉受伤的“旧脸”，再将“新脸”全部移植到尼古拉身上。

2015 年 5 月尼古拉的“换脸”手术在俄罗斯基洛夫军事医院进行，整个手术最关键的是“脸部再造”，医生需要将尼古拉面部受损的血管及神经与捐献者面部精确接合，从而保证缝合后的“新脸”能够保持正常形态，不至于出现表情呆板的状况。正常来说，“换脸”手术需要至少 24 小时，但尼古拉的手术仅历时 18 小时。

整个手术动用了包括俄罗斯卫生部在内的数百名医学工作者，手术复杂但所幸成功让尼古拉改头换面，重获新生。俄罗斯卫生部说，这是俄罗斯实施的首例脸部移植手术，未来这项技术将在军事医学中普遍使用，帮助那些为保卫国家利益却不幸遭遇意外的无名英雄重归正常生活，享受“常人待遇”！

美国“最大规模换脸”手术　让生活质量显著提高

俄国士兵尼古拉接受手术的重点在于更换“T 字区”部位的组织，而美国近期完成的一项换脸手术则是“更换全脸”，彻底赋予受者一个全新面孔！

据英国《每日邮报》11 月 16 日报道，美国纽约大学整容医生罗里奎兹在三个月前成功为美国密西西比州 41 岁的志愿消防队员哈迪森实施换脸手术，术后哈迪森复原良好，并能出面接受采访。

哈迪森本是密西西比州塞纳托比亚的志愿消防队员，在 2011 年执勤时被大火严重烧伤，此后医生将他大腿上的肉移植到脸上，但五官再难恢复，外貌骇人。当旁人因哈迪森的面孔而惊恐尖叫时，他便感到生不如死。此外，多年来哈迪森长期依赖止痛药，先后接受七十多次手术，美满幸福的家庭生活早已破灭，“换脸”已成为他走出人生低谷的唯一选择。

2015 年合适的脸部捐赠者终于出现，26 岁的单车技工罗得鲍在今年 8 月发生车祸意外导致脑死亡，两天后罗里奎兹医生决定马上进行手术。他首先从罗得鲍的颅骨上移走 1.25 厘米厚的头皮，从脑后开始切割，直到耳鼻。手术仅切离组织，捐献者的神经、肌肉、颈动脉及内颈静脉被保留。同时，在剥离哈迪森的“旧面”时，他的颈静脉较大，以致大量失血。所幸手术团队强大，在 100 多人的外科医生、护士和技术支援人员的努力下，手术化险为夷，历时 26 小时后成功。

哈迪森目前正在康复之中，脸部疼痛无法消除，只能靠意志忍耐，此外余生还需持续服用抗排斥的免疫抑制剂保证身体适应新器官。罗里奎兹医生认为术后身体出现免疫排斥只是时间问题，据估计，全球 3 至 5 名接受脸部移植的病人在出现免疫排斥反应后死亡。“换脸”手术风险极大，但受者却甘之如饴，可见在某些层面上，身体的疼痛与寿命的缩减比不上社会生活质量的提高。

最早的中国“换脸术”　《太平广记》已有记载

亚洲首例的“换脸”手术于2006 年在中国人民解放军第四军医大学附属西京医院进行。那比这些手术还早的“换脸”手术存在吗?

其实早在1700 多年前的东晋时期，“换脸术”就已被世人所知。据《太平广记》记载，东晋安帝时期的谱牒学大家贾弼之就曾被“换脸”！在晋安帝义熙年间，贾弼之在琅琊府当参军，某夜梦见一相貌丑恶之人，要求与自己换脸，但贾弼之回答说：“各人各有自己的头脸，怎能更换？简直岂有此理”！翌日，又做了同样的梦，贾弼之心中厌恶，为摆脱此人便在梦中答应换脸。不幸的是天亮后，家中众人皆惊，原来贾弼之的脸，真的被换掉，从此以后尽管他才学依旧，可只有半边脸会笑。

这个故事不论真假都体现出中国古人对“换脸”一事早有关注，爱美之心，人皆有之，在“刷脸”时代，韩国整容手术的流行，正体现出人们对美丽的索求永无止境。“换脸”手术近年来得以快速发展，完全基于它的宗旨锁定在帮助受伤害的个人重归正常社会生活。倘若脱离这一宗旨，科学技术的两面性，将不能保证“换脸”手术不会被不法分子使用。此外，即使目的正当，“换脸”手术也将比其他器官移植手术面临更大伦理道德争议，死者的脸，是否应重新出现在社会中等此类问题都需要进一步讨论。

(2015 年 12 月 3 日《北京青年报》)

【评析】本文虽是一篇医疗科技新闻，但读来饶有兴趣。作者运用通俗易懂的语言，如用“换脸术”、“新脸”、“旧脸”、“T 字区”等通俗易懂的词语代替医学专有名词，让受众易读、易懂，文中还通过中西对比，把有关“换脸术”的有关知识进行补充拓展，增加了新闻的知识性和趣味性。

知识拓展

医疗科技新闻语言——禁用词

新华社新闻报道中的禁用词

根据新华社2015年11月发布的《新华社新闻报道中的禁用词（第一批）》规定，媒体报道中的禁用词主要涉及了五方面内容，分别是社会生活类的禁用词，法律类的禁用词，民族宗教类的禁用词，涉及我领土、主权和港澳台的禁用词以及国际关系类的禁用词。

其中涉及医疗科技新闻的相关词语主要可归纳为有以下几种：

一、社会生活类的禁用词

（一）对有身体伤疾的人士不使用“残废人”、“独眼龙”、“瞎子”、“聋子”、“傻子”、“呆子”、“弱智”等蔑称，而应使用“残疾人”、“盲人”、“聋人”、“智力障碍者”等词语。

（二）报道各种事实特别是产品、商品时不使用“最佳”、“最好”、“最著名”等具有强烈评价色彩的词语。

（三）医药报道中不得含有“疗效最佳”、“根治”、“安全预防”、“安全无副作用”等词语，药品报道中不得含有“药到病除”、“无效退款”、“保险公司保险”、“最新技术”、“最高技术”、“最先进制法”、“药之王”、“国家级新药”等词语。

二、法律类的禁用词

（一）在新闻稿件中涉及如下对象时不宜公开报道其真实姓名：

1. 犯罪嫌疑人家属；
2. 涉及案件的未成年人；
3. 涉及案件的妇女和儿童；
4. 采用人工授精等辅助生育手段的孕、产妇；
5. 严重传染病患者；
6. 精神病患者；
7. 被暴力胁迫卖淫的妇女；
8. 艾滋病患者；
9. 有吸毒史或被强制戒毒的人员。

涉及这些人时，稿件可使用其真实姓氏加“某”字的指代，如“张某”、“李某”，不宜使用化名。

三、民族宗教类的禁用词

（一）对各民族，不得使用旧社会流传的带有污辱性的称呼。不能使用“回回”、“蛮子”等，而应使用“回族”等。也不能随意简称，如“蒙古族”不能简称为“蒙族”，“维吾尔族”不能简称为“维族”，“哈萨克族”不能简称为“哈萨”等。

（二）禁用口头语言或专业用语中含有民族名称的污辱性说法，不得使用“蒙古大夫”来指代“庸医”，不得使用“蒙古人”来指代“先天愚型”等。

综合练习

一、填空题

1. ________是新闻的生命。

2. 新闻的要素包含________、________、________、________、________、________，可概括为5W1H。

3. 新闻价值的要素包括________、________、________、________和________。新闻事实所包含的价值要素越丰富，级数越高，新闻价值就越大。

4. 狭义的新闻是指________，是以简要的文字迅速报道新闻事实的新闻体裁。

5. 按照消息的写作特点和表达形式来分，消息分为________、________、________、________四种。

6. 消息标题的形式可以是________、________、________，其中________是指________的形式或“正题+副题”的形式。

7. 按照时间先后顺序安排段落层次，先发生的放在前面，后发生的放在后面，这种写作结构叫做____________________。

8. 通讯按照报道内容划分，可分为________、________、________、________等。与消息相比，通讯的篇幅________，时效性________，结构________，语言________。

9. 新媒体文书的写作要求是________、________、________、________。

10. 言论自由是公民享有的宪法权利，但是在行使自己的言论表达权、参政议政权的时候，必须遵守________和________。

11. 医疗科技新闻写作，除了要有科学谨慎的态度外，还要____________________。

二、病文改错

请认真阅读下面一则新闻，指出其中存在的问题，并进行修改。

3D打印义齿首发亮相

最近，一款新型金属3D打印机FS121M在“2016亚洲3D打印、增材制造展览会”上全球首发。

该款3D打印机由湖南华曙高科技有限责任公司创始人、董事长许小曙率来自全球著名3D打印企业、3D打印服务商等公司的顶级科学家共同研发。

许小曙认为，3D打印机FS121M是一款具有革命性的产品，颠覆了传统3D打印感官，实现了有意义的批量生产，十分适合于医疗植入物以及医疗器械、义齿的加工。

刘诗文介绍，传统人工制作义齿，一颗便需要花费一周左右的时间，费时且精准度因人而异。而这款打印机8小时便能打印出150颗形状特定的钴铬合金牙。

这意味着，该打印机将改变牙医几十年来的传统种牙流程，大大缩短种牙时间，降低种牙成本及制作义齿的技术门槛。

据介绍，除打印义齿，FS121M 打印机还可打印适合植入人体的脊椎骨骼关节，推进 3D 打印技术在医疗领域的应用。

三、写作训练

1. 用你认为合适的写法，为下面一则新闻补上导语。

秦皇岛 18 名大学生手拉手冰海救援

____
____
____
____
________________________________。

12 月 7 日，下午 2 时，从凌晨就开始飘落的大雪停了下来，沙滩被大雪覆盖。

14 级材料成型及控制工程 1 班班长陈学沛告诉记者，当天下午 3 时左右，在高数考试后，该班 18 名男生一起来到学校对面的西浴场海边赏雪玩耍。

而在雪后的沙滩上，一位女子怪异的行为引起了大家注意。她身穿一条黄色长裙，双臂紧抱肩膀，向海中走去。海水逐渐没过了她的小腿、大腿、腰部……岸上的人对她大声呼喊，黄衣女子却头也不回。

眼看着女子越走越远，海水快要没到她的胸部，同学们见状停止了玩耍，感到情况危急。

陈学沛赶紧问大家谁会游泳，李镇豆自告奋勇，立即脱去防寒服，第一个跳入海中，同学史哲也不惧危险紧随其后，之后又有几名同学赶来接应。他们泡在冰冷的海水里，迅速将围巾两头分别系在彼此手腕上，大家手拉手一字排开，连成一条“生命链”，抵抗着寒风海浪，向黄衣女子快速接近，海水涌来，大家的衣服瞬间都湿透了。

第一个冲进海里的李镇豆记得，游到一人多深的海水处，才接近了黄衣女子。他冲黄衣女子喊：“别想不开，有事到岸上说。”该女子却回答：“别管我。”但李镇豆还是游上前抓住了正随海浪上下起伏的女子，在同学们的协助下，将其拉回了岸边。

到岸上后，同学刘邕呈见女子脸色煞白、双唇乌紫，为她披上了棉衣，女子却把衣服放到一边，一言不发转身离开了。

记者了解到，在救人的 18 名同学中，还有人并不会游泳，史哲就是其中一个。他坦言，正是手挽手的力量，让他这只“旱鸭子”在危急时刻也参与到冰海救援中。

网友上传到互联网的现场救援照片显示，当时共有 21 人参与了救援，除了燕山大学 14 级材料成型及控制工程 1 班的 18 名同班同学外，还有 3 名热心市民参与。

“当时大家都很着急，直接就冲到海里救人，结果好几部手机都进了水，不能开机了。”陈学沛说，上岸后同学们才感觉到穿着被海水淋透的衣服寒冷刺骨，连忙跑回学校换衣服，有几名家在的南方同学实在冷得抗不住，中途找到有热水淋浴的小店洗了个热水澡。

由秦皇岛晚报所属微信平台首发的两段总时长 3 分 57 秒的视频，记录了 18 名大学生从下海到一字排开连成人墙、协力将女子拉上岸的全过程。

现场没参与救援的群众也纷纷用手机记录下了当时救人的义举，并将拍摄的照片、视频上传至互联网，为大学生们加油、点赞。

记者注意到，在百度贴吧“燕山大学吧”中，一个号召为参与救援的大学生点赞的帖子发布后，不到一天时间就被跟帖盖起了长达7页共320层的“高楼”。

2. 请根据下列所给材料，写一篇300字左右的消息。

5月3日，国家食品药品监督管理总局发布《关于整治药品流通领域违法经营行为的公告》，要求所有药品批发企业对是否存在涉嫌挂靠、走票等方面问题进行自查，并制定整改措施和计划。该公告还要求所有药品批发企业在5月31日前报送自查报告至各省级药监部门。

目前企业自查结束，根据笔者了解到，为积极响应国家药监总局的要求，保证药品流通环节的合规经营，全国30多个省（直辖市、自治区）均已纷纷下发和落实了各自辖区内的药品经营专项整治工作。那么，具体各级药品监督管理部门是如何落实药品经营专项整治的呢?

整治流程：

1. 制定计划。各药监部门对阶段性合规经营形势进行分析、预判，紧密结合重点领域合规经营特点，坚持问题导向，明确专项整治的任务、领域和地区，监管部门统筹协调形成下月专项整治计划及时印发各药监部门实施。

2. 制定方案。各药监部门根据拟专项整治对象的实际情况和风险预判，制定具体工作方案，确定专项整治任务、路线、对象、方法以及重点环节，并做好应对突发事件预案，落实防范措施，保护自身安全。

3. 组织培训。开展专项整治前，各药监部门组织全体检查人员进行培训，熟悉掌握相关政策、法律法规标准和安全知识，明确工作要求和任务分工及注意事项。

4. 现场检查。充分发挥专家作用，深入细致开展检查，对发现的隐患和问题现场依法提出处理意见，并认真填写检查记录，做好非法违法药品经营行为的取证工作。对存在重大隐患和非法违法行为的药品经营单位，依法责令停产整顿，并责成地方有关部门依法依规进行执法处罚；非法违法药品经营行为突出的，会追查地方政府相关部门监管执法情况；严重危及合规经营、随时可能造成药品质量事故的，要依法采取停业、撤人等紧急处置措施。对检查中发现的典型经验和好的做法，各药监部门会及时认真总结。

5. 通报反馈。专项整治结束后，各药监部门会及时向被检查单位和其所在地方药品监督管理部门及相关部门反馈检查情况，指出发现的问题，提出整改处理要求和进一步加强工作的建议。

6. 集中汇报。监管部门跟踪各药监部门检查工作情况，安排向省局或其他相关会议的集中汇报。特别严重的问题和隐患，各药监部门会立即向省局领导报告，按照省局领导指示，依法下达执法指令。

7. 督办整改。各药监部门对发现的重大隐患和突出问题会建立清单，向被检查单位所在地药品监督管理部门发出整改通知书并跟踪督办。对重点难点隐患和问题，会进行挂牌督办，及时约谈相关单位和有关部门负责人，必要时开展“回头看”；药品经营单位层面仍未落实整改的，可提请地方政府依法严惩直至关闭。药监部门认为需要纳入“黑名单”管理的，会及时纳入管理体系内。

8. 资料归档。各药监部门会完善检查稽查工作台账，做好专项整治的文字、影音等资料归档保存工作。

整治对象：

包括但不限于医药流通领域，即药品研发领域、药品生产领域、药品流通领域、药品使用领域均有可能。

整治内容：

以疫苗、血液制品、麻醉药品、精神药品制剂、含特殊药品复方制剂、冷藏冷冻药品、中药材、中药饮片等为重点品种，重点检查药品经营单位的经营范围、质量管理体系、从业人员、设施设备、计算机系统、收货与验收、运输和储存等情况，严厉查处“挂靠”、“走票”、出租出借证照和从非法渠道购进药品等违法违规行为，严查企业特殊药品流弊现象。同时，加大对医疗机构药房的管理力度，重点检查医疗机构药品购进、储存、调配、使用合规及不良反应报告等情况。

整治方法：

1. 暗访调查。采取实地调查、暗访走访、特定人约谈、抽样检测等方式，通过录音录像、电话咨询、模拟办事等手段进行。据悉，部分暗访检查人员会以业务洽谈为方法，与企业的业务相关负责人交流，核实企业是否存在“挂靠”、“走票”、出租出借证照和从非法渠道购进药品等违法违规行为。

2. 数据化比对。很多貌似强大的制药企业在欧美官方的GMP例行检查中倒下，电子数据、记录迅速成为医药人关注的焦点。参考生产领域数据检查方法，本次专项整治也会对药品流通企业的电子数据进行数据化比对。比如，在经营情况相同、上报购销数据差别不大的情况下，核实各企业的数据是否存在多套账。

3. 下游追溯。此次专项整治，大部分情况下由药品使用单位（个人诊所）或终端药店查起，通过药品使用单位（个人诊所）或终端药店核实到具体的情况，追溯各药品批发、连锁企业是否合规经营。例如，在某个药品使用单位（个人诊所）或终端药店核实到其随货同行单（票）无法提供，根据药品使用单位（个人诊所）或终端药店的反馈情况，索取相关证据（拍照或录音），追溯至提供该药品的各药品批发、连锁企业。

4. 延伸调查。据笔者了解，在各药品监督管理部门对药品流通领域进行专项整治时，对各药品研发、生产领域的检查也从未间断。各药品监督管理部门在对药品研发、生产企业检查时发现重大问题的，会索取药品研发、生产企业的销售流向，根据其销售流向，核查相关药品批发、连锁企业是否“索证索票”、合规经营。

第七章　医学类文书

病历是指导医务人员在医疗活动过程中形成的文字、符号、图表、影像、切片等资料的总和，包括门（急）诊病历和住院病历。

病历书写是医务人员通过问诊、查检、辅助检查、诊断治疗、护理等医疗活动，对病人病情充分调查了解，收集资料，然后进行综合分析、归纳整理，按照规范化格式书写的记录。一份完整的病历不仅可提供充分的诊断和治疗依据，而且还是总结医疗经验、充实教学内容、进行科学研究的重要资料。病历书写质量的高低，可反映一个医院的医疗管理和服务质量；也体现医务人员的责任心和业务素质。在出现医疗纠纷时，还可作为重要的法律文件。

第一节　病案书写的一般要求及注意点

（1）新入院患者的入院记录由住院医师认真书写。有实习医师者，除入院记录外，另由实习医师系统书写入院病历。入院病历不可代替入院记录。在病史询问及体格检查时，住院医师应指导实习医师进行。

（2）入院病历及入院记录须在采取病史及体格检查后，经过综合分析、加工整理后书写。所有内容与数字须确实可靠简明扼要，避免含糊笼统及主观臆断；对阳性发现应详尽描述，有鉴别诊断价值的阴性材料亦应列入。各种症状和体征应用医学术语记录，不得用诊断名词。患者提及以前所患疾病未得确诊者，其病名应附加引号。对与本病有关的疾病，应注明症状及诊疗经过。所述各类事实，应尽可能明确其发生日期（或年龄）及地点，急性病宜详询发病时刻。

（3）入院病历及入院记录除着重记录与本专科密切有关的病史、体征、检验及其他检查结果外，对于病人所患非本科的伤病情况及诊疗经过也应注意记录。所有未愈伤病，不论病史久暂，均应列入现病史中；已愈或已久不复发者方可列入过去病史。在列述诊断中，也应将当前存在，尚未痊愈的伤病名称逐一列举。

属于他院转入或再次入院的患者，均应按新入院患者处理。由他科转入者应写转入。由本科不同病区或病室转入者，只需在病程记录中作必要的记载与补充即可。

（4）入院病历及入院记录尽可能于次晨主治医师巡诊前完成，最迟须在患者入院后24小时内完成。如因患者病重未能详查而在24小时内不能完成入院病历时，则详细病程记录务须及时完成；入院病历可待情况许可时补足。大批收容时，由主任医师酌情规定完成病历的时间。

（5）除产科及大批同类病患者入院外，不可采用表格代替病历；如需用表格式病历，须经院长批准。

（6）疾病诊断和手术名称及编号，采用国际卫生组织出版的《国际疾病名称分类》

(最新版)，便于统计和分析。所用译名暂以《英汉医学词汇》为准，疾病名称及个别名词如尚无妥善译名者，可用原文或拉丁文。

(7) 任何记录均应注明年、月、日。患者的急诊、抢救、手术等记录，应记明时刻。如1991年7月6日下午9时30分，可写作1991-7-6，21：30。医师书写各项病案记录告一段落时，应签署本人姓名，签名应清晰易辨。住院患者的病历应经各级医师审阅。实习医师所写各项病案记录，应由住院医师以红笔修正及签名。修改病历应在患者入院后48小时内完成。修改甚多者应予誊清。

(8) 每张用纸均须填写患者姓名、住院号、科别及用纸次序页数。入院记录、入院病历及病程记录应分别编排页码。

(9) 根据医院具体情况，必要时书写中西医结合病历，于西医病历中增加中医四诊所得资料及中医辨证分析。西医诊断与中医诊断或辨证分型并列。其他医护记录亦应反应中西医结合情况。

(10) 各项记录内容应充实完整，文词简洁确切，通俗易懂。各种记录除另有规定外，一律用蓝黑墨水笔书写。要求字体端正清楚，不可用草书及杜撰怪字，亦不得涂改和挖补。

第二节　住院期间病案书写的内容与要求

一、入院病历

入院病历又称为完整病历，是病历书写的基础，一般由实习医生书写。书写完整病历是训练系统收集病史、系统体格检查和归纳分析能力的最好方法。

(一) 一般项目

姓名、性别、实足年龄、婚否、籍贯（须写明国籍、省、市及县别）、民族、工作单位、军兵种、职务或职业及工作地址、入院日期（急症或重症应注明时刻）、病史采集日期、病史记录日期、病情陈述者（如由患者自述，此项免记）。

(二) 主诉

患者感受最主要的症状或体征及其持续时间（时间短者应记明小时数）。如“持续发热6天，全身红色斑丘疹3天”。同时患有数种重要疾病如肺炎、糖尿病、白血病等，应在主诉中分项列出。

(三) 现病史

(1) 将症状按时间先后，准确记载其发病日期、起病缓急、发病诱因，每一症状发生的时日及其发展变化的过程。与鉴别诊断有关的阴性症状亦须记载。

(2) 在描述症状中应围绕重点并求得系统，如描写疼痛，应阐明其部位、时间、性质、程度及其他相关因素。

(3) 按系统询问伴同的症状，以免遗漏。

(4) 过去检查及治疗情况。

（5）对意外事情、自杀或他杀等经过详情与病况有关者，应力求客观、如实记录，不得加以主观揣测或评论。

（6）书写中西医结合病史时，按中医要求询问有关病史（参考中医科病历要求）。

（7）同时患有多种疾病者，可根据实际情况及记述与理解的方便，分段叙述或结合记录。与本科疾病有关的他科重要伤病未愈仍须诊治者，应分段叙述。

（四）既往史

应记述过去曾患而现已痊愈或无表现的伤病可从简，如目前仍有某些症状、体征及病变，则应从实记明；如系较重要的伤病则宜改在现病史中记述。

（1）一般健康状况　健康或虚弱。

（2）急性传染病及皮肤病史　按时间先后顺序记载疾病发生时间、治疗结果，有无并发症。如无传染病及皮肤病史，亦须将与目前病有关而确未发生的传染病及皮肤病名称记入此段中备查。

（3）曾否预防接种，其种类及最近一次接种的种类及日期。

（4）按系统询问有关疾病，包括五官器、呼吸系、循环系、消化系、血液系、泌尿生殖系、内分泌、代谢、神经精神系、运动系（肌肉、骨骼、关节）、外伤、手术史，中毒及药物等过敏史。

（五）个人史

（1）出生地及经历地（特别注意自然疫源地及地方病流行区，注明迁徙年月）。

（2）生活及饮食习惯。烟酒嗜好程度。

（3）过去及目前职业及其工作情况（包括入伍或参加工作、工种或兵种、职务），有无粉尘、毒物、放射物质、传染病患者接触史。

（4）冶游史　既有无不洁性交史

（六）婚姻史

结婚年月，配偶健康情况；如配偶已亡故，记明死亡原因及年份。

（七）月经史及生育史

月经史自月经初潮至现在的情况，月经周期和经期天数、闭经年龄，可依下式记录：

初潮年龄$\frac{\text{每次行经天数}}{\text{月经周期}}$末次月经时间或闭经年龄，例如：11 $\frac{5-7}{28-30}$2016. 5. 3

并应记明月经来潮时有无疼痛，每次月经量、色泽及其他性状，末次月经日期。已婚女性妊娠胎次、分娩次数，有无流产、早产、死产、手术产、产褥热史。

（八）家庭史

（1）父、母、兄、弟、姐、妹、子、女的健康状况。如已死亡，记明死亡原因。

（2）遇疑有遗传因素及生活接触因素的疾患时，应问明家庭中有无相似患者。对于重要的遗传性疾病，应充分调查后画出家系图。

（九）体格检查

体格检查应注意光线充分，患者体位舒适，防止受凉，要求手法轻巧、正确，态度和蔼，切忌动作粗暴。检查应全面、系统、循序进行（儿童应依儿科常规执行）；对重危患者则根据病情重点进行，灵活掌握。男医师检查女患者时，须有第三者在场。

1. 一般状况 体温、脉搏、呼吸、血压（必要时记身高及体重）；发育（正常、异常、欠佳）；营养（良好、中等、欠佳、消瘦、肥胖）；体位和姿势（如屈曲位、斜坡卧位等）；面色（如红润、晦暗等）；表情（焦虑、痛苦、慢性病容）；神志（清晰、嗜睡、半昏迷、昏迷）及言语状态（清晰否、流利否、对答切题否），检查时是否合作等。

2. 皮肤 色泽（正常、潮红、发绀、黄染、苍白），弹性，有无水肿、出汗紫癜、皮疹、色素沉着、血管蛛、瘢痕、创伤、溃疡、结节。并明确记述其部位、大小及程度等。

3. 淋巴结 全身或局部表浅淋巴结有无肿大，应注明部位（颌下、耳后、颈部、锁骨上、腋部、肘部及腹股沟部等）大小、数目、硬度、有无压痛及活动度；局部皮肤有无红热、瘘管或瘢痕。

4. 头部

（1）头颅 大小，外形正常或有何异常；眉发分布；有无疖、癣、外伤、瘢痕、肿块。

（2）眼部 眼裂大小，眼睑及眼球运动，角膜，结膜，巩膜。瞳孔（大小，形状、两侧对称否，对光反应、调节反应），视野及视力（粗测）。必要时眼底检查。

（3）耳部 耳廓有无异畸形，外耳道有无分泌物，耳珠、乳突有无压痛，听力（粗测）。

（4）鼻部 有无畸形、鼻翼扇动、阻塞、分泌物、鼻中隔异常及嗅觉障碍，鼻窦有无压痛。

（5）口腔 呼气气味，口唇色泽，有无畸形、疱疹、微血管搏动、口角皲裂；牙齿有无缺损、龋病、镶补等异常；牙龈有无溢血、溢浓、萎缩、色素沉着；舌苔、舌质、伸舌时有无偏位，震颤；口腔黏膜有无溃疡、假膜、色素沉着；扁桃体大小，有无充血、水肿、分泌物；咽部有无充血、分泌物，咽部反射，软腭运动情况，悬雍垂是否居中，吞咽正常否。

（6）颈部 是否对称，有无强直、压痛、运动受限、静脉怒张、动脉明显搏动、肿块，气管是否居中。甲状腺有无肿大，如肿大应描述其形态、大小、硬度，有无结节、震颤、压痛、杂音等。

5. 胸部

（1）胸廓 形状，对称否，运动程度，肋间饱满或凹陷等异常，肋弓角大小，胸壁有无水肿、皮下气肿、肿块、静脉曲张。肋骨及肋软骨有无压痛、凹陷等异常。乳房情况（乳头位置，乳房大小，皮肤性状：有无红肿、橘皮样外观、压痛、肿块等）。

（2）肺脏 视诊：呼吸类型、快慢、深浅，两侧呼吸运动对称否。

触诊：语音震颤两侧是否相等，有无摩擦感。

叩诊：叩诊反响（清音、浊音、实音、鼓音），肺下界位置及呼吸移动度。

听诊：注意呼吸音性质（肺泡音、支气管肺泡音、管性呼吸音）及其强度（减低、增强、消失），语音传导，有无摩擦音、哮鸣音、干啰音、湿啰音。

（3）心脏 视诊：心尖搏动的位置、范围、强度，心前区有无异常搏动、局限膨隆。

触诊：心尖搏动最强部位，有无抬举性冲动，有无震颤或摩擦感（部位、时间、强度）。

叩诊：左右心界线以每肋间距胸骨中线的厘米数记载或绘图表示。须注明锁骨中线至前正中线的距离。

听诊：心率及心律，如节律不齐，应同时计数心率及脉率。各瓣音区心音的性质和强度，有无心音分裂及第三、第四心音，比较主动脉瓣与肺动脉瓣第二音的强弱。有无杂音。

6. 腹部 视诊：呼吸运动情况，腹壁是否对称，有无凹陷、膨隆、静脉曲张、蠕动波、局限性隆起，脐部情况。

触诊：腹壁柔软或紧张，有无压痛，压痛部位及其程度，拒按或喜按，有无反跳痛；有无肿块，其部位、大小、形态、硬度，触痛、活动度，呼吸运动的影响，有无搏动及波动等。

（1）肝脏 可否触及。如可触及，应记录肝下缘距锁骨中线肋缘及剑突的厘米数。注意肝缘锐钝、硬度，有无压痛，肝肿大时注意有无搏动、表面有无结节。

（2）胆囊 可否触及，大小，有无压痛。

（3）脾脏 可否触及，如能触及，应注明其表面光否，有无切迹及压痛，硬度，脾下缘距锁骨中线细缘厘米数（垂直径 AB 及最大斜径 AC），仰卧及侧卧时脾移动度。

（4）肾 能否触及，大小，活动度，有无压痛等。

叩诊：肝、脾浊音界（上界以肋间计，全长以厘米计），肝、脾区有无叩击痛。腹部有无过度回响、移动性浊音。

听诊：肠蠕动音（正常、增强、减弱、消失）及其音质与频率，有无胃区振水声，肝、脾区有无摩擦音。有无血管杂音，并记录其部位及性质等。

7. 外阴及肛门 阴毛分布；外生殖器发育，有无包茎、尿道分泌物；睾丸位置、大小、硬度；有无压痛，附睾有无结节及肿痛；精索有无增粗、压痛、结节与静脉曲张；阴囊有无脱屑、皲裂及肿胀。如肿胀，当用透照试验，以明确是否阴囊积液。女性生殖器检查（参见妇科检查）必须有女护士在旁协助，或由女医师检查。肛门检查，有无外痔、肛裂、肛瘘、脱肛、湿疣等，必要时应行肛门直肠指诊或肛门镜检查。

8. 脊柱及四肢 脊柱有无畸形、压痛、叩击痛；脊柱两侧肌肉有无紧张、压痛；肋脊角有无压痛或叩痛；四肢有无畸形、杵状指趾、水肿、静脉曲张、外伤、骨折；肌肉张力与肌力，有无萎缩；关节有无红肿、畸形及运动障碍；甲床有无微血管搏动；股动脉及肱动脉有无枪击音；桡动脉搏动及血管壁硬度。

9. 神经系统 四肢运动及感觉、膝腱反射、跟腱反射、肱二头肌腱反射、三头肌腱反射、腹壁反射、提睾反射、巴彬斯奇征、克尼格征等。

10. 专科情况 如外科病历须写外科情况，其他科如眼科情况、妇科情况等，应重点突出、详尽、真实、系统地描写该专科有关体征。

11. 检验及其他检查 入院后 24 小时内应完成的主要检验，如血、尿、粪常规检验，以及X线、心电图检查等。入院前的重要检验结果可记录于病史中。

12. 小结 用约100～300字，简明、扼要地综述病史要点、阳性检验结果、重要的阴性结果及有关的检验结果。

13. 初步诊断 入院时主要伤病已确诊者可写："诊断"。根据全部病史及初步检查结果，通过综合分析，可做出全部现有疾病的初步诊断，分行列出。其次序依下列原则：主要病在先，次要病在后；本科病在先，他科病在后。主要诊断的可能性不止一项时，选择可能性最大的1～2项记上。诊断名称先写病名，其次按需要记明类型、部位、侧别；诊断名称较复杂者，可依病因学诊断、病理学诊断、解剖学诊断、病理生理及功能诊断等依次分行列举。初步诊断记于病历纸右半侧。当书写中西医结合病历时，西医诊断与中医诊断并列。

14. 签名 上述入院病历由实习医师、初到进修医师记载完毕签名后，再由住院医师复阅，用红笔修正后签署全名在其左方，并以斜线隔开。字迹必须端正清楚。

15. 最后诊断 主要疾病确诊后，及时写出最后诊断（记于病历纸左半侧与初步诊断同高），包括病名、确诊日期，并签名。最后诊断与初步诊断完全相同时，可在最后诊断项目下写："同右"。最后诊断由住院医师记录，主治医师审后加签名。

例文评析

入院病历

姓名：	性别：
年龄：	婚姻：
民族：	职业：
出生地：	通讯地址：
病历陈述者：	可靠程度：
入院时间：	记录日期：

主诉：反复右上腹痛1月余。（促使患者就诊的主要症状或体征及持续时间。高度概括，简明扼要，不超过20个字。个别确实没有症状而是通过体检发现的检查结果可作为主诉。）

现病史：患者于2003年2月初无明显诱因出现右上腹持续性闷痛，无阵发性加剧，无向它处放射，随体位改变不能缓解，伴有恶心、呕吐，呕吐数次，为胃内容物呕吐为反射性，无咖啡样液体。无头痛、头晕，无畏寒、发热，无心悸、胸闷、气促，无腹胀、腹泻、便秘，无黏液脓血便及黑便，无黄疸，无尿频、尿急、尿痛。就诊于福州市第一人民医院，诊断为"胆囊炎"，查血常规、B超未见明显异常，给予"654－2、非那根、依诺沙星、25%硫酸镁"处理（具体用量不详）后，症状缓解。1周前上述症状再次发作，就诊于福州市第一人民医院，服药（具体药名及用量不详）后病情无明显改善，3天前行B超检查提示：①慢性胆囊炎；②轻度脂肪肝。今为进一步诊治，就诊于我院，门诊查血常规示：WBC18.20 $\times 10^{9}$/L，N73%，以"慢性胆囊炎急性发作"收入我科。发病以来，患者精神、睡眠、饮食尚可，大小便无异常，体重无明显变化。(本次疾病发生、演变、诊疗等方面的详细情况，按时间顺序书写。内容包括：发病时间、症状、演变及伴随症状的细节；与鉴别诊断有关的阳性及阴性资料；外单位（注明医疗机构，不写“当地”）诊疗经过及结果（治疗情况不写“具体治疗情况不详”)

既往史：平素身体健康，否认“结核”、“肝炎”等传染病史，否认“高血压、糖尿病”等病史，否认药物和食物过敏史，无外伤及重大手术史，预防接种史不详。(包括一般健康状况、疾病史、传染病史、预防接种史、手术外伤史、过敏（食物及药物）史、输血史等。)

个人史：出生并生长于原籍。否认疫区旅居史及疫水接触史，从事职业，否认放射线及特殊毒物接触史。无烟酒等嗜好（若有烟酒史应写明多长时间，每日用量，是否戒除)。无冶游史。(包括出生地及经历地，重点了解疫源地和地方病流行区；生活及饮食习惯，烟酒嗜好程度；过去及目前职业及其工作情况，有无粉尘、毒物、放射性物质、传染病患者接触史；月经史 16，3 –4/30 –32，48；婚姻状况及生育情况；冶游史。与本次疾病有关的问题询问要到位，如肺癌病人个人史要描述吸烟情况。)

婚姻史：24 岁结婚，爱人身体健康，夫妻关系和睦。育有 2 男 2 女。

月经史：14，(3 ~4) / (20 ~21)，51。

家族史：父母体健。父已病故（死因不详)，母患有“糖尿病”。家族中无类似病史。否认有家族性疾病及遗传病史。(包括父母、兄弟、姐妹、子女健康状况；家族成员疾病诊治情况；遗传性疾病史。与本次疾病有关的问题询问要到位，如直肠、结肠肿瘤病人家族史要反应家庭成员结肠息肉患病情况。)

体格检查

体温：36.3℃　脉搏：80 次/分　呼吸：18 次/分　血压：130/75mmHg

一般情况：发育正常，营养中等，慢性病面容，自主体位，步入病房，神志清楚，查体合作，对答切题。

皮肤：全身皮肤黏膜无黄染，未见皮疹、皮下出血点，无肝掌及蜘蛛痣。

淋巴结：全身浅表淋巴结未触及肿大。

头部：头颅无畸形，毛发无脱落。

眼：眼睑无水肿，结膜无充血，巩膜无黄染，双侧瞳孔等大同圆，对光反射灵敏。

耳：耳廓无畸形，外耳道无异常分泌物，乳突无压痛，听力粗试无障碍。

鼻：鼻翼无扇动，鼻腔通畅，鼻中隔无偏曲，鼻旁窦无压痛。

口腔：口唇红润，牙齿排列整齐，无龋齿、义齿，牙龈无溢脓、出血，伸舌居中，咽无充血，双侧扁桃体未见肿大，声音无嘶哑。

颈部：颈软无抵抗，气管居中，颈静脉无怒张，肝颈静脉回流征阴性，双侧甲状腺未触及肿大。

胸部：胸廓对称无畸形，胸骨无压痛。双肺呼吸运动对称，肋间隙无增宽，双侧语颤一致，未触及胸膜摩擦感或皮下捻发感，叩诊呈清音，呼吸规整，双肺呼吸音较粗，未闻及干、湿性啰音及胸膜摩擦音。

心脏：心前区无隆起，心界无扩大，心率 80 次/分，心律齐，各瓣膜听诊区未闻及病理性杂音。

腹部：腹部平坦，无胃肠型及逆蠕动波，腹肌软，全腹无压痛、反跳痛，肝脾肋下未触及，麦氏点无压痛，Murphy 征阴性，肝肾区无叩击痛，叩诊无移动性浊音，肠鸣音正常，3～5 次/分，未闻及气过水音及血管杂音。

肛门及外生殖器：未查。

脊柱四肢：无畸形，无杵状指（趾），双下肢无水肿。

神经系统：角膜反射、腹壁反射正常，肌张力正常，肌力 5 级，肢体无瘫痪，肱二头肌、肱三头肌腱反射、膝腱反射、跟腱反射均正常存在，Babinski 征、Chaddock 征、Oppenheim 征、Hoffmann 征、Kernig 征未引出。生理反射存在，病理反射未引出。

检验及其他检查：暂缺。

入院诊断：1.

2.

3.

医师签名：

【评析】 该份入院病历格式完整，内容详尽，术语规范，能为医生的后续治疗方案提供详尽地帮助。也是病人入院时状况的痕迹记录材料。

二、入院记录

入院记录的内容、次序，一般与入院病历相同，但一般项目与主诉可连写在一段，对过去史、个人史、家庭史及体格检查等项目中与本病无关的阴性资料，可适当精简，减少段落。对姓名、年龄、现病史、过去史、家庭史及体格检查项目的小标题，均可适当省略不写。不写小结。入院记录由住院医师记录并签名，由主治医师审核、修改后签名于住院医师姓名的左侧。实习医师经主治医师同意书写入院记录，则由住院医师审核、修正及加签。入院记录的最后诊断由主治医师记录及签署。

三、病程记录

1. 记录时间 入院后的病情变化及诊治情况，由住院医师或实习医师按时间先后次序及时记录。病情危急多变应随时记录；病重者至少每天记录 1 次；病情较稳定者可视需要简略记载，但至少每周 1 次。

2. 内容

（1）入院后首次病程记录应当天完成。主要写病人入院后当天情况，已采取的诊疗措施及已进行的诊疗准备工作情况，病人有何困难，如何协助解决等事项。诊断讨论及诊疗计划如未列专段，则亦可在此段叙述。

（2）患者当前的主诉，病情变化、情绪、饮食、睡眠等，体检及检验的重要发现，诊治工作进行情况及对病情的分析要有见解。

（3）特殊检查结果及其判断。

（4）一切诊疗手术记录，应包括手术步骤、手术的主要所见及手术后患者情况。有关手术科室的手术记录及术后病程参见有关项目。

（5）主任医师、主治医师及其他上级医师巡诊或会诊时的意见，宜详细准确地加以记录。

（6）特殊变化的判断、处理及后果，应立即记入。

（7）行政领导的重要意见，患者家属及组织负责人所交代的重要事项。

（8）每一个阶段检查或治疗后的小结，今后诊疗意见，交接班记录。

（9）如为中西医结合的病程记录，应记中医辨证施治情况，如证型改变、方药改变、中医的观察分析等。中医或针灸处方应记入中医处方记录单或病程记录。

（10）原诊断的修改，新诊断的确定，均应说明理由。

（11）凡由值班或代班医师在其值班、代班时间内所作的诊疗工作，均应按病情需要记入病程记录。

（12）患者出院时，应在住院病历及门诊病历书写出院记录或出院小结，其内容应包括入院时间、当时情况、病情演变、诊疗经过及经验教训、出院时情况、住院日数、最后诊断及嘱咐。

例文评析

2006－12－06　16：30　　　　首次病程记录

患者，女性，40岁，因“右上腹痛伴发热、呕吐3天”于2006－12－06，11：59入院。

病例特点：

1. 中年女性，自觉症状短，无明显诱因。

2. 病史：缘于入院前3天无明显诱因开始出现右上腹痛，呈阵发性压榨样痛，可向后腰部、右肩部放射，与进食无明显关系，活动时明显，并出现畏冷、发热（具体不详），伴腹胀、恶心、呕吐，呕吐黄色液体，量不多，无腹泻、便秘，肛门停止排气等，遂求诊当地诊所，予对症治疗后，热退，腹痛稍缓解，今上述症状加重，求诊我院门诊，急查血常规示：白细胞计数$24.83\times10^9/L$，粒细胞百分比89.4%，血红蛋白浓度87g/L，血小板计数$274\times10^9/L$；拟“腹痛待查”收住我科。

3. 7年前患甲亢，经治疗后未再发作。否认家族遗传疾病史。

4. 查体：体温：37.0℃，脉搏：85次/分，血压：135/80mmHg，神清，全身浅表淋巴结均未触及。心肺未及明显异常。腹稍膨隆，腹肌软，右上腹压痛、无反跳痛，肝脾肋下未触及，麦氏点无压痛，Murphy征阳性，肝上届位于第6肋间。肝肾区无叩击痛，叩诊无移动性浊音，肠鸣音正常。

5. 辅助检查：急查血常规示：白细胞计数$24.83\times10^9/L$，粒细胞百分比89.4%血红蛋白浓度87g/L，血小板计数$274\times10^9/L$

初步诊断：1. 腹痛待查：急性胆囊炎？

　　　　　2. 急性胰腺炎？

　　　　　3. 肝脓肿？

诊断依据及鉴别诊断：

1. 胆石症和急性胆道感染：急性胆囊炎为发作性的右上腹绞痛，并放射至腰背部，伴发热，体征是胆囊区压痛，墨菲（Murphy）征阳性，B超检查有助于诊断。患者有右肩及腰部放射痛，有恶心、呕吐、发热；Murphy 征阳。根据患者的临床表现，考虑该病可能性大，需生化、肝胆 B 超或 CT 以进一步明确。

2. 急性胰腺炎　表现为急性腹痛、恶心、呕吐、发热，腹痛可向腰背部放射，体征有上腹部压痛。血清淀粉酶大于500U（苏氏）及 B 超或 CT 检查可确诊。根据患者的临床表现，应该考虑该病。

3. 肝脓肿：根据患者的临床表现及血常规，应该考虑该病可能，可行肝脏 B 超进一步明确。

诊疗计划：

1. 按消化内科常规护理，二级护理；

2. 暂予抗感染、制酸、保护胃黏膜、营养支持等处理；

3. 明日完善三大常规、粪 OB、生化 24 项、乙肝两对半、PT、APTT、多肿瘤蛋白芯片、血沉等检验，申请心电图、胸片、B 超（肝胆胰脾、泌尿系统）等检查。

医师签名：

2006－12－06　9：00　　　　××副主任查房记录

今日查房，患者仍诉腹痛缓解，无发热，食欲有所改善，大便小便正常，饮食、精神、睡眠差。查体：体温：37.0℃，右下肺听诊呼吸音减弱，上腹部轻压痛，余如前。辅助检查回报：血常规：白细胞计数 15.03×109/L，粒细胞百分比 79.34%，红细胞压积 22.2%，血红蛋白浓度 66g/L，血小板计数 373×109/L。电解质：钾 3.1mmol/L，钙 1.71mmol/L。××副主任查房后指示：经抗感染治疗后，现病情有所好转，一般情况可，凝血功能较前改善，可予今日下午行肝脓肿穿刺治疗术，并予复查胸片，继续予抗感染、补钾、保肝利胆、营养支持及其他对症处理。病情续观，遵嘱执行。

【评析】第一份为“首次病程记录”，实乃“入院记录”，因此与“入院病历”内容相同，但比“入院病历”精简，可谓“麻雀虽小，五脏俱全”。第二份作为查房记录，侧重记录经过前期治疗后病人身体指征的变化，医生的调整治疗方案，结合规范的专业术语简洁记录。

四、出院记录

患者出院前由住院医师或实习医师书写，内容基本类似病历摘要：入院时情况及各种检查结果，入院后诊疗情况及病情好转、缓解、痊愈程度，出院日期及住院日数；出院诊断，出院嘱咐。

例文评析

××医院出院记录

住院号：134871

姓名：××　年龄：33 岁　性别：女性　职业：无业人员
入院日期：2013 年 05 月 07 日　出院日期：2013 年 05 月 13 日

续表

入院情况：患者××，女，33岁，主因“宫内妊娠39+4周，不规律腹痛3+小时”于2013-05-07入院待产。患者于2010年在我院行剖宫产术分娩1女婴。入院时生命体征正常，心肺听诊无异常，妊娠足月腹形，下腹部耻骨联合上3cm处可见一长约12cm的横行手术瘢痕，宫底位于剑突下二横指，四肢活动自如，双下肢浮肿（+）。产科检查：宫高31cm，腹围102cm，胎位LOA，胎心140次/分，宫缩不规律10-20”/10-20’。内诊：宫颈管未消，宫口未开，胎先露浮，胎膜未破，骨盆外测量正常范围。辅助检查：产科B超：宫内孕、单活胎、头位。血细胞分析：血红蛋白：98.0g/L，红细胞4.24×1012/L，白细胞6.8×109/L，中性74.60%，淋巴21.20%，血小板306.0×109/L。
入院诊断：宫内妊娠39+4周G2P1 LOA待产；前次剖宫产；妊娠合并轻度贫血
诊疗经过：入院后完善相关化验及辅助检查，因要求手术于05-08 08：55在手术室腰硬联合麻醉下行子宫下段剖宫产术，术中以LOA娩一女活婴，新生儿外观无畸形，Apgar评分1分钟评10分，体重3300g，胎盘胎膜完整娩出，术程顺利，术后预防感染、支持、纠正贫血、对症治疗。
出院诊断：宫内妊娠39+5周G2P2 LOA分娩；前次剖宫产；妊娠合并轻度贫血
出院情况：目前患者生命体征正常，心肺听诊无异常，乳汁分泌量多，腹软，腹部切口甲级愈合，子宫复旧良，阴道恶露正常，四肢活动好，浮肿（-）。血细胞分析复查示：血红蛋白92.0g/L，红细胞4.04×1012/L，白细胞9.6×109/L，中性78.2%，淋巴17.7%。
出院医嘱：1. 注意休息，加强营养，继续纠正贫血；2. 忌盆浴及性生活6周；3. 新生儿继续纯母乳喂养4-6个月；4. 产后42天门诊复查；5. 产后6个月上环；6. 避孕3年；7. 若有腹痛、阴道出血多等不适随诊。 医师签名：

【评析】 出院记录是患者住院诊疗经过的小结，便于以后复诊时参考。往往填写成上述一页表格式，既便于医院留档保存，也便于病人了解自己本次病情和后续注意事项。

综合练习

一、单项选择题

1. 主诉的写作要求下列哪项不正确（　　）

A. 提示疾病主要属何系统

B. 提示疾病的急性或慢性

C. 指出发生并发症的可能

D. 指出疾病发生发展及预后

E. 文字精练、术语准确

2. 病程记录书写下列哪项不正确（　　）

A. 症状及体征的变化

B. 体检结果及分析

C. 各级医师查房及会诊意见

D. 每天均应记录一次

E. 临床操作及治疗措施

3. 下列哪些不属于病历书写基本要求（　　）

A. 让患者尽量使用医学术语

B. 不得使用粘、刮、涂等方法掩盖或去除原来的字迹

C. 应当客观、真实

D. 应当准确、及时、完整、规范

E. 文字工整，字迹清晰，表述准确，语句通顺，标点正确

4. 患者对青霉素、磺胺过敏应记录于（　　）

A. 主诉　　B. 现病史

C. 既往史　　D. 个人史

E. 家族史

5. 患者有长期的烟酒嗜好应记录于（　　）

A. 主诉　　B. 现病史

C. 既往史　　D. 个人史

E. 家族史

6. 现病史内容不包括（　　）

A. 发病情况主要症状特点及其发展变化情况

B. 伴随症状

C. 诊疗经过及结果

D. 与鉴别诊断有意义的阳性或阴性结果

E. 性别、年龄、职业

二、简答题

1. 请简述病历书写的基本要求。

2. 请简述个人史包括的内容。

附　录

附录一　党政机关公文处理工作条例

（中办发〔2012〕14号）

第一章　总则

第一条　为了适应中国共产党机关和国家行政机关（以下简称党政机关）工作需要，推进党政机关公文处理工作科学化、制度化、规范化，制定本条例。

第二条　本条例适用于各级党政机关公文处理工作。

第三条　党政机关公文是党政机关实施领导、履行职能、处理公务的具有特定效力和规范体式的文书，是传达贯彻党和国家方针政策，公布法规和规章，指导、布置和商洽工作，请示和答复问题，报告、通报和交流情况等的重要工具。

第四条　公文处理工作是指公文拟制、办理、管理等一系列相互关联、衔接有序的工作。

第五条　公文处理工作应当坚持实事求是、准确规范、精简高效、安全保密的原则。

第六条　各级党政机关应当高度重视公文处理工作，加强组织领导，强化队伍建设，设立文秘部门或者由专人负责公文处理工作。

第七条　各级党政机关办公厅（室）主管本机关的公文处理工作，并对下级机关的公文处理工作进行业务指导和督促检查。

第二章　公文种类

第八条　公文种类主要有：

（一）决议。适用于会议讨论通过的重大决策事项。

（二）决定。适用于对重要事项做出决策和部署、奖惩有关单位和人员、变更或者撤销下级机关不适当的决定事项。

（三）命令（令）。适用于公布行政法规和规章、宣布施行重大强制性措施、批准授予和晋升衔级、嘉奖有关单位和人员。

（四）公报。适用于公布重要决定或者重大事项。

（五）公告。适用于向国内外宣布重要事项或者法定事项。

（六）通告。适用于在一定范围内公布应当遵守或者周知的事项。

（七）意见。适用于对重要问题提出见解和处理办法。

（八）通知。适用于发布、传达要求下级机关执行和有关单位周知或者执行的事项，批转、转发公文。

（九）通报。适用于表彰先进、批评错误、传达重要精神和告知重要情况。

（十）报告。适用于向上级机关汇报工作、反映情况，回复上级机关的询问。

（十一）请示。适用于向上级机关请求指示、批准。

（十二）批复。适用于答复下级机关请示事项。

（十三）议案。适用于各级人民政府按照法律程序向同级人民代表大会或者人民代表大会常务委员会提请审议事项。

（十三）函。适用于不相隶属机关之间商洽工作、询问和答复问题、请求批准和答复审批事项。

（十五）纪要。适用于记载会议主要情况和议定事项。

第三章　公文格式

第九条　公文一般由份号、密级和保密期限、紧急程度、发文机关标志、发文字号、签发人、标题、主送机关、正文、附件说明、发文机关署名、成文日期、印章、附注、附件、抄送机关、印发机关和印发日期、页码等组成。

（一）份号。公文印制份数的顺序号。涉密公文应当标注份号。

（二）密级和保密期限。公文的秘密等级和保密的期限。涉密公文应当根据涉密程度分别标注"绝密""机密""秘密"和保密期限。

（三）紧急程度。公文送达和办理的时限要求。根据紧急程度，紧急公文应当分别标注"特急""加急"，电报应当分别标注"特提""特急""加急""平急"。

（四）发文机关标志。由发文机关全称或者规范化简称加　"文件"二字组成，也可以使用发文机关全称或者规范化简称。联合行文时，发文机关标志可以并用联合发文机关名称，也可以单独用主办机关名称。

（五）发文字号。由发文机关代字、年份、发文顺序号组成。联合行文时，使用主办机关的发文字号。

（六）签发人。上行文应当标注签发人姓名。

（七）标题。由发文机关名称、事由和文种组成。

（八）主送机关。公文的主要受理机关，应当使用机关全称、规范化简称或者同类型机关统称。

（九）正文。公文的主体，用来表述公文的内容。

（十）附件说明。公文附件的顺序号和名称。

（十一）发文机关署名。署发文机关全称或者规范化简称。

（十二）成文日期。署会议通过或者发文机关负责人签发的日期。联合行文时，署最后签发机关负责人签发的日期。

（十三）印章。公文中有发文机关署名的，应当加盖发文机关印章，并与署名机关相符。有特定发文机关标志的普发性公文和电报可以不加盖印章。

（十三）附注。公文印发传达范围等需要说明的事项。

（十五）附件。公文正文的说明、补充或者参考资料。

（十六）抄送机关。除主送机关外需要执行或者知晓公文内容的其他机关，应当使用机关全称、规范化简称或者同类型机关统称。

（十七）印发机关和印发日期。公文的送印机关和送印日期。

第十条　公文的版式按照《党政机关公文格式》国家标准执行。

第十一条　公文使用的汉字、数字、外文字符、计量单位和标点符号等，按照有关国家标准和规定执行。民族自治地方的公文，可以并用汉字和当地通用的少数民族文字。

第十二条　公文用纸幅面采用国际标准 A4 型。特殊形式的公文用纸幅面，根据实际需要确定。

第四章　行文规则

第十三条　行文应当确有必要，讲求实效，注重针对性和可操作性。

第十四条　行文关系根据隶属关系和职权范围确定。一般不得越级行文，特殊情况需要越级行文的，应当同时抄送被越过的机关。

第十五条　向上级机关行文，应当遵循以下规则：

（一）原则上主送一个上级机关，根据需要同时抄送相关上级机关和同级机关，不抄送下级机关。

（二）党委、政府的部门向上级主管部门请示、报告重大事项，应当经本级党委、政府同意或者授权；属于部门职权范围内的事项应当直接报送上级主管部门。

（三）下级机关的请示事项，如需以本机关名义向上级机关请示，应当提出倾向性意见后上报，不得原文转报上级机关。

（四）请示应当一文一事。不得在报告等非请示性公文中夹带请示事项。

（五）除上级机关负责人直接交办事项外，不得以本机关名义向上级机关负责人报送公文，不得以本机关负责人名义向上级机关报送公文。

（六）受双重领导的机关向一个上级机关行文，必要时抄送另一个上级机关。

第十六条　向下级机关行文，应当遵循以下规则：

（一）主送受理机关，根据需要抄送相关机关。重要行文应当同时抄送发文机关的直接上级机关。

（二）党委、政府的办公厅（室）根据本级党委、政府授权，可以向下级党委、政府行文，其他部门和单位不得向下级党委、政府发布指令性公文或者在公文中向下级党委、政府提出指令性要求。需经政府审批的具体事项，经政府同意后可以由政府职能部门行文，文中须注明已经政府同意。

（三）党委、政府的部门在各自职权范围内可以向下级党委、政府的相关部门行文。

（四）涉及多个部门职权范围内的事务，部门之间未协商一致的，不得向下行文；擅自行文的，上级机关应当责令其纠正或者撤销。

（五）上级机关向受双重领导的下级机关行文，必要时抄送该下级机关的另一个上级机关。

第十七条　同级党政机关、党政机关与其他同级机关必要时可以联合行文。属于党委、政府各自职权范围内的工作，不得联合行文。党委、政府的部门依据职权可以相互行文。部门内设机构除办公厅（室）外不得对外正式行文。

第五章　公文拟制

第十八条　公文拟制包括公文的起草、审核、签发等程序。

第十九条　公文起草应当做到：

（一）符合国家法律法规和党的路线方针政策，完整准确体现发文机关意图，并同现行有关公文相衔接。

（二）一切从实际出发，分析问题实事求是，所提政策措施和办法切实可行。

（三）内容简洁，主题突出，观点鲜明，结构严谨，表述准确，文字精练。

（四）文种正确，格式规范。

（五）深入调查研究，充分进行论证，广泛听取意见。

（六）公文涉及其他地区或者部门职权范围内的事项，起草单位必须征求相关地区或者部门意见，力求达成一致。

（七）机关负责人应当主持、指导重要公文起草工作。

第二十条　公文文稿签发前，应当由发文机关办公厅（室）进行审核。审核的重点是：

（一）行文理由是否充分，行文依据是否准确。

（二）内容是否符合国家法律法规和党的路线方针政策；是否完整准确体现发文机关意图；是否同现行有关公文相衔接；所提政策措施和办法是否切实可行。

（三）涉及有关地区或者部门职权范围内的事项是否经过充分协商并达成一致意见。

（四）文种是否正确，格式是否规范；人名、地名、时间、数字、段落顺序、引文等是否准确；文字、数字、计量单位和标点符号等用法是否规范。

（五）其他内容是否符合公文起草的有关要求。

需要发文机关审议的重要公文文稿，审议前由发文机关办公厅（室）进行初核。

第二十一条　经审核不宜发文的公文文稿，应当退回起草单位并说明理由；符合发文条件但内容需作进一步研究和修改的，由起草单位修改后重新报送。

第二十二条　公文应当经本机关负责人审批签发。重要公文和上行文由机关主要负责人签发。党委、政府的办公厅（室）根据党委、政府授权制发的公文，由受权机关主要负责人签发或者按照有关规定签发。签发人签发公文，应当签署意见、姓名和完整日期；圈阅或者签名的，视为同意。联合发文由所有联署机关的负责人会签。

第六章　公文办理

第二十三条　公文办理包括收文办理、发文办理和整理归档。

第二十四条　收文办理主要程序是：

（一）签收。对收到的公文应当逐件清点，核对无误后签字或者盖章，并注明签收时间。

（二）登记。对公文的主要信息和办理情况应当详细记载。

（三）初审。对收到的公文应当进行初审。初审的重点是：是否应当由本机关办理，是否符合行文规则，文种、格式是否符合要求，涉及其他地区或者部门职权范围内的事项是否已经协商、会签，是否符合公文起草的其他要求。经初审不符合规定的公文，应当及时退回来文单位并说明理由。

（四）承办。阅知性公文应当根据公文内容、要求和工作需要确定范围后分送。批办性公文应当提出拟办意见报本机关负责人批示或者转有关部门办理；需要两个以上部门办理的，应当明确主办部门。紧急公文应当明确办理时限。承办部门对交办的公文应当及时办理，有明确办理时限要求的应当在规定时限内办理完毕。

（五）传阅。根据领导批示和工作需要将公文及时送传阅对象阅知或者批示。办理公文传阅应当随时掌握公文去向，不得漏传、误传、延误。

（六）催办。及时了解掌握公文的办理进展情况，督促承办部门按期办结。紧急公文或者重要公文应当由专人负责催办。

（七）答复。公文的办理结果应当及时答复来文单位，并根据需要告知相关单位。

第二十五条 发文办理主要程序是：

（一）复核。已经发文机关负责人签批的公文，印发前应

当对公文的审批手续、内容、文种、格式等进行复核；需作实质性修改的，应当报原签批人复审。

（二）登记。对复核后的公文，应当确定发文字号、分送范围和印制份数并详细记载。

（三）印制。公文印制必须确保质量和时效。涉密公文应当在符合保密要求的场所印制。

（四）核发。公文印制完毕，应当对公文的文字、格式和印刷质量进行检查后分发。

第二十六条 涉密公文应当通过机要交通、邮政机要通信、城市机要文件交换站或者收发件机关机要收发人员进行传递，通过密码电报或者符合国家保密规定的计算机信息系统进行传输。

第二十七条 需要归档的公文及有关材料，应当根据有关档案法律法规以及机关档案管理规定，及时收集齐全、整理归档。两个以上机关联合办理的公文，原件由主办机关归档，相关机关保存复制件。机关负责人兼任其他机关职务的，在履行所兼职务过程中形成的公文，由其兼职机关归档。

第七章 公文管理

第二十八条 各级党政机关应当建立健全本机关公文管理制度，确保管理严格规范，充分发挥公文效用。

第二十九条 党政机关公文由文秘部门或者专人统一管理。设立党委（党组）的县级以上单位应当建立机要保密室和机要阅文室，并按照有关保密规定配备工作人员

和必要的安全保密设施设备。

第三十条 公文确定密级前，应当按照拟定的密级先行采取保密措施。确定密级后，应当按照所定密级严格管理。绝密级公文应当由专人管理。公文的密级需要变更或者解除的，由原确定密级的机关或者其上级机关决定。

第三十一条 公文的印发传达范围应当按照发文机关的要求执行；需要变更的，应当经发文机关批准。涉密公文公开发布前应当履行解密程序。公开发布的时间、形式和渠道，由发文机关确定。经批准公开发布的公文，同发文机关正式印发的公文具有同等效力。

第三十二条 复制、汇编机密级、秘密级公文，应当符合有关规定并经本机关负责人批准。绝密级公文一般不得复制、汇编，确有工作需要的，应当经发文机关或者其上级机关批准。复制、汇编的公文视同原件管理。复制件应当加盖复制机关戳记。翻印件应当注明翻印的机关名称、日期。汇编本的密级按照编入公文的最高密级标注。汇编，确有工作需要的，应当经发文机关或者其上级机关批准。复制、汇编的公文视同原件管理。

复制件应当加盖复制机关戳记。翻印件应当注明翻印的机关名称、日期。汇编本的密级按照编入公文的最高密级标注。

第三十三条 公文的撤销和废止，由发文机关、上级机关或者权力机关根据职权范围和有关法律法规决定。公文被撤销的，视为自始无效；公文被废止的，视为自废止之日起失效。

第三十四条 涉密公文应当按照发文机关的要求和有关规定进行清退或者销毁。

第三十五条 不具备归档和保存价值的公文，经批准后可以销毁。销毁涉密公文必须严格按照有关规定履行审批登记手续，确保不丢失、不漏销。个人不得私自销毁、留存涉密公文。

第三十六条 机关合并时，全部公文应当随之合并管理；机关撤销时，需要归档的公文经整理后按照有关规定移交档案管理部门。

工作人员离岗离职时，所在机关应当督促其将暂存、借用的公文按照有关规定移交、清退。

第三十七条 新设立的机关应当向本级党委、政府的办公厅（室）提出发文立户申请。经审查符合条件的，列为发文单位，机关合并或者撤销时，相应进行调整。

第八章附则

第三十八条 党政机关公文含电子公文。电子公文处理工作的具体办法另行制定。

第三十九条 法规、规章方面的公文，依照有关规定处理。外事方面的公文，依照外事主管部门的有关规定处理。

第四十条 其他机关和单位的公文处理工作，可以参照本条例执行。

第四十一条 本条例由中共中央办公厅、国务院办公厅负责解释。

第四十二条 本条例自 2012 年 7 月 1 日起施行。1996 年 5 月 3 日中共中央办公厅发布的《中国共产党机关公文处理条例》和 2000 年 8 月 24 日国务院发布的《国家行政机关公文处理办法》停止执行。

附录二　党政机关公文格式

GB/T 9704—2012

1. 范围　本标准规定了党政机关公文通用的纸张要求、排版和印制装订要求、公文格式各要素的编排规则，并给出了公文的式样。

本标准适用于各级党政机关制发的公文。其他机关和单位的公文可以参照执行。

使用少数民族文字印制的公文，其用纸、幅面尺寸及版面、印制等要求按照本标准执行，其余可以参照本标准并按照有关规定执行。

2. 规范性引用文件　下列文件对于本标准的应用是必不可少的。凡是注日期的引用文件，仅所注日期的版本适用于本标准。凡是不注日期的引用文件，其最新版本（包括所有的修改单）适用于本标准。

GB/T 148　印刷、书写和绘图纸幅面尺寸

GB 3100　国际单位制及其应用

GB 3101　有关量、单位和符号的一般原则

GB 3102（所有部分）　量和单位

GB/T 15834　标点符号用法

GB/T 15835　出版物上数字用法

3. 术语和定义　下列术语和定义适用于本标准。

3.1　字　word

标示公文中横向距离的长度单位。在本标准中，一字指一个汉字宽度的距离。

3.2　行　line

标示公文中纵向距离的长度单位。在本标准中，一行指一个汉字的高度加 3 号汉字高度的 7/8 的距离。

4. 公文用纸主要技术指标　公文用纸一般使用纸张定量为 $60g/m^2 \sim 80g/m^2$ 的胶版印刷纸或复印纸。纸张白度 80% ~90%，横向耐折度≥15 次，不透明度≥85%，pH 值为 7.5 ~9.5。

5. 公文用纸幅面尺寸及版面要求

5.1　幅面尺寸

公文用纸采用 GB/T 148 中规定的 A4 型纸，其成品幅面尺寸为：210mm×297mm。GB/T 9704—2012

5.2　版面

5.2.1　页边与版心尺寸

公文用纸天头（上白边）为 37mm ±1mm，公文用纸订口（左白边）为 28mm ±1mm，版心尺寸为 156mm×225mm。

5.2.2　字体和字号

如无特殊说明，公文格式各要素一般用 3 号仿宋体字。特定情况可以作适当调整。

5.2.3　行数和字数

一般每面排22行，每行排28个字，并撑满版心。特定情况可以作适当调整。

5.2.4　文字的颜色

如无特殊说明，公文中文字的颜色均为黑色。

6. 印制装订要求

6.1　制版要求

版面干净无底灰，字迹清楚无断划，尺寸标准，版心不斜，误差不超过1mm。

6.2　印刷要求

双面印刷；页码套正，两面误差不超过2mm。黑色油墨应当达到色谱所标BL100%，红色油墨应当达到色谱所标Y80%、M80%。印品着墨实、均匀；字面不花、不白、无断划。

6.3　装订要求

公文应当左侧装订，不掉页，两页页码之间误差不超过4mm，裁切后的成品尺寸允许误差±2mm，四角成90°，无毛茬或缺损。

骑马订或平订的公文应当：

a）订位为两钉外订眼距版面上下边缘各70mm处，允许误差±4mm；

b）无坏钉、漏钉、重钉，钉脚平伏牢固；

c）骑马订钉锯均订在折缝线上，平订钉锯与书脊间的距离为3mm～5mm。

包本装订公文的封皮（封面、书脊、封底）与书芯应吻合、包紧、包平、不脱落。

7. 公文格式各要素编排规则

7.1　公文格式各要素的划分

本标准将版心内的公文格式各要素划分为版头、主体、版记三部分。公文首页红色分隔线以上的部分称为版头；公文首页红色分隔线（不含）以下、公文末页首条分隔线（不含）以上的部分称为主体；公文末页首条分隔线以下、末条分隔线以上的部分称为版记。

页码位于版心外。

7.2　版头

7.2.1　份号

如需标注份号，一般用6位3号阿拉伯数字，顶格编排在版心左上角第一行。

7.2.2　密级和保密期限

如需标注密级和保密期限，一般用3号黑体字，顶格编排在版心左上角第二行；保密期限中的数字用阿拉伯数字标注。

7.2.3　紧急程度

如需标注紧急程度，一般用3号黑体字，顶格编排在版心左上角；如需同时标注份号、密级和保密期限、紧急程度，按照份号、密级和保密期限、紧急程度的顺序自上而下分行排列。

7.2.4　发文机关标志

由发文机关全称或者规范化简称加“文件”二字组成，也可以使用发文机关全称或者规范化简称。

发文机关标志居中排布，上边缘至版心上边缘为35mm，推荐使用小标宋体字，颜色为红色，以醒目、美观、庄重为原则。

联合行文时，如需同时标注联署发文机关名称，一般应当将主办机关名称排列在前；如有“文件”二字，应当置于发文机关名称右侧，以联署发文机关名称为准上下居中排布。

7.2.5 发文字号

编排在发文机关标志下空二行位置，居中排布。年份、发文顺序号用阿拉伯数字标注；年份应标全称，用六角括号“〔〕”括入；发文顺序号不加“第”字，不编虚位（即1不编为01），在阿拉伯数字后加“号”字。

上行文的发文字号居左空一字编排，与最后一个签发人姓名处在同一行。

7.2.6 签发人

由“签发人”三字加全角冒号和签发人姓名组成，居右空一字，编排在发文机关标志下空二行位置。“签发人”三字用3号仿宋体字，签发人姓名用3号楷体字。

如有多个签发人，签发人姓名按照发文机关的排列顺序从左到右、自上而下依次均匀编排，一般每行排两个姓名，回行时与上一行第一个签发人姓名对齐。

7.2.7 版头中的分隔线

发文字号之下4mm处居中印一条与版心等宽的红色分隔线。

7.3 主体

7.3.1 标题

一般用2号小标宋体字，编排于红色分隔线下空二行位置，分一行或多行居中排布；回行时，要做到词意完整，排列对称，长短适宜，间距恰当，标题排列应当使用梯形或菱形。

7.3.2 主送机关

编排于标题下空一行位置，居左顶格，回行时仍顶格，最后一个机关名称后标全角冒号。如主送机关名称过多导致公文首页不能显示正文时，应当将主送机关名称移至版记，标注方法见7.4.2。

7.3.3 正文

公文首页必须显示正文。一般用3号仿宋体字，编排于主送机关名称下一行，每个自然段左空二字，回行顶格。文中结构层次序数依次可以用“一、”“（一）”“1.”“（1）”标注；一般第一层用黑体字、第二层用楷体字、第三层和第四层用仿宋体字标注。

7.3.4 附件说明

如有附件，在正文下空一行左空二字编排“附件”二字，后标全角冒号和附件名称。如有多个附件，使用阿拉伯数字标注附件顺序号（如“附件：1. ×××××”）；附件名称后不加标点符号。附件名称较长需回行时，应当与上一行附件名称的首字对齐。

7.3.5　发文机关署名、成文日期和印章

7.3.5.1　加盖印章的公文

成文日期一般右空四字编排，印章用红色，不得出现空白印章。

单一机关行文时，一般在成文日期之上、以成文日期为准居中编排发文机关署名，印章端正、居中下压发文机关署名和成文日期，使发文机关署名和成文日期居印章中心偏下位置，印章顶端应当上距正文（或附件说明）一行之内。

联合行文时，一般将各发文机关署名按照发文机关顺序整齐排列在相应位置，并将印章一一对应、端正、居中下压发文机关署名，最后一个印章端正、居中下压发文机关署名和成文日期，印章之间排列整齐、互不相交或相切，每排印章两端不得超出版心，首排印章顶端应当上距正文（或附件说明）一行之内。

7.3.5.2　不加盖印章的公文

单一机关行文时，在正文（或附件说明）下空一行右空二字编排发文机关署名，在发文机关署名下一行编排成文日期，首字比发文机关署名首字右移二字，如成文日期长于发文机关署名，应当使成文日期右空二字编排，并相应增加发文机关署名右空字数。

联合行文时，应当先编排主办机关署名，其余发文机关署名依次向下编排。

7.3.5.3　加盖签发人签名章的公文

单一机关制发的公文加盖签发人签名章时，在正文（或附件说明）下空二行右空四字加盖签发人签名章，签名章左空二字标注签发人职务，以签名章为准上下居中排布。在签发人签名章下空一行右空四字编排成文日期。

联合行文时，应当先编排主办机关签发人职务、签名章，其余机关签发人职务、签名章依次向下编排，与主办机关签发人职务、签名章上下对齐；每行只编排一个机关的签发人职务、签名章；签发人职务应当标注全称。

签名章一般用红色。

7.3.5.4　成文日期中的数字

用阿拉伯数字将年、月、日标全，年份应标全称，月、日不编虚位（即1不编为01）。

7.3.5.5　特殊情况说明

当公文排版后所剩空白处不能容下印章或签发人签名章、成文日期时，可以采取调整行距、字距的措施解决。

7.3.6　附注

如有附注，居左空二字加圆括号编排在成文日期下一行。

7.3.7　附件

附件应当另面编排，并在版记之前，与公文正文一起装订。“附件”二字及附件顺序号用3号黑体字顶格编排在版心左上角第一行。附件标题居中编排在版心第三行。附件顺序号和附件标题应当与附件说明的表述一致。附件格式要求同正文。

如附件与正文不能一起装订，应当在附件左上角第一行顶格编排公文的发文字号并在其后标注“附件”二字及附件顺序号。

7.4　版记

7.4.1　版记中的分隔线

版记中的分隔线与版心等宽，首条分隔线和末条分隔线用粗线（推荐高度为0.35mm），中间的分隔线用细线（推荐高度为0.25mm）。首条分隔线位于版记中第一个要素之上，末条分隔线与公文最后一面的版心下边缘重合。

7.4.2　抄送机关

如有抄送机关，一般用4号仿宋体字，在印发机关和印发日期之上一行、左右各空一字编排。“抄送”二字后加全角冒号和抄送机关名称，回行时与冒号后的首字对齐，最后一个抄送机关名称后标句号。

如需把主送机关移至版记，除将“抄送”二字改为“主送”外，编排方法同抄送机关。既有主送机关又有抄送机关时，应当将主送机关置于抄送机关之上一行，之间不加分隔线。

7.4.3　印发机关和印发日期

印发机关和印发日期一般用4号仿宋体字，编排在末条分隔线之上，印发机关左空一字，印发日期右空一字，用阿拉伯数字将年、月、日标全，年份应标全称，月、日不编虚位（即1不编为01），后加“印发”二字。

版记中如有其他要素，应当将其与印发机关和印发日期用一条细分隔线隔开。

7.5　页码

一般用4号半角宋体阿拉伯数字，编排在公文版心下边缘之下，数字左右各放一条一字线；一字线上距版心下边缘7mm。单页码居右空一字，双页码居左空一字。公文的版记页前有空白页的，空白页和版记页均不编排页码。公文的附件与正文一起装订时，页码应当连续编排。

8. 公文中的横排表格　A4纸型的表格横排时，页码位置与公文其他页码保持一致，单页码表头在订口一边，双页码表头在切口一边。

9. 公文中计量单位、标点符号和数字的用法　公文中计量单位的用法应当符合GB 3100、GB 3101和GB 3102（所有部分），标点符号的用法应当符合GB/T 15834，数字用法应当符合GB/T 15835。

10. 公文的特定格式

10.1　信函格式

发文机关标志使用发文机关全称或者规范化简称，居中排布，上边缘至上页边为30mm，推荐使用红色小标宋体字。联合行文时，使用主办机关标志。

发文机关标志下4mm处印一条红色双线（上粗下细），距下页边20mm处印一条红色双线（上细下粗），线长均为170mm，居中排布。

如需标注份号、密级和保密期限、紧急程度，应当顶格居版心左边缘编排在第一条红色双线下，按照份号、密级和保密期限、紧急程度的顺序自上而下分行排列，第一个要素与该线的距离为3号汉字高度的7/8。

发文字号顶格居版心右边缘编排在第一条红色双线下，与该线的距离为3号汉字高度的7/8。

标题居中编排，与其上最后一个要素相距二行。

第二条红色双线上一行如有文字，与该线的距离为3号汉字高度的7/8。

首页不显示页码。

版记不加印发机关和印发日期、分隔线，位于公文最后一面版心内最下方。

10.2　命令（令）格式

发文机关标志由发文机关全称加“命令”或“令”字组成，居中排布，上边缘至版心上边缘为20mm，推荐使用红色小标宋体字。

发文机关标志下空二行居中编排令号，令号下空二行编排正文。

签发人职务、签名章和成文日期的编排见7.3.5.3。

10.3　纪要格式

纪要标志由“×××××纪要”组成，居中排布，上边缘至版心上边缘为35mm，推荐使用红色小标宋体字。

标注出席人员名单，一般用3号黑体字，在正文或附件说明下空一行左空二字编排“出席”二字，后标全角冒号，冒号后用3号仿宋体字标注出席人单位、姓名，回行时与冒号后的首字对齐。

标注请假和列席人员名单，除依次另起一行并将“出席”二字改为“请假”或“列席”外，编排方法同出席人员名单。

纪要格式可以根据实际制定。

GB/T 9704—2012

11. 式样　A4型公文用纸页边及版心尺寸见图1；公文首页版式见图2；联合行文公文首页版式1见图3；联合行文公文首页版式2见图4；公文末页版式1见图5；公文末页版式2见图6；联合行文公文末页版式1见图7；联合行文公文末页版式2见图8；附件说明页版式见图9；带附件公文末页版式见图10；信函格式首页版式见图11；命令（令）格式首页版式见图12。

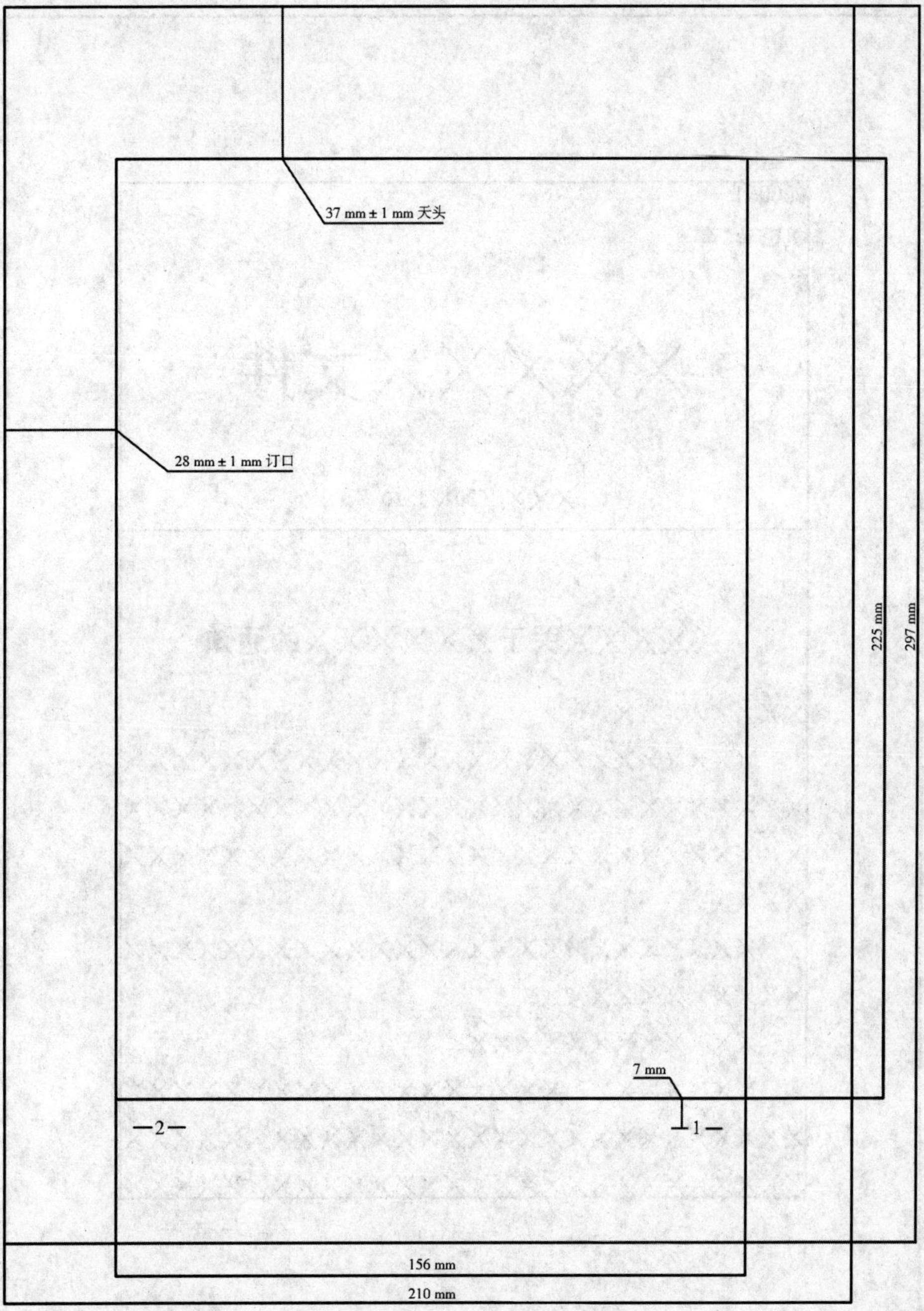

图1　A4型公文用纸页边及版心尺寸

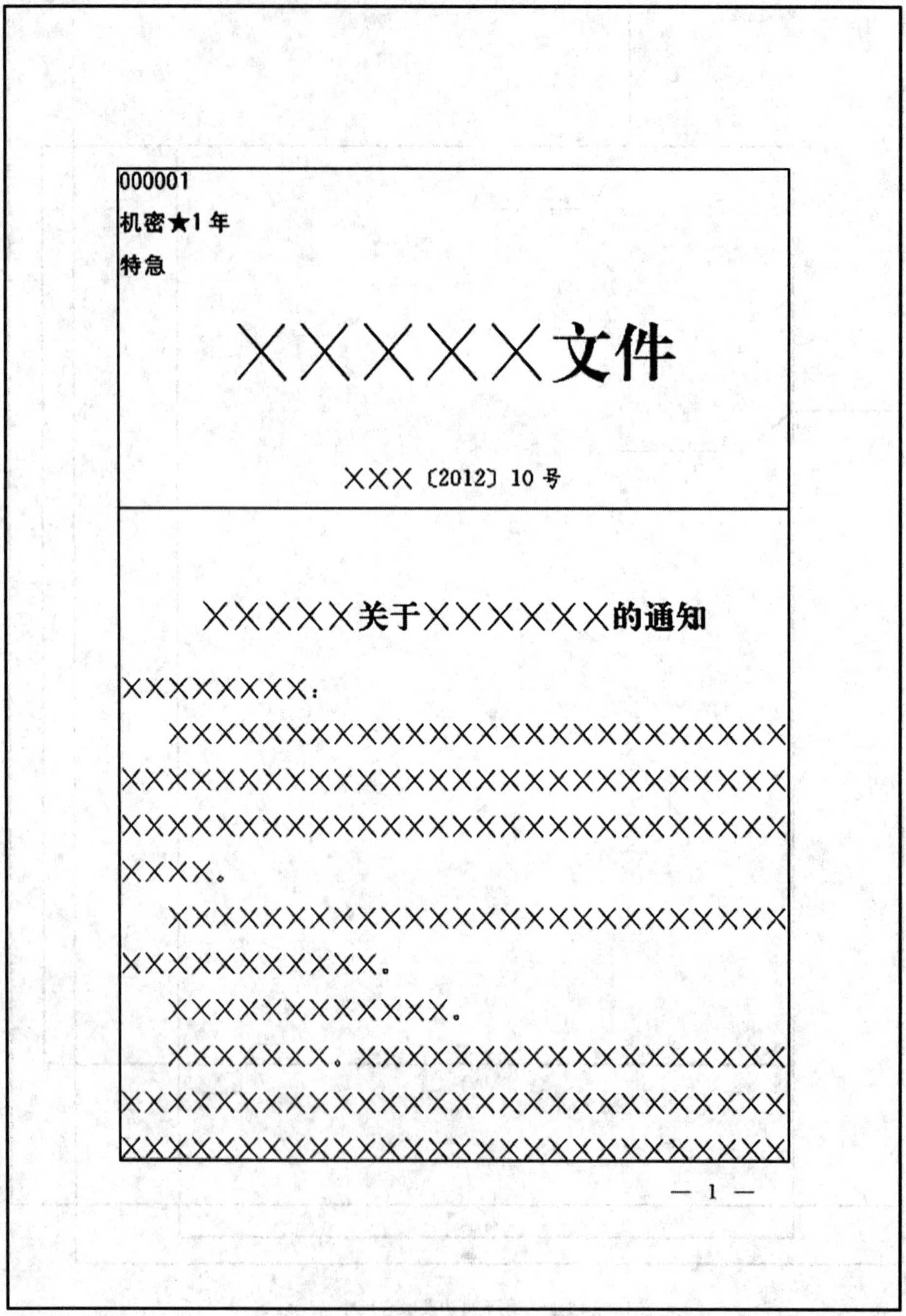

000001

机密★1年

特急

×××××文件

×××〔2012〕10号

×××××关于××××××的通知

××××××××：

××××××××××××××××××××××××××
××××××××××××××××××××××××××××
××××××××××××××××××××××××××××
××××。

××××××××××××××××××××××××××
×××××××××××。

××××××××××××。

×××××××。×××××××××××××××××
××××××××××××××××××××××××××××
××××××××××××××××××××××××××××

— 1 —

图2 公文首页版式

注：版心实线框仅为示意，在印制公文时并不印出

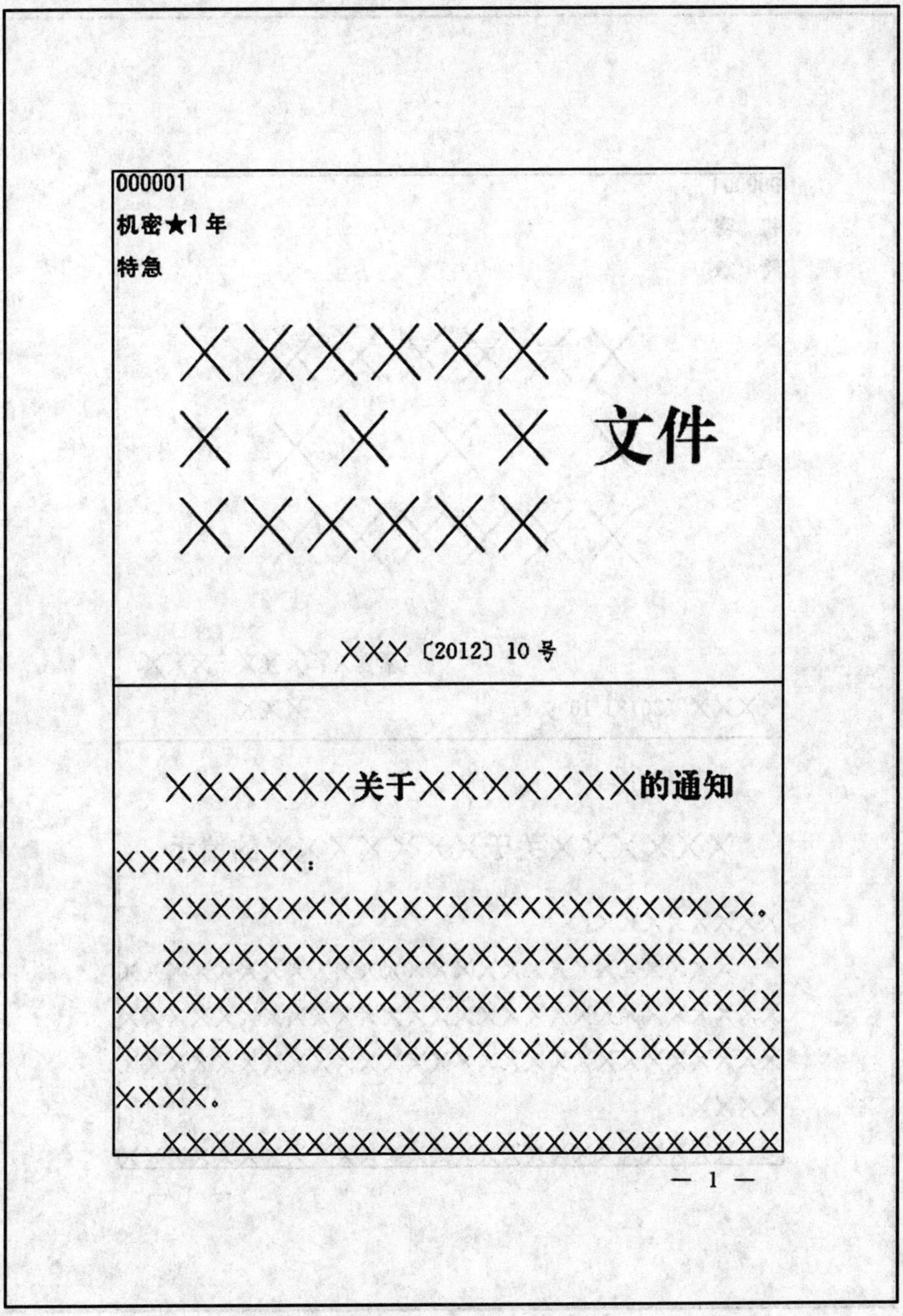
000001

机密★1年

特急

××××××
×　×　× 文件
××××××

×××〔2012〕10号

××××××关于×××××××的通知

××××××××：

××××××××××××××××××××××××××。

××××××××××××××××××××××××××
××××××××××××××××××××××××××××
××××××××××××××××××××××××××××
××××。

××××××××××××××××××××××××××

— 1 —

图3　联合行为公文首页版式1

注：版心实线框仅为示意，在印制公文时并不印出

000001
机 密
特 急

XXXXXX
X X X
XXXXXX

签发人：XXX XXX
XXX〔2012〕10号 XXX

XXXXXX关于XXXXXXX的请示

XXXXXXXX：

XXXXXXXXXXXXXXXXXXXXXXXXXXX XXXXXXXXXXXXXXXXXXXXXXXXXXXXX XXXXXXXXXXXXXXXXXXXXXXXXXXXXX XXXX。

XXXXXXXXXXXXXXXXXXXXXXXXXXX

— 1 —

图4 联合行为公文首页版式2

注：版心实线框仅为示意，在印制公文时并不印出

XXXXXXXXXXXXXXX。

　　XXXXXXXXXXXXXXXXXXXXXXXXXX
XXXXXXXXXXXXXXXXXXXXXXXXXXXX
XXXXXXXXXXX。

2012年7月1日

（XXXXX）

抄送：XXXXXXXX，XXXXXX，XXXXX，XXXXX，
　　　XXXXX。

XXXXXXXXX　　2012年7月1日印发

— 2 —

图5　公文末页版式1

注：版心实线框仅为示意，在印制公文时并不印出

×××××××××××××××.

××××××××××××××××××××××××××
××××××××××××××××××××××××××××
×××××××××.

××××××××××××

2012年7月1日

（×××××）

抄送：××××××××,××××××,×××××,×××××,
×××××.

×××××××××× 2012年7月1日印发

— 2 —

图6 公文末页版式2

注：版心实线框仅为示意，在印制公文时并不印出

XXXXXXXXXXXXXXXX。

XXXXXXXXXXXXXXXXXXXXXXXXXXXXXXXXXXXXXXXXXXXXXXXXXXXXXXXXXXXXXXXXX。

(XXXXX)

抄送：XXXXXXXX，XXXXXX，XXXXX，XXXXX，XXXXX。

XXXXXXXXX　2012年7月1日印发

— 2 —

图7　联合行文公文末页版式1

××××××××××××××。

××。

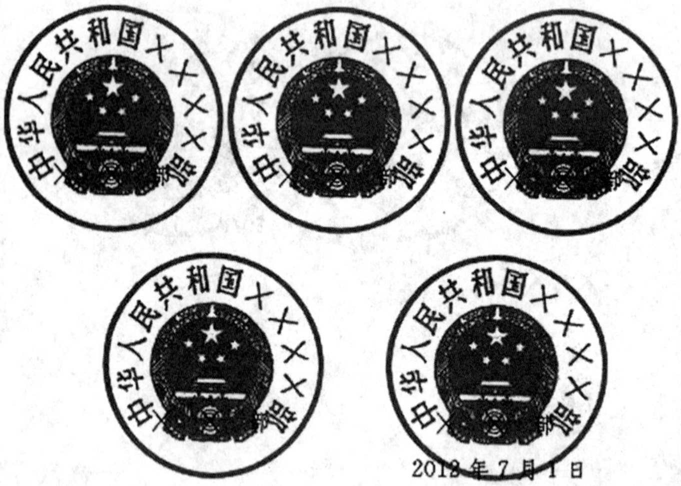

2012年7月1日

（×××××）

抄送：××××××××，××××××，×××××，×××××，×××××。

××××××××× 2012年7月1日印发

— 2 —

图8 联合行文公文末页版式2

注：版心实线框仅为示意，在印制公文时并不印出

×××××××××××××××。

××××××××××××××××××××××××××

××××××××××××××××××××××××××××

××××××××××××。

附件：1. ××××××××××××××××××××××

××××××

2. ×××××××××××××

×××××××

× × × ×

2012年7月1日

（×××××）

— 2 —

图9 附件说明页版式

注：版心实线框仅为示意，在印制公文时并不印出

附件 2

XXXXXXXXXXXXXX

XXXXXXXXXXXXXXXXXXXXXXXXXXX
XXXXXXXXXXXXXXXXXXXXXXXXXXXXX
XXX。

XXXXXXXXXXXXXXXXXXXXXXXXXXX
XXXXXXXXXXXXXXXXXXXXXXXXXXXXX
XXXXXXXXXXXXXXXXXXXXXXXXXXXXX
XXXXXXXXXXXXXXXXXXXXXXXXXXXXX
XXXXXXXXXXXXXXXXXXXXXXXXXXXXX
XXXXXXXXXXXXXXX。

抄送：XXXXXXXX，XXXXXX，XXXXX，XXXXX，
XXXXX。

XXXXXXXXX　　**2012 年 7 月 1 日印发**

— 4 —

图10　带附件公文末页版式

注：版心实线框仅为示意，在印制公文时并不印出

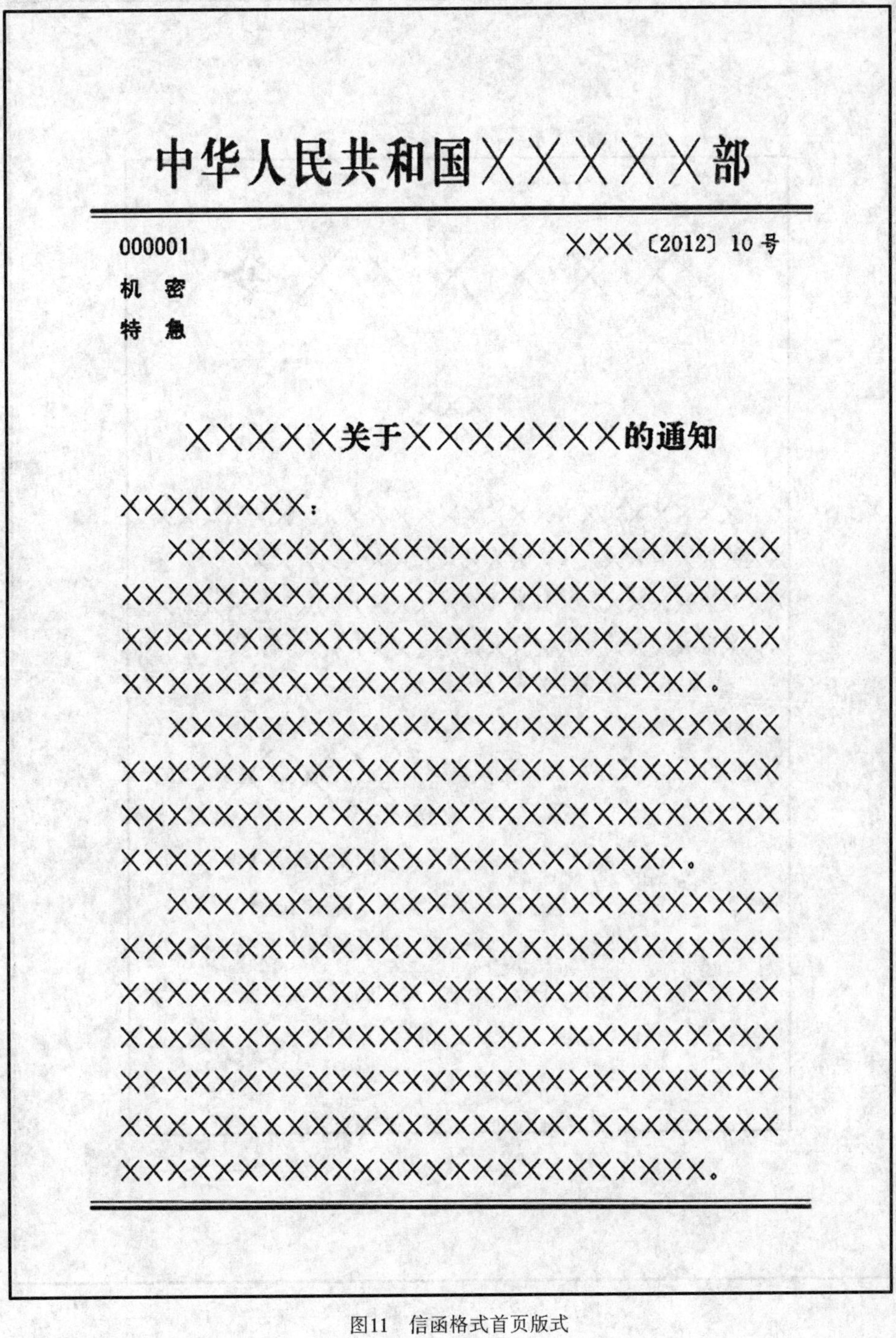

中华人民共和国XXXXX部

000001　　　　　　　　　　　　　　XXX〔2012〕10号

机　密

特　急

XXXXX关于XXXXXXX的通知

XXXXXXXXX：

　　XXXXXXXXXXXXXXXXXXXXXXXXXX
XXXXXXXXXXXXXXXXXXXXXXXXXXXX
XXXXXXXXXXXXXXXXXXXXXXXXXXXX
XXXXXXXXXXXXXXXXXXXXXXXXX。

　　XXXXXXXXXXXXXXXXXXXXXXXXXX
XXXXXXXXXXXXXXXXXXXXXXXXXXXX
XXXXXXXXXXXXXXXXXXXXXXXXXXXX
XXXXXXXXXXXXXXXXXXXXXXXX。

　　XXXXXXXXXXXXXXXXXXXXXXXXXX
XXXXXXXXXXXXXXXXXXXXXXXXXXXX
XXXXXXXXXXXXXXXXXXXXXXXXXXXX
XXXXXXXXXXXXXXXXXXXXXXXXXXXX
XXXXXXXXXXXXXXXXXXXXXXXXXXXX
XXXXXXXXXXXXXXXXXXXXXXXXXXXX
XXXXXXXXXXXXXXXXXXXXXXXXX。

图11　信函格式首页版式

注：版心实线框仅为示意，在印制公文时并不印出

XXXXXX令

第XXX号

XXXXXXXXXXXXXXXXXXXXXXXXXX
XXXXXXXXXXXXXXXXXXXXXXXXXXX。
XXXXXXXXXXXXXXXXXXXXXXXXXXXX
XXXXXXXXXXXXXXXXXXXXXXXXX。

部　长　XXX

2012 年 7 月 1 日

— 1 —

图12　命令（令）格式首页版式

注：版心实线框仅为示意，在印制公文时并不印出